Programação de Games com Java®

Adelson Lopes da Nóbrega
15/04/2011

Dados Internacionais de Catalogação na Publicação (CIP)
(Câmara Brasileira do Livro, SP, Brasil)

Harbour, Jonathan S.
Programação de games com Java / Jonathan S. Harbour ; tradução Carlos Eduardo Santi. – São Paulo : Cengage Learning, 2010.

Título original: Beginning Java game programming.

1. Computação gráfica 2. Java (Linguagem de programação para computador) 3. Jogos por computador - Programação I. Título.

09-08634 CDD-794.81526

Índices para catálogo sistemático:

1. Jogos por computador : Programação : Aplicação de Java : Recreação 794.81526

PROGRAMAÇÃO DE GAMES COM JAVA®

Jonathan S. Harbour
University of Advancing Technology

Tradução
Carlos Eduardo Santi
Diretor da Faculdade de Exatas e Tecnologia e Coordenador do curso de Engenharia da Computação da Universidade Metodista de São Paulo

Revisão Técnica
Paulo Marcos Figueiredo de Andrade
Diretor do Centro de Tecnologia da Faculdade CCAA,
Coordenador de Pós-Graduação em Animação 3D e Jogos Digitais
Doutorando e Mestre em Computação pela Universidade Federal Fluminense

CENGAGE Learning™

Austrália • Brasil • Japão • Coreia • México • Cingapura • Espanha • Reino Unido • Estados Unidos

CENGAGE Learning™

Programação de Games com Java – Tradução da 2ª edição norte-americana
Jonathan S. Harbour

Gerente Editorial: Patricia La Rosa

Editora de Desenvolvimento: Danielle Sales

Supervisora de Produção Editorial: Fabiana Alencar Albuquerque

Produção Editorial: Gisele Gonçalves Bueno Quirino de Souza

Título original: Beginning Java Game Programming

ISBN original: 978-1-59863-476-1

Tradução: Carlos Eduardo Santi

Revisão Técnica: Paulo Marcos Figueiredo de Andrade

Copidesque: Erika Sá

Revisão: Deborah Quintal, Maria Dolores D. Sierra Mata

Diagramação: Join Bureau

Capa: Souto Crescimento da Marca

Para informações sobre nossos produtos, entre em contato pelo telefone **0800 11 19 39**

Para permissão de uso de material desta obra, envie seu pedido para **direitosautorais@cengage.com**

ISBN-13: 978-85-221-0731-5
ISBN-10: 85-221-0731-9

Cengage Learning
Condomínio E-Business Park
Rua Werner Siemens, 111 – Prédio 20 – Espaço 4
Lapa de Baixo – CEP 05069-900 – São Paulo – SP
Tel.: (11) 3665-9900 – Fax: (11) 3665-9901
Sac: 0800 11 19 39

Para suas soluções de curso e aprendizado, visite www.cengage.com.br

Impresso no Brasil.
Printed in Brazil.
1 2 3 4 5 6 7 13 12 11 10

Para Kaitlyn Faye

Agradecimentos

Agradeço a Deus pelas muitas oportunidades que apareceram em meu caminho, como a chance de escrever este livro, e pelo talento necessário para fazer dessas oportunidades algo tangível. Sou grato à minha família por seu estímulo constante: Jennifer, Jeremiah, Kayleigh, Kaitlyn, Kourtney, meu pai e minha mãe, minha avó Cremeen, Dave e Barbra, a extensão da minha família na Igreja Batista Vision, o pastor Michael Perham e sua família – Jennifer, Ashley, Bryce e Sage –, que foram uma bênção nesse último ano.

Agradeço aos alunos, docentes e funcionários da University of Advancing Technology por contribuírem para um ambiente de aprendizagem maravilhosamente criativo. Também gostaria de agradecer à equipe da Alpha Squad, que teve uma grande influência sobre este livro (e me ajudou a resolver alguns problemas relacionados ao código do Galactic War): Roy Evans, Stewart Johnston, Peter Pascoal, Travis Eddlemon, Daniel Muller, Daniel Stirk, Patrick Cissarz, David Coddington, Marc Kirschner, Jeffrey Woodard, Jonathan Allmen, Levi Bath, Douglas Cannon, Joshua Gertz, Justin Hair, Adam Knight, Eric Lacerna, Daryl Lynch e Kevin McCusker. Também quero agradecer aos mantenedores da faculdade: Rebecca Whitehead, Michael Eilers e Arnaud Ehgner. Devo agradecer também aos alunos Mark Walker e Andrew Hawken por me apresentarem o código da velocidade angular usado no Galactic War.

Também sou grato pelos trabalhos de arte aqui apresentados, criados por Ari Feldman (www.flyingyogi.com) e Reiner Prokein (www.reinerstileset.de). Sem o maravilhoso trabalho gráfico deles, o Galactic War teria uma arte feita por programadores (*argh!*).

Ofereço meus sinceros agradecimentos aos editores do Course Technology PTR e aos editores *freelancers* que consolidaram a edição em língua inglesa deste livro: Emi Smith, Cathleen Small, Dustin Clingman e Kate Shoup.

Sumário

Introdução

Este livro ensina como escrever games em Java, que serão executados como applets em um navegador da web. O objetivo é desenvolver games para o mercado casual de jogos. A programação de games é um assunto desafiante, que não é apenas difícil de dominar, mas também difícil de adentrar. Este livro esclarece alguns dos mistérios da programação de games, explicando cada etapa ao longo do percurso, de um capítulo para o outro. Vou considerar que você possui *alguma* experiência com programação em Java, mas, ainda que nunca tenha programado em Java antes, você conseguirá acompanhar.

Esta obra deve ser lida como se fosse um passatempo, sem pressão e sem objetivos definidos, porque sua principal intenção é ajudá-lo a se divertir enquanto aprende a programar games para web. Digitar longas listagens de códigos-fonte de um livro não é algo divertido, por isso, não exijo que você o faça em todo capítulo. Em vez disso, você aprenderá a escrever programas curtos para ilustrar os tópicos principais e, com o tempo, pegará o jeito. Não há necessidade de memorizar nada daqui, porque realmente acredito que a repetição – e a prática – são a melhor forma de se aprender, e não a teoria com a memorização.

Nota

Java é uma linguagem de programação criada pela Sun Microsystems. O principal objetivo dos desenvolvedores dessa linguagem era poder compilar um programa uma vez e fazer que fosse executado em muitos sistemas de computadores diferentes. O compilador Java cria um arquivo de *bytecode* que contém instruções de máquina virtual JRE (*Java Runtime Environment*) que pode executar em qualquer sistema de computador em que esteja instalado.

Você aprenderá a escrever um programa simples em Java no primeiro capítulo. Daí em diante, conhecerá os detalhes de como escrever games para serem executados em um navegador da web. Abordaremos o código-fonte de uma forma que você não irá se perder. Após ter aprendido o suficiente, você escreverá o primeiro game baseado na web e irá, então, aprender novos assuntos em cada capítulo para aprimorar a sua capacidade de programação de games. Até o fim deste livro, você terá aprendido a criar um game inteiro para web chamado Galactic War, e poderá distribui-lo em seu site em um arquivo JAR (Java Archive). E não me refiro a nenhuma *simulação* simplória colocada como se fosse um jogo, estou falando de um game *verdadeiro*, de qualidade, para ser comercializado, com possibilidade de ser lançado no mercado comum de games. Há centenas de jogadores casuais de games que pagam para fazer o download de games desse tipo em muitos sites de games casuais na web hoje em dia – como o Real Arcade (www.realarcade.com). Ao aprender a criar um game casual, você pode até mesmo se preparar para seguir carreira na indústria de games, desenvolver jogos para o Microsoft Xbox Live Arcade e outros desbravadores desse setor comercial.

Nota

Os games para web são videogames instalados em um site e executados em um navegador, portanto, os usuários finais não precisam instalá-los. Alguns games podem armazenar listas das pontuações mais altas e os dados do jogador no servidor. O tipo mais popular de game da web é o "game casual".

Enquanto tratarmos de games casuais, você pode até programar os seus próprios games Xbox, distribuídos na Xbox Live Arcade, usando o software gratuito da Microsoft XNA Game Studio Express. Embora o assunto esteja além do escopo deste livro, estou me referindo a ele porque a linguagem de programação C# da Microsoft é escandalosamente similar ao Java. A Cengage publicou um livro sobre esse assunto chamado *XNA Game Studio Express: Developing Games for Windows and the Xbox 360*, de Joseph Hall (Thomson Course Technology PTR, 2007).

Tudo começa aqui! Você tem certeza da escolha deste assunto e de que deseja aprendê-lo? Como instrutor sênior de desenvolvimento de games, sou questionado todos os dias por alunos que comem, bebem e respiram videogames. Não posso criar algo que seja de má qualidade ou nunca mais verei o fim disso. Por isso, sou tão motivado a ensinar aqui as técnicas mais sofisticadas de desenvolvimento de games, como se estivesse em uma sala de aula comum, ao lado de alunos que pagam muito mais do que o custo real deste livro para aprender esses conceitos. Já usei este livro em diversos cursos de Java, portanto você tem a garantia de ter em mãos um material de alta qualidade vindo dessas páginas, o que certamente não será uma perda de tempo.

O que você vai aprender neste livro?

Este livro ensinará a diferença entre os aplicativos e applets Java (que são executados em um navegador web). Depois, você aprenderá sobre as classes de desenho Java e começará a escrever o código para isso. Em seguida, saberá como obter a entrada de um usuário e como executar efeitos sonoros e músicas – tudo dentro do contexto de um game online. Daí em diante, o céu é o limite! A **Figura I.1** ilustra o game que você aprenderá a criar neste livro. Ao começar com os elementos básicos (o mais *básico* dos básicos), você escreverá um game simples em 2D usando desenhos vetoriais (com linhas e polígonos preenchidos).

Depois, você aprenderá novas técnicas a cada capítulo, tal como o carregamento de um arquivo de bitmap e como renderizá-lo na janela de applet 2D, usando as classes *Graphics* e *Graphics2D*. Por fim, reunirá um punhado de classes relacionadas a games em uma biblioteca de games orientada a eventos. Como você pode ver na **Figura I.1**, o game usa um trabalho de arte bastante atrativo e está cheio de pequenos detalhes. Você aprenderá sobre

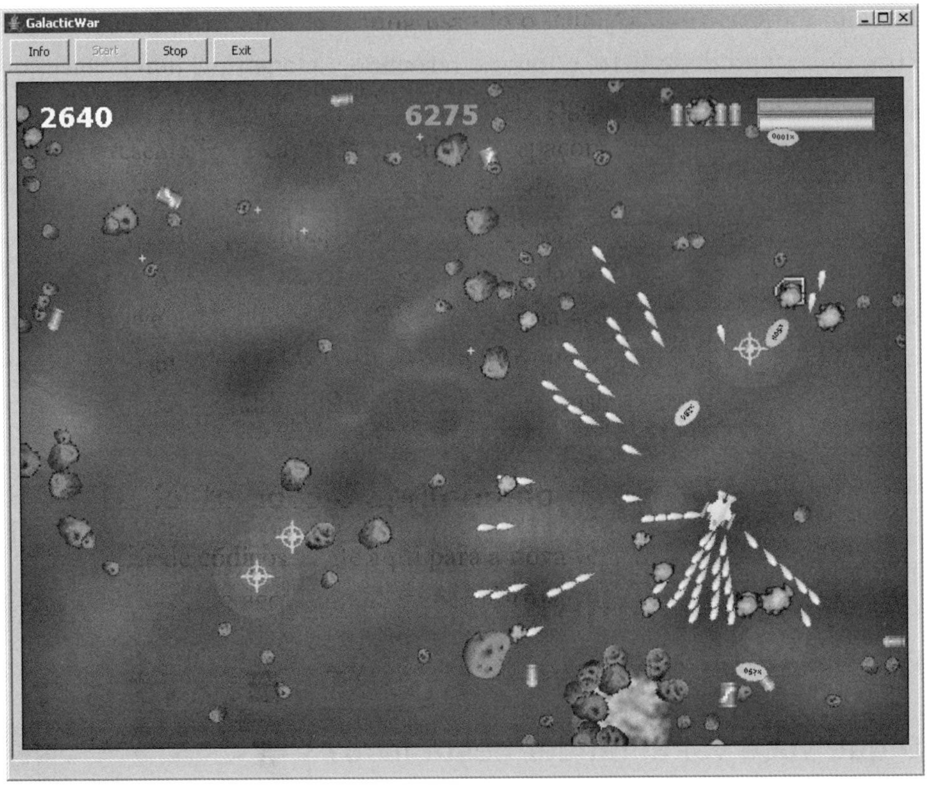

Figura I.1 Você aprenderá como criar este game do zero!

bitmaps simples e depois sobre sprites antes de chegar em animação. Ao longo da leitura, aprenderá como usar a biblioteca 2D avançada do Java para girar e dimensionar os sprites, e vou mostrar alguns códigos interessantes que movem tiros, powerups, asteroides e outros objetos de game na tela, de forma leve e realista. O resultado final é um mecanismo de game baseado em sprite de caráter profissional, que causa um grande impacto. Ao aprender como criar um game informal de qualidade comercial, você terá aprendido o suficiente para criar os seus próprios games, adequados para a venda no mercado de games casuais.

Nota

Um applet é um tipo limitado de programa Java criado para ser executado em um navegador Web. Por questões de segurança, um applet não pode acessar o sistema de arquivos do PC de um usuário como um aplicativo Java, que é instalado como qualquer outro software de aplicativo.

Como este livro está voltado ao ensino dos fundamentos da programação de games, ele trata de muitos assuntos de forma bem rápida, sendo assim, você terá de ler os capítulos na ordem para obter melhores resultados. Utilizo um estilo de escrever bastante descontraído para facilitar o entendimento dos assuntos, e costumo lançar mão da repetição em vez da memorização para alinhavar os tópicos. Você aprenderá na prática e não precisará se apegar a nenhum dos assuntos, pois irá usá-los diversas vezes ao longo de todo o livro. Cada capítulo retoma o anterior. O game Galactic War, desenvolvido na parte III, faz referência aos capítulos anteriores, portanto, recomendo a leitura de um capítulo por vez e na ordem apresentada para o total entendimento de tudo que está sendo tratado. Tenho a tendência de usar o código apenas depois de explicar como ele funciona a primeira vez e, quase sempre, não explico uma coisa muitas e muitas vezes, porque o livro segue em diante de forma viva. Temos muito a tratar em um espaço limitado, portanto, recomendo que leia o livro do início ao fim.

E a linguagem de programação?

Este livro é sobre a programação de games e considera que você já conhece pelo menos *alguma coisa* de Java. Recomendo que adquira um manual básico sobre Java para ler antes de mergulhar neste livro ou que o mantenha à mão para aqueles trechos que possam vir a confundi-lo. Para os iniciantes, uma escolha é o Java Programming for the Absolute Beginner, segunda edição, de John Flynt (Thomson Course Technology PTR, 2006). Caso você pare o livro na metade, peço desculpas em antecipação, porque simplesmente não tenho um número de páginas suficiente ao meu dispor para ensinar Java e criar um game completo. Não utilizo qualquer recurso mais avançado do Java SE 6, mesmo que esta seja a versão mais recente do Java.

Dica

O código-fonte deste livro foi compilado e testado, usando-se Java SE 6, mas qualquer versão posterior do Java SE poderá ser compilada e executar o código graças ao excelente suporte do Java ao código mais antigo (também chamada de *compatibilidade retroativa*, um recurso de vital importância no desenvolvimento de software que a Microsoft parece ter abandonado em seus produtos e em sua linguagem – mas isso é assunto para outra ocasião).

Ao tratar de alguns dos fundamentos nos próximos três capítulos, você criará um game totalmente comum em Java, que é executado em um navegador web, o qual será uma referência assim como uma medida de seu próprio nível de especialidade nesse ponto. Este livro não é um manual básico sobre Java, em vez disso, ele faz uso dessa linguagem bem poderosa e de alto nível para criar games. Você achará o código deste livro muito mais fácil de entender se tiver lido algum manual básico sobre o assunto. Trataremos da programação de games, não da programação básica em Java.

Se esta é a sua primeira experiência com a linguagem Java, pode ser que você tenha dificuldades com o código-fonte deste livro. Se sentir que está pronto para o desafio, poderá ser capaz de ler o código Java e entendê-lo. Mas não vou passar muito tempo tentando ensinar nada sobre a linguagem Java além dos primeiros três capítulos, porque a programação de games é um assunto difícil e temos muito a percorrer.

Todos os projetos deste livro compilarão com o kit de desenvolvimento Java SE 6. Embora versões posteriores (como o Java SE 7) compilem o código, as versões mais antigas do Java podem *reclamar* que algumas classes ou métodos não são reconhecidos. Recomendo usar o material disponibilizado no site do livro, em www.cengage.com.br (procure na pasta \java.). Você também pode navegar em http://java.sun.com para ver se há alguma versão do Java disponível. Você poderá compilar os programas deste livro usando o programa javac.exe e executará os programas usando o appletviewer.exe.

Que IDE devo usar?

A primeira versão deste livro tinha como enfoque um IDE profissional (Integrated Development Environment – Ambiente Integrado de Desenvolvimento) para ajudar a organizar os projetos de games Java. No entanto, muita coisa mudou nos dois anos desde que a primeira edição saiu. O JBuilder Foundation da Borland era uma versão gratuita do JBuilder e pudemos oferecer suporte às versões 2005 e 2006 naquele momento. Mas a Borland não está mais disponibilizando essas versões e a única opção agora é usar a versão de teste de 30 dias do JBuilder 2007 Enterprise Edition, que não é ideal e é muito grande.

Decidi tentar algo diferente desta vez. Se uma revisão serve para atualizar um livro, pode parecer estranho deixar de usar um IDE profissional. Mas isso é exatamente o que muitos programadores Java têm feito: – utilizar diretamente um simples editor de textos e o Java SE 6 Development Kit. Há muitos motivos pelos quais isso é preferível e a melhor explicação pode ser o desejo de evitar adotar qualquer IDE único, uma vez que não há arquivos de projetos-padrão no setor e cada um deles é totalmente diferente dos outros.

Dica

Se estiver familiarizado com a primeira edição deste livro, poderá se surpreender ao saber que não usamos mais o Borland JBuilder. Em vez disso, trabalhamos com o JDK e um editor de textos para a obtenção do máximo em suporte entre plataformas e independência do IDE. O resultado é que você ganhará em produtividade e terá mais controle sobre o comportamento dos applets Java.

Evitar a companhia de um único IDE também nos permite concentrar mais no código Java e isso ajuda o desenvolvimento entre plataformas. O código neste livro será compilado e executado nos seguintes sistemas:

- Windows XP (x86, x64)
- Windows Server 2003 (x86, x64)
- Windows 2000 (x86)
- Windows Vista (x86, x64)
- Linux (x86, x64)

- Solaris (Sparc 32, 64)
- Solaris (x86, x64)

Nota

O desenvolvimento multiplataforma é a capacidade de compilar e executar o mesmo código em muitos sistemas de computador diferentes. O código Java e os arquivos executáveis são suportados em muitas plataformas. Não é necessário recompilar seu código Java em cada sistema, porque o mesmo arquivo .class será executado em todos eles.

Em virtude da extensa lista de sistemas operacionais suportados, é óbvio por que não queremos nos limitar a um único IDE, mas preferiríamos o suporte a todos esses sistemas. Como consequência, nenhum código-fonte disponibilizado no site do livro inclui qualquer arquivo de projeto; ele inclui apenas os arquivos de código-fonte e o material do game (arquivos de imagem e som).

Dica

Você usará o Java SE 6 (em outras palavras, o Java Standard Edition 6), que é a versão mais leve e mais adequada para a criação de games baseados na Web. Nosso editor de textos preferido é o Textpad 5.0, que consegue compilar arquivos de código-fonte Java com chaves de macro.

Meu editor de textos preferido, que tenho usado há muitos anos, chama-se TextPad e está disponível no site do livro, em www.cengage.com.br, no diretório \software, assim como no site www.textpad.com. Esse editor de código-fonte bem pequeno e fácil de usar reconhece o Java Development Kit e pode compilar seu código Java com uma macro simples (Ctrl + 1). Usando o TextPad como IDE, você trabalhará diretamente com o sistema de arquivos no seu disco rígido melhor do que em um gerenciador de projetos virtual (tal como do JBuilder). No TextPad, você verá os arquivos verdadeiros no seu drive e não há o conceito de adicionar arquivos a um projeto, porque você está trabalhando diretamente com os arquivos-fonte.

Convenções utilizadas neste livro

Os estilos a seguir serão usados neste livro para destacar as partes do texto que são importantes. Você encontrará as seguintes caixas, uma vez ou outra, por todo o livro.

Nota

É assim que você reconhecerá uma nota. As notas oferecem mais informações relacionadas ao texto.

Dica

É assim que você reconheceerá uma dica. As dicas direcionam para o tutorial que está sendo tratado no momento.

Advertência

É assim que você reconhecerá uma advertência. As advertências oferecem orientação e o que fazer (ou não fazer) em uma dada situação.

Definição

É assim que você reconhecerá uma definição. As definições explicam o sentido existente por trás de uma palavra ou conceito técnico.

Parte I

Java para iniciantes

A primeira parte deste livro irá introduzi-lo à programação Java. Você aprenderá a instalar e configurar o Java Development Kit do Java SE 6 e testar a instalação no PC criando o seu primeiro game – uma versão Applet do *Asteroids* que executa em um navegador.

- Capítulo 1: Introdução ao Java
- Capítulo 2: Fundamentos da programação Java
- Capítulo 3: Criando seu primeiro game em Java

Capítulo 1

Introdução ao Java

O Java pode ser uma linguagem de programação complexa e é um desafio aprendê-la completamente. Mas é fácil começar a desenvolver e executar em Java, usando código básico e ferramentas de desenvolvimento disponibilizadas gratuitamente. O Java é uma das linguagens de programação mais recompensadoras que já usei e, à medida que você adquirir experiência com essa linguagem, tenho certeza de que concordará comigo, pois vale a pena investir tempo para aprendê-la. Este capítulo o ajudará a iniciar no Java e será ainda mais útil se você não tiver nenhuma experiência com essa linguagem. Ele trata do que é necessário, onde conseguir e como configurar seu sistema e, assim, prepará-lo para criar games em Java. Temos, a seguir, alguns dos tópicos que serão tratados neste capítulo:

- Noções básicas sobre Java e a web
- Noções básicas sobre o mercado de games casuais
- Instalação e configuração do Java
- Escrita do seu primeiro programa em Java

Java e a web

Vamos dar uma olhada rápida no design de games e ver como o Java se adapta a ele, pois este é o principal assunto deste livro. O que realmente mudou no mundo dos games desde os "bons e velhos tempos"? Com esse termo me refiro à infância da indústria de games que diverte o mundo de hoje, voltando à década de 1980 quando as antigas máquinas de fliperama estavam em seu auge. Muitos leitores provavelmente *nasceram* naquela década e não têm referência dos games daquela época, exceto daqueles que foram transferidos para os consoles de segunda geração do início da década de 1990 (Nintendo SNES, Sega Genesis, Atari Jaguar). Entretanto, é provável que você tenha visto as várias coleções antológicas da Namco, Atari, Midway e Taito, apresentando clássicos como *Joust*, *Dig Dug*, *Pac-Man*, *Space Invaders*, *Defender* e outros (alguns dos quais datam de antes da década de 1970).

Nota

A Nintendo fez uma revisão em alguns de seus games clássicos e os lançou no Nintendo DS, um extraordinário sistema portátil. Boa jogada! Não só alguns clássicos, como o original *Super Mario Bros.*, que venderam mais do que a maioria dos games portáteis, mas também relançamentos como *The Legend of Zelda: A Link to the Past* (para o Game Boy Advance), que superaram em venda a maioria dos games para console e PC.

Estudando o mercado

A indústria de games é impulsionada pelos gamers, não pelos executivos de marketing ou de negócios, o que a diferencia no mundo do entretenimento. Não é óbvio que os esportes profissionais (NFL, NBA, NHL e MBA nos Estados Unidos) não sejam impulsionados ou direcionados pelos fãs? Pelo contrário, os fãs geralmente são ridicularizados ou ignorados não apenas pelos patrocinadores das equipes, mas também pelas próprias organizações. Esse é um exemplo de como o gerenciamento centralizado pode gerar problemas. Infelizmente, para os fãs de esportes, eles estão mais do que dispostos a suportar tal pouco caso, por amor ao esporte. Esse é um nível de lealdade que simplesmente não existe em qualquer outra indústria. Se você gosta de esportes, você ignora todos os problemas e simplesmente aproveita o jogo, mas isso não muda o fato de ser um mercado de vendedores (embora o entretenimento digital esteja arrastando aos montes os fãs de esportes profissionais).

De que forma a indústria de games é um mercado de compradores (ou seja, quando os jogadores têm muita influência sobre os tipos de games que serão criados)? A maioria dos games é criada para um segmento específico de consumidores, não para o público em geral. Os responsáveis pela tomada de decisões nas editoras de games escolhem os projetos com o maior alcance de público possível e, ao mesmo tempo, tentam atingir jogadores eventuais e fanáticos por outros gêneros de jogos. Por exemplo, a Blizzard Entertainment (uma subsidiária da Vivendi Universal Games, que também é proprietária da Sierra Entertainment) preocupa-se exclusivamente com dois gêneros de games:

- Games de estratégia em tempo real, os RTS (real-time strategy): a série *WarCraft* e *StarCraft*
- Games de interpretação de papéis, os RPGs (role-playing games): a série *Diablo e World of WarCraft*

Você consegue se lembrar de algum jogo que a Blizzard tenha desenvolvido e que não se encaixe em um desses gêneros? A Blizzard, de forma consistente, tem acertado na mosca com seus games em termos de público-alvo, qualidade, acabamento e subsequente apelo popular. O *World of WarCraft* vendeu milhões de cópias para milhões de jogadores simultâneos, suportados por sua imensidão de servidores. O *WarCraft III* vendeu mais de cinco milhões de unidades (incluindo os *add-ons*), enquanto toda a série *WarCraft* vendeu 12 milhões de unidades desde seu lançamento em 1994. O *StarCraft* vendeu nove milhões de cópias desde 1998 (incluindo os *add-ons*).

Por que você acha que a Blizzard faz tanto sucesso? Certamente não é por causa das campanhas agressivas de marketing! Os jogadores tradicionalmente são imunes ao marketing, confiando principalmente nas recomendações passadas de boca a boca por seus amigos, por sites de avaliação on-line e apresentadas em blogs para decidir pela compra de algum game. Se qualquer um dos games da Blizzard não tivesse atingido o nível esperado pelos jogadores, eles não teriam mantido o interesse no game. No entanto, o quadro de vendas apresentado aqui revela produtos que têm se mantido por muito tempo nas prateleiras, graças às contínuas vendas.

Regras de design

Eu poderia relatar aqui impressionantes histórias de sucesso de outras empresas, assim como daquelas que chegaram a tristes fracassos. Meu objetivo, no entanto, é demonstrar que a indústria de games é, na verdade, um mercado de compradores (de jogadores).

Ela não é feita de regras ditadas pelos diretores de uma ou de outra empresa, ou pelo pessoal de marketing que ficou intimidado pela recusa dos gamers em serem influenciados pelas tradicionais teorias de promoção. Em outras palavras, os jogadores são um público difícil! É uma posição muito privilegiada para se ocupar, por saber que suas preferências e gostos pessoais são compartilhados por milhões de pessoas que exigem excelência e jogabilidade inovadora e que estas exigências sejam atendidas, em maior ou menor grau. As empresas que produzem games excelentes são recompensadas pelos jogadores, enquanto as que falham rapidamente fecham as portas.

Quer outro exemplo real? Há alguns anos, uma nova editora chamada Eidos surgiu na indústria de games. A conta bancária dessa empresa foi recheada por milhões dos proprietários do PlayStation, que se apaixonaram por Lara Croft. A Eidos parece ter interpretado erroneamente o mercado, acreditando que os jogadores tivessem adorado a *imagem* e a *temática* dessa heroína no estilo James Bond. A Eidos criou uma nova equipe de peso no Texas, formada por alguns veteranos da indústria, em um empreendimento chamado *Ion Storm*. A crença era de que o marketing agressivo, no estilo *rockstars* desses desenvolvedores, levaria a milhões de pré-vendas para seus games (provenientes do sucesso de duas sequências de *Tomb Raider*).

A Eidos não compreendeu que os jogadores compraram Lara Croft porque os games eram divertidos, não por causa da imagem. Quando a *Ion Storm* foi lançada, a Eidos colocou fotos de duas páginas nas maiores revistas de games apresentando a equipe, e não os games em desenvolvimento que seriam lançados. Os desenvolvedores do *Daikatana* não foram capazes de acompanhar a explosão de marketing e foram ridicularizados por produzir um game mediano, que poderia ser bem aceito se não estivesse na lista negra dos jogadores após *anos de exagero publicitário*. A impressão mais forte era de que tudo girava em torno das vendas, não de uma experiência de jogo. E os jogadores rejeitaram tal ideia. A Eidos também mudou depois dessa experiência, publicando alguns games fantásticos como o *LEGO: Star Wars*, *Deus Ex* e *Anachronox*.

Pela minha experiência, o fator diversão dos videogames cresceu exponencialmente nas últimas duas décadas, junto com a complexidade dos games modernos. Convenhamos: você só consegue jogar *Pac-Man* por uma hora ou pouco mais até ficar entediado. O mesmo se aplica à maioria dos *arcade games* clássicos. Antigamente, era possível acomodar todos os videogames existentes em uma única sala e aquelas máquinas de fliperama ficavam alojadas em gabinetes verticais. Desde então, houve a criação de cerca de meio milhão de games, embora possamos reduzir esse número para alguns milhares de games bons, dentre os quais encontramos umas poucas centenas de games que ocupam a "Calçada da Fama".

O mercado de games casuais

Nos últimos dois anos, um novo gênero emergiu na indústria de games, chamado de *games casuais*. O número de gamers crescia cada vez mais, incluindo não só fanáticos "geeks" como também um número cada vez maior de pessoas comuns. Um jogador comum joga algumas horas por semana, enquanto um jogador fanático passa 20 horas ou mais por semana jogando (como se fosse um trabalho de meio período). Os jogadores casuais, por outro lado, passarão apenas alguns minutos jogando um game de vez em quando – talvez todo dia, mas não sempre. O jogador casual não fica viciado em game algum, como acontece com um fanático, com games como *World of WarCraft*, *Star Wars Galaxies*, *The Matrix Online*, *EverQuest* e assim por diante.

Sendo assim, o que vem a ser um game casual? Um game casual é qualquer game que pode ser jogado em um intervalo de tempo curto e não requer instruções sobre como jogar. Nesse contexto, quase todos os games arcade clássicos criados se encaixam nesta categoria. Só recentemente é que os chefões de editoras e da indústria de games começaram a perceber que os jogadores na verdade não querem ter a longa e desgastante experiência de instalar um game, fazer o download da atualização e gastar oito horas tentando aprender como jogar. Às vezes é reconfortante apenas abrir um game e jogar por 10 ou 20 minutos sem ter de lutar com ele a noite inteira. Essa foi uma das minhas objeções por muito tempo. É por isso que passo bem mais tempo jogando games de console do que de PC e tenho certeza de que muitos leitores concordam comigo.

Sem necessidade de manuais

Sim, há muitos games de PC que são tão convincentes ou inovadores que valem a pena instalar e executar. O melhor exemplo disso é *World of WarCraft*. Falei com muitos jogadores que disseram que se os games da Blizzard não fossem realmente tão divertidos, todos eles boicotariam a Blizzard. (O que você acha dessa contradição?) Tenho a impressão de que esses jogadores têm uma relação de amor e ódio com a Blizzard e também com muitas outras editoras de games. (Caso você suspeite que eu esteja em meio a um lapso de memória com relação à Blizzard, deixe-me esclarecer uma questão importante: adoro os games deles, mas detesto seus terríveis instaladores!)

Por exemplo, não consegui instalar o *World of WarCraft* em meu decentemente equipado laptop (que tem 1,2 GB de RAM e placa de vídeo GeForce 6400 de 256-MB). Primeiro, o instalador travou em um arquivo chamado texture.mpq, depois, em outra tentativa de instalação, ele relatou um erro no disco dois. Consegui contornar esses problemas copiando todos os quatro discos no disco rígido, e pude instalar a partir dali sem problemas. No entanto, tão logo iniciei o game e fiz logon em minha conta, ele começou a fazer o download de uma atualização de 260 MB do game. Quando terminou, três outras atualizações foram instaladas apenas para deixar o game na versão mais recente. Dá para aguentar tudo isso? Sim e não. Por um lado, trata-se do mais avançado e complexo MMORPG (um RPG on-line com um número imenso de jogadores) já criado e a Blizzard possui uma equipe trabalhando continuamente, em tempo integral, para criar novos conteúdos e melhorar o game, o que eu parabenizo. Mas, por outro lado, foi certamente um imenso trabalho só para instalar o game, e ocupou três horas do meu tempo (é por isso que os jogadores de game fanáticos tendem a ter mais de um PC).

Um jogador casual dedicaria tanto tempo apenas para instalar um game que acabaria por exigir centenas de horas de jogo só para subir nos rankings do mundo dos games? A maior parte dos jogadores eventuais não tem tempo, nem paciência, para fazer tantos malabarismos em nome da Blizzard. Esse é o público-alvo dos jogos casuais! Você alguma vez já parou para pensar nisso? Caso você seja um profissional de TI (Tecnologia da Informação) ou um jogador fanático, já está acostumado a enfrentar problemas com o computador e a lidar com eles sem incidentes. Mas, alguma vez já passou pela sua cabeça que, se você – um expert inteligente, experiente, com conhecimentos avançados sobre computadores – está tendo problemas com um game, que raios faria um jogador comum para dar uma solução para esses problemas? Bem, a resposta é curta: *não faria nada*, o que é a justificativa para a devolução da maioria dos games.

Os jogadores casuais

Jogadores casuais são profissionais como médicos, advogados, executivos de negócios, desenvolvedores de software, ou seja, *qualquer pessoa*. Os games casuais atraem pessoas de todas as culturas, classes sociais, sexo, religião, etnia e orientação política. Dado que a maior parte dos jogadores *potenciais* de games não deseja, nem mesmo consegue, dar conta dos problemas envolvidos nos games para PC, resta ainda alguma dúvida de que este mercado efervescente tenha sido inevitável por muitos anos? Enquanto os games informais são jogados basicamente em um navegador web, usando tecnologias como Java e Flash, os sistemas de console também apresentam formas de jogo on-line e essa tendência continuará a ganhar popularidade.

Games casuais

O mercado de games casuais era limitado há alguns anos. Só recentemente esse assunto começou a aparecer no radar das editoras, escolas e lojas de departamentos, embora os jogadores já brincassem com esses games há duas décadas. (Fiz uma previsão de que os games casuais alçariam voo anos atrás, mas meu cachorro comeu esse artigo.) Os games casuais são bons para todo mundo, porque são tão fáceis de criar quanto de jogar. Portanto, o desenvolvedor pode criar um game casual em um intervalo curto de tempo, e o gamer tem uma experiência agradável com muitas opções. Os games casuais têm um modelo de distribuição muito simples (a maioria é colocada em um site para se jogar on-line), um modelo de remuneração respeitável (os desenvolvedores recebem um percentual sobre as vendas líquidas ou um pagamento único), um ciclo de desenvolvimento quase sempre curto, medido em semanas ou meses, e quase nenhuma necessidade de testes. Como um desenvolvedor de games casuais, você pode vir a ter uma ideia inovadora, desenvolver o game e colocá-lo nas prateleiras (ou seja, em um website), tudo isso com um tempo equivalente à etapa de concepção da arte conceitual de um game comercial completo.

Jay Moore é um divulgador da Garage Games, que promove o motor (termo também conhecido como *engine* no Brasil) de games Torque por todos os EUA, em conferências e feiras. Ele deu uma palestra no Fórum de Tecnologia de 2005, na University of Advancing Technology, onde apontou a possibilidade de se conseguir ganhar a vida como um desenvolvedor de games casuais. O motor Torque da Garage Games migrou para o Xbox e eles publicaram games no Xbox Live Arcade, onde você pode fazer download e jogar se for um usuário do Live. O *Marble Blast* é um desses games e a Garage tem muitos outros planejados para serem lançados no Live e por meio de canais de varejo. Na verdade, ao comprar o motor de game Torque inteiro por US$ 100[1], você tem a opção de publicar pela Garage Games, que faz o trabalho contratual e lhe dá um contrato (sujeito a critérios de qualidade, é claro).

A Microsoft já abraçou o conceito de games casuais, possibilitando que desenvolvedores independentes publiquem games diretamente no Xbox Live Arcade sem passar pelos canais de varejo. O Xbox 360 é o primeiro sistema de videogame em console da história a fornecer games que podem ser transferidos diretamente para o console (por meio de download), sem serem primeiro adquiridos como software de varejo. Se você se interessar por games casuais, poderá se divertir no Xbox Live Arcade sem comprar nenhum game no varejo,

---

[1] Garage Games oferece outras opções de ferramentas de desenvolvimento para diversas plataformas e o preço da Torque Game Engine não é mais apenas US$ 100. (N.R.T.)

porque muitos deles estão disponíveis para avaliação gratuita e compra no Xbox Live Arcade (a partir de uma conta no serviço).

Participei da Austin Game Conference em 2005 e o foco das apresentações eram os games casuais. O estande da Microsoft tinha como título *Microsoft Casual Games* (Jogos Casuais da Microsoft), e eles estavam distribuindo drives flash USB junto com o MSN Messenger SDK e demonstrando alguns dos games da Xbox Live Arcade. Isso foi apenas um exemplo do apoio.

Um dos games mais impressionantes disponíveis no Live Arcade é o *RoboBlitz*. Este game foi construído usando-se o Unreal Engine 3 (que a Epic Games desenvolveu para o *Unreal Tournament III*). O *RoboBlitz* também utiliza o impressionante motor físico Ageia PhysX para produzir jogabilidade realista. Outro game inovador no Xbox Live Arcade, feito pelos criadores do *Project Gotham Racing*, é o *Geometry Wars*. Esse game é único e atraente, com jogabilidade que envolve gravidade e armas que se assemelham a formas geométricas.

Se você se sente como se eu o estivesse conduzindo por um fluxo de pensamentos, você está certo em acreditar em seus sentimentos. O foco deste livro é a programação de games usando Java e aprenderemos a fazer exatamente isso em breve. Como o Java é uma linguagem pioneira no desenvolvimento de games casuais, vou enfatizar este aspecto de games, ao mesmo tempo em que criaremos projetos nos capítulos que virão.

Instalação e configuração do Java

Como você já deve ter imaginado, os games com applet Java são executados em um navegador web – o Internet Explorer e o Mozilla Firefox funcionam igualmente bem para a execução de games Java. Os programas Java também podem ser executados localmente em um sistema de desktop, sem a necessidade de ir a um site. Esses tipos de programas são chamados de *aplicativos Java* e requerem a instalação do JRE (Java Runtime Environment). O ambiente de execução (*runtime*) no navegador não é o mesmo que o ambiente de execução de aplicativos para desktop, que deve ser instalado.

Quando tiver instalado o Java Standard Edition 6 (Java SE 6), o ambiente de execução inclui uma atualização automática para navegadores web. Sendo assim, se você desenvolver um game Java usando recursos do Java SE 6, o ambiente de execução pode precisar ser atualizado no computador de um usuário final antes de executar o game adequadamente. Em alguns casos, o programa Java compilado (que acaba sendo um arquivo com uma extensão . class ou .jar) poderá ser executado em versões mais antigas do Java, porque algumas atualizações da linguagem Java não têm impacto sobre os arquivos compilados resultantes.

Instalação do Java

O Java SE 6 está disponível na página deste livro, em www.cengage.com.br, na pasta Java. Você também pode visitar a homepage do Java (java.sun.com) para fazer o download da versão mais recente do JDK (veja **Figura 1.1**). Ao instalar o JDK, o instalador não irá modificar automaticamente as variáveis de ambiente do seu sistema, que é algo que precisaremos fazer para que você possa executar o compilador Java (javac.exe), a partir de um prompt de comando ou janela de shell. A versão atual, no momento da composição deste livro, é a Java SE 6 Update 2, e o arquivo de instalação é chamado de jdk-6u2-windows-i586-p.exe. Se estiver usando um sistema diferente do Windows, precisará visitar o site do Java para fazer o download da versão adequada para o seu sistema.

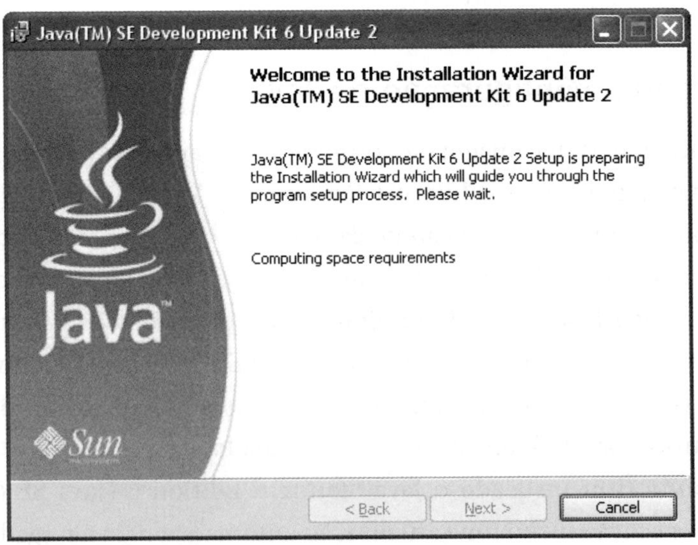

Figura 1.1 Instalação do Java SE 6.

Configuração do Java

O Java será instalado por padrão na pasta C:\Arquivos de Programa\Java (na plataforma Windows; obviamente, isso será diferente dependendo do seu sistema e do idioma do sistema operacional). Nessa pasta, há duas outras pastas chamadas jdk1.6.0_02 e jre1.6.0_02, contendo, respectivamente, o kit de desenvolvimento e o ambiente de execução. Precisamos focar na primeira pasta que contém o JDK. Essa pasta contém uma pasta chamada bin, na qual é possível encontrar todos os programas Java necessários para a compilação e execução do código Java. Os programas mais importantes dessa pasta são javac.exe (o compilador Java) e appletviewer.exe (o utilitário visualizador de applet). Precisamos adicionar essa pasta às variáveis de ambiente do sistema para que possamos chamar o compilador Java de qualquer lugar do disco rígido.

Vou focar no Windows XP, pois ele é o sistema operacional mais amplamente usado. Dependendo do sistema que você estiver usando, os passos serão diferentes, mas o conceito será bastante parecido. Você precisará adicionar a pasta jdk1.6.0_02/bin ao path do sistema – a lista de pastas pesquisadas quando você executa um programa a partir da linha de comando. No Windows, abra o Painel de Controle e execute o utilitário Sistema. Selecione a guia Avançado, conforme ilustrado na **Figura 1.2.** Ali você encontrará um botão chamado Variáveis de Ambiente. Clique nele.

Role pela lista de variáveis do sistema até encontrar a variável Path. Selecione-a, em seguida clique no botão Editar. Adicione o seguinte ao final da variável Path (inclusive o ponto-e-vírgula):

```
;C:\Arquivos de Programa\Java\jdk1.6.0_02\bin
```

Se você instalou uma versão diferente, precisará substituir a versão aqui apresentada com o nome real da pasta, representando a versão que você instalou em seu sistema. Clique no botão OK três vezes para sair das caixas de diálogo e salve suas configurações. Agora, vamos verificar se o caminho foi configurado de forma adequada, testando a instalação do Java.

Para abrir um prompt de comando no Windows, abra o menu Iniciar, escolha Arquivos de Programas (ou Todos os Programas) e você o encontrará

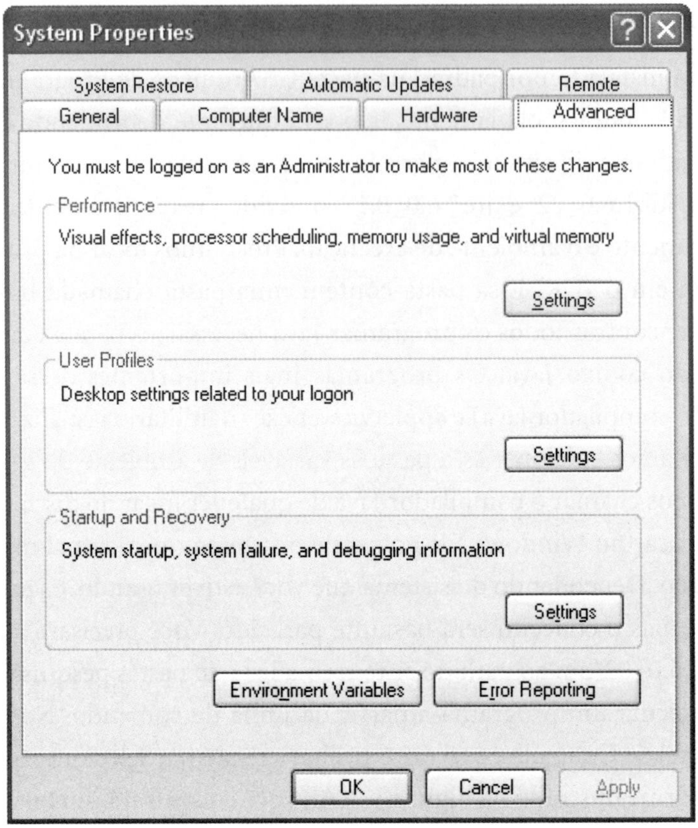

Figura 1.2 A caixa de diálogo Propriedades do Sistema, acessível a partir do Painel de Controle do Windows.

em Acessórios. O prompt de comando deve aparecer, conforme ilustrado na **Figura 1.3**.

Se estiver usando um sistema como o Linux, simplesmente abra um shell, caso ainda não tenha algum aberto, e os comandos e parâmetros devem ser os mesmos. Agora que você tem um prompt de comando, digite o seguinte comando e pressione Enter:

```
javac -version
```

Figura 1.3 Uma janela do prompt de comando foi aberta.

Isso chamará o compilador Java a exibir seu número da versão, conforme ilustrado na **Figura 1.4**. A versão reportada aqui é exatamente a que você espera: 1.6.0_02 representa o Java SE 1.6 Update 2.

Se você puder ver o número de versão no seu sistema, você saberá que o Java foi instalado corretamente e estará pronto para começar a escrever e

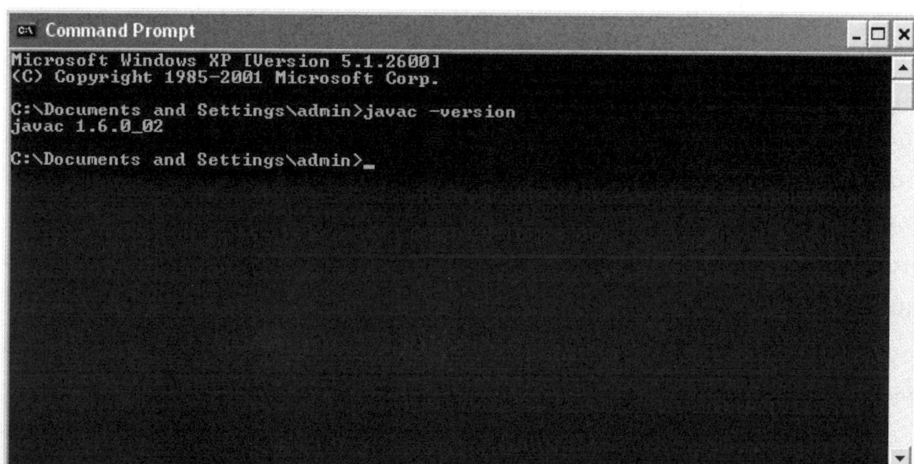

Figura 1.4 O compilador Java mostrou o número da versão.

compilar o código. Por outro lado, se recebeu um erro como *Comando ou nome de arquivo inválido*, a variável de ambiente não foi definida corretamente, conforme explicado antes. Há uma alternativa à edição da variável de ambiente – você pode apenas modificar o caminho do prompt de comando. No entanto, quando faz isso, a mudança não é permanente e você terá de definir o caminho toda vez que abrir um prompt de comando. Apenas como referência, é assim que você deverá fazer:

```
set path=%path%;C:\Arquivos de Programa\Java\jdk1.6.0_02
```

Neste momento, você está pronto para escrever e compilar programas Java. Então vamos fazer isso para testar melhor a instalação do Java. Em breve, escreveremos uma aplicação Java que mostra algo no console (ou shell). Veja a seção intitulada "O seu primeiro programa em Java".

Números de versão do Java

O versionamento do Java pode ser muito confuso, mas é algo que você pode querer entender. A última versão oficial do Java, no momento em que este livro estava sendo escrito, era a Java Standard Edition 6 Update 2, ou Java SE 6. Entretanto, o número real da versão é 1.6.0. A indústria da computação é qualquer coisa, menos consistente, dadas as grandes mudanças ocorridas na internet e no desenvolvimento de software em geral. Pelo menos uma coisa foi acordada na indústria da computação em relação às versões: o primeiro lançamento de um produto de software é a versão 1.0. Em geral, um número de revisão ou build será acrescentado, como em 1.0.8392, que ajuda o suporte técnico ou o pessoal do call center a identificar a versão ou sub-revisão do software que o cliente está usando ao surgir um problema. O número de revisão não é, em todo caso, parte do nome do produto e pacote comercial mas um mecanismo de controle. A **Tabela 1.1** mostra o histórico das versões do Java.

O que há de interessante nessa tabela é a forte consistência na segunda coluna (Versão), mas há muita inconsistência na terceira coluna (Nome conhecido), o que não é de causar surpresa, uma vez que as campanhas de

Tabela 1.1 Histórico das versões do Java

Ano	Versão	Nome conhecido	Nome de código
1996	1.0	Java 1.0 / JDK 1.0	
1997	1.1	Java 1.1 / JDK 1.1	
1998	1.2	Java 2	Playground
2000	1.3	J2SE 1.3	Kestrel
2002	1.4	J2SE 1.4	Merlin
2004	1.5	J2SE 5.0	Tiger
2006	1.6	Java SE 6	Mustang
2008	1.7	Java SE 7	Dolphin

marketing raramente fazem sentido. Se você acompanhar a progressão de uma versão para a próxima e contá-las, você poderá notar que existiram sete principais versões do Java (enquanto a oitava versão é a 1.7, ainda não lançada). A identificação de um produto é um processo muito caro e que consome muito tempo. É por isso que as empresas defendem suas marcas com muito cuidado.

Quando a Sun lançou o Java 2 como uma marca, o nome pegou e a versão que estamos usando agora, Java SE 6, ainda é conhecida internamente como versão 1.6.0. Os fãs do Java amam essas idiossincrasias, que não são erros, mas tratamentos carinhosos. Não é um problema, desde que você entenda como evoluiu ao longo da última década.

O seu primeiro programa em Java

Quero conduzi-lo pelas etapas de criação de um novo programa Java para testar o JDK e de um projeto de applet Java para testar a integração com o navegador web, antes de seguir para o próximo capítulo. Vamos começar bem do início, de modo que, ao ter finalizado a escrita de um game cheio de recursos, você poderá olhar para trás e ver de onde começou.

Aplicativo Java

O programa a seguir, mostrado na **Figura 1.5**, chama-se DrinkJava. Digite-o e salve o arquivo como DrinkJava.java.

```
import java.io.*;
public class DrinkJava {
    public static void main(String args[]) {
        System.out.println("Do you like to drink Java?");
    }
}
```

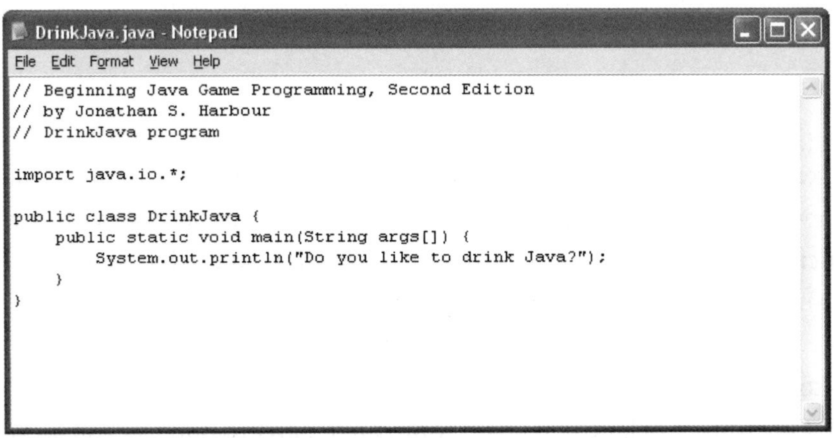

Figura 1.5 O programa DrinkJava pode ser editado e salvo usando o Bloco de Notas.

Agora vamos compilar o programa. Você precisará abrir uma janela do Prompt de Comando novamente ou poderá continuar usando a anteriormente utilizada se ainda estiver aberta. Use o comando CD para alterar para a pasta em que você salvou o arquivo .java – por exemplo, CD \chapter01\DrinkJava. Se usar os arquivos que constam no site deste livro, você precisará antes copiá-los para seu disco rígido, pois não é possível compilar o código se os arquivos não estiverem em seu computador. O compilador Java armazena os arquivos . java gerados no mesmo local dos arquivos do código-fonte.

Assim que estiver na pasta correta, você poderá usar o programa javac.exe para compilar seu programa:

```
javac DrinkJava.java
```

O compilador Java (javac.exe) deve gastar alguns segundos compilando seu programa e, em seguida, retornará o cursor no prompt de comando. Se não for apresentada qualquer mensagem, significa que deu tudo certo. Você deverá encontrar um novo arquivo na pasta chamado DrinkJava.class. Você pode ver a lista de arquivos digitando dir no prompt de comando ou apenas abrindo o Windows Explorer e navegando graficamente pelas pastas.

Para executar o arquivo DrinkJava.class que acabou de ser compilado, use o programa java.exe.

```
java DrinkJava
```

Note que não incluí a extensão .class, pois isso teria gerado um erro. Deixe o Java se preocupar com as extensões. Ao executar este programa, você deve ver uma linha apresentada no prompt de comando como esta:

```
Do you like to drink Java?
```

Talvez, sem perceber, o que você fez aqui foi criar um *aplicativo* Java. Este é um dos dois tipos de programa Java que podem ser criados. O outro tipo é chamado *applet* e consiste em um programa que é executado em um navegador web e é de fato o que queremos fazer para criar games Java. Certamente, você pode escrever um game Java como um aplicativo e executá-lo em um sistema local, mas o ponto-chave deste livro é criar applets Java que são executados em um navegador.

Applet Java

Agora vamos criar um applet Java e observar como seu código é diferente daquele do aplicativo Java. Este applet que você está prestes a escrever será executado em um navegador ou poderá ser executado com o utilitário appletviewer.exe (que vem com o Java). Abra seu editor de textos favorito (Bloco de Notas, TextPad, Emacs ou qualquer outro) e crie um novo arquivo chamado FirstApplet.java com o código-fonte mostrado a seguir. O TextPad é apresentado na **Figura 1.6**. Entretanto, antes de tentar executar o programa, teremos de criar um contêiner HTML, o que será feito rapidamente.

Dica

A edição de teste do TextPad está disponível em www.cengage.com.br. Opcionalmente, você pode fazer download em www.textpad.com.

```
import java.awt.*;
import java.applet.*;
public class FirstApplet extends Applet {
    public void paint(Graphics g) {
        g.drawString("This is my first Java Applet!", 20, 30);
    }
}
```

O código do applet é um pouco diferente do código do aplicativo no programa DrinkJava. Note o código `extends Applet` na definição de classe e a ausência de um método main, `static`. Um applet é extensão de uma classe chamada `Applet`, o que significa que o applet receberá todos os recursos da classe `Applet` (que é capaz de ser executada em um navegador). Essencialmente, toda a complexidade de amarrar seu programa a um navegador foi resolvida por meio da herança de classes (seu programa herda os recursos da classe `Applet`).

Você pode compilar o programa com este comando:

```
javac FirstApplet.java
```

Agora, se você estiver usando o TextPad, como eu (veja **Figura 1.6**), você pode compilar o programa a partir do TextPad, sem precisar abrir o prompt de

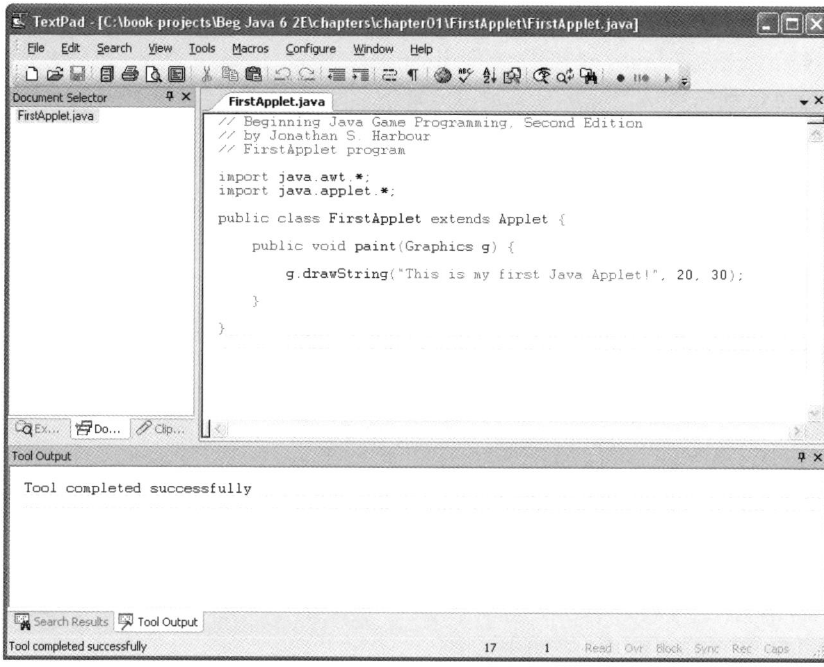

Figura 1.6 O código-fonte FirstApplet no TextPad.

comando para compilá-lo manualmente. Como mostrado na **Figura 1.7**, o TextPad tem um macro que inicializa o compilador Java e apresenta os resultados da compilação. Se não houver erros no código Java, ele apresentará a mensagem em inglês equivalente a "Ferramenta concluída com êxito".

Para executar um applet, você precisa fornecer um contêiner HTML. Esta é uma página HTML básica que contém o código para embutir um applet na página. Criaremos um desses contêineres para cada programa deste livro. Mas não se preocupe, pois é fácil criar um contêiner HTML e o código para o applet embutido é curto e simples. Crie um novo arquivo chamado FirstApplet.html e insira o seguinte código neste arquivo:

```
<html>
<head><title>FirstApplet</title></head>
```

```
<body>
<applet
  codebase = "."
  code = "FirstApplet.class"
  name = "FirstApplet"
  width = "640"
  height = "480"
  hspace = "0"
  vspace = "0"
  align = "middle"
>
</applet>
</body></html>
```

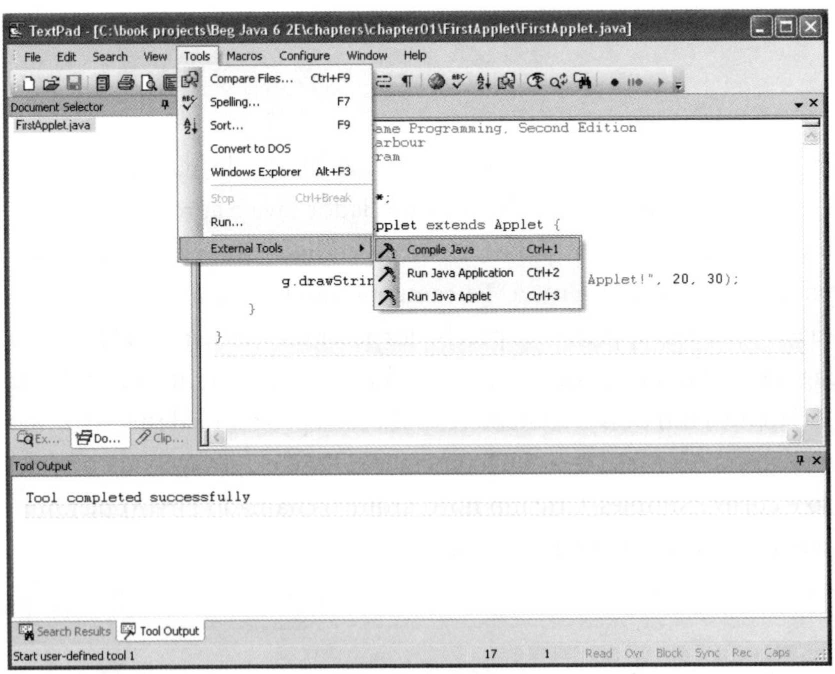

Figura 1.7 Compilar código Java no TextPad é muito fácil.

Este código para a página contêiner inclui uma tag `<applet>` embutida com parâmetros que especificam o arquivo da classe applet Java, além da largura e altura do applet, entre outras propriedades. Agora você pode abrir este arquivo com o Applet Viewer desta forma:

appletviewer FirstApplet.html

Aparecerá a janela do Applet Viewer com o programa FirstApplet sendo executado, como mostrado na **Figura 1.8**.

Você também pode abrir o arquivo FirstApplet.html em seu navegador web preferido. Use o Windows Explorer para localizar a pasta que contém seu projeto e encontre o arquivo FirstApplet.html. Em seguida, clique duas vezes para abri-lo no navegador web padrão. A **Figura 1.9** mostra o applet sendo executado no Internet Explorer.

Figura 1.8 O programa FirstApplet está sendo executado no utilitário Applet Viewer.

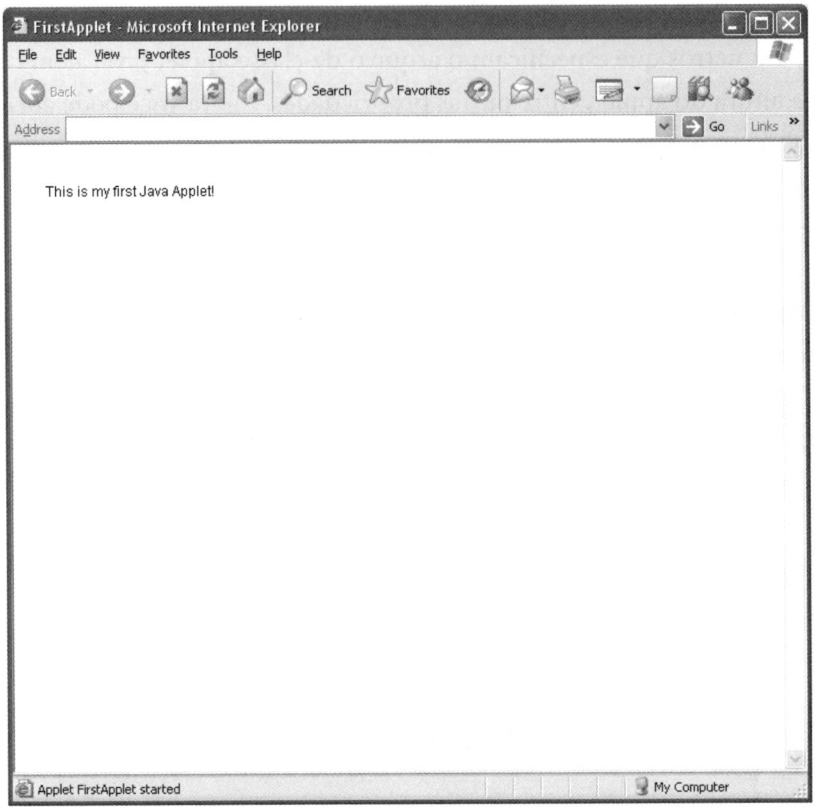

Figura 1.9 **O FirstApplet está sendo executado no Internet Explorer como um applet embutido.**

O que você aprendeu

Bem, foi um capítulo muito pesado que incluiu muito material, mas meu objetivo era conseguir abordar o básico para que possamos ir direto para a programação de games Java no próximo capítulo. Você aprendeu sobre:

- Games casuais, o que eles são e qual a sua importância
- O Java Development Kit (JDK) e as versões do Java
- Edição e compilação de código Java
- Aplicativos Java independentes e applets Java

Questões para revisão

As questões a seguir o ajudarão a determinar o quanto você aprendeu dos tópicos abordados neste capítulo.

1. O que significa a sigla JDK?
2. A qual versão do Java estamos dando enfoque neste livro?
3. Qual o nome da empresa que criou o Java?
4. Em que lugar da web você encontrará o editor de textos chamado TextPad?
5. Em que ano o Java foi lançado?
6. Em que lugar da web está o principal site para fazer download do Java?
7. Que tipo de programa Java você executa com a ferramenta java.exe?
8. Que tipo de programa Java é executado em um navegador?
9. Qual o nome da ferramenta de linha de comando usada para executar um programa Java feito para web?
10. Qual o nome do parâmetro passado para o método do evento `paint()` em um applet?

Agora é por sua conta

Use os exercícios a seguir para testar seus conhecimentos sobre o material abordado neste capítulo.

Exercício 1

Modifique o programa FirstApplet para que ele mostre na tela uma mensagem escolhida por você abaixo da mensagem atual.

Exercício 2

Veja se você consegue descobrir para onde vai a saída de System.out.println quando é executado a partir de um projeto applet, uma vez que o texto não é exibido na janela do applet.

Capítulo 2

Fundamentos da programação Java

Java é uma linguagem de programação madura, que oferece muitos recursos e capacidades que a tornaram popular em muitos sistemas de computador. É muito popular entre administradores e programadores de servidores Linux, bem como entre os programadores de aplicações para o ambiente Windows. O aspecto-chave da linguagem Java, que a torna tão atraente, é seu suporte interno a bibliotecas. A linguagem C++ não é capaz de fazer sequer o que o Java consegue fazer *de cara*, por assim dizer. Ou seja, não é possível fazer programação gráfica em C++ sem uma biblioteca gráfica extra (como OpenGL ou Direct3D). O Java, por sua vez, traz tudo isso internamente (ao mesmo tempo em que ainda suporta bibliotecas complementares).

Se você estiver apenas começando como um programador Java, este capítulo o ajudará a se familiarizar com a linguagem. Nele, você aprenderá a maior parte dos fundamentos necessários para desenvolver um game para web baseado em applets. Obviamente, há muito mais sobre a linguagem Java do que você aprenderá neste único capítulo – muitos livros foram escritos sobre Java. Este capítulo ajudará nos primeiros passos, se você for um iniciante em Java. Se já tem alguma experiência, poderá achar as informações vagas, mas é importante para um iniciante entender os conceitos antes das regras. Além disso, não pretendo aprofundar-me nos recursos novos no Java SE 6. Aqui temos o que você aprenderá neste capítulo:

- Como escrever código Java usando applets
- Como usar os tipos de dados Java
- Os fundamentos da programação orientada a objetos
- Como escrever classes Java

Applets Java

Há dois tipos diferentes de programas que você pode compilar com o Java: aplicativos ou applets. Um *aplicativo* Java é um programa compilado para ser executado em um computador como um aplicativo independente (daí deriva o nome). Um applet Java, por sua vez, é compilado especificamente para ser executado em um navegador web. Os aplicativos Java são, em geral, escritos para serem executados como programas de servidor, enquanto os applets são executados como programas-cliente em um ambiente em rede. Por exemplo, o Java Web Server (JWS) é um aplicativo Java que hospeda arquivos de páginas da web para navegadores web (como o Internet Explorer ou o Mozilla Firefox) e é comparável ao servidor web IIS da Microsoft (Internet Information Server) e ao Apache, servidor web de código-fonte aberto.

A tecnologia de servidor web explicada

A principal diferença é que o servidor Web IIS da Microsoft (Internet Information Server) e o servidor Web Apache foram escritos em C++, enquanto o JWS foi escrito em Java. O JWS pode hospedar páginas da web comuns em HTML e também as Java Server Pages (JSP), que são programas customizados para servidor web escritos em Java. Um applet Java é diferente: um applet é um programa que opera "ao lado do cliente", executado inteiramente no navegador web, não no servidor web. Um aplicativo JSP (Java Server Pages) literalmente é executado em um servidor web e envia conteúdo para o navegador web, enquanto o applet é executado somente no navegador. Por esse motivo, dizemos que os programas de servidor são executados no *back end*, enquanto os applets são executados no *front end*.

O servidor Web IIS da Microsoft ganhou popularidade e uma fatia de mercado nos últimos anos graças, em parte, à nova tecnologia .NET (pronunciado *dot net*). A versão mais recente do IIS hospeda páginas ASP.NET (Activer Server Pages .NET), que são páginas similares às páginas JSP em termos conceituais, mas as páginas ASP.NET são escritas em Visual Basic ou C#. Se você não sabe muito sobre servidores ou aplicativos web, não se preocupe: vamos escrever apenas programas web do tipo *cliente*, não servidor.

Hospedagem de applets Java

Se você se der conta que gosta mesmo de Java, pode então pensar em criar ou melhorar o seu próprio website usando applets Java. Você pode criar um site inteiro como um grande applet ou pode embutir muitos applets diferentes dentro de uma página HTML padrão para melhorar o site. Um dos pontos fortes do Java é que você não precisa de nenhum tipo especial de servidor web para usá-lo em seu site. O Java está presente desde 1995 e os navegadores web dão suporte a Java desde o Java 1.1. O Microsoft Internet Explorer e o Mozilla Firefox oferecem suporte à versão mais recente do Java. Para atualizar o navegador, basta instalar o Java SE 6 e o instalador automaticamente adicionará um plug-in ao navegador. Isso é necessário se você quiser executar os exemplos deste livro – a maior parte dos navegadores web vem com uma versão de Java mais antiga, como a 1.4.

Compilação de código Java

A maneira mais fácil de compilar um programa Java é usar o compilador em linha de comando. Como você deve se lembrar do último capítulo, é possível utilizar o programa javac.exe para compilar um arquivo .java em um arquivo .class. Em seguida, você utiliza o programa appletviewer.exe em conjunto com um arquivo contêiner .html com uma tag de applet embutida para executar o seu applet Java no programa visualizador de applets. Você pode também abrir este arquivo HTML de teste em um navegador web para executar o applet.

Em vez de usar um Integrated Development Environment (IDE) grande e complexo para construir e compilar o código Java, recomendo substitui-lo por um editor de textos simples e por ferramentas de linha de comando. Na edição anterior deste livro, nossa escolha como IDE foi o Borland JBuilder. Desta vez, vamos usar apenas editores de texto simples (sendo o TextPad a minha escolha para o Windows). Isso melhorará suas habilidades de programação e fará de você um programador mais versátil, pois não estará preso a uma plataforma ou IDE (como o JBuilder). Um bom editor de textos que recomendo é o TextPad, porque ele é pequeno e tem a capacidade de compilar (Ctrl+1) e executar (Ctrl+3) seus programas em Java. O custo da versão totalmente registrada do TextPad é algo insignificante comparado ao custo de um IDE completo como o JBuilder. É claro que também se pode usar um editor de textos gratuito, embora a maioria não tenha um bom suporte interno para Java que o TextPad tem.

Há duas outras alternativas a se considerar: o NetBeans (www.netbeans.org) e o Eclipse (www.eclipse.org). Ambos são gratuitos com níveis variáveis de complexidade e recursos, os quais podem ser atualizados quando os projetos em Java começarem a se tornar muito grandes para o gerenciamento com um simples sistema de arquivos.

A linguagem Java

Há milhares de classes Java, mas usaremos apenas algumas delas para construir applets web. Agora, suponho que mesmo uma palavra como "classe" seja um mistério para você, caso seja um novato em programação. Uma classe é um tipo de repositório que contém dados e funções. Você tem alguma experiência com a linguagem C++?

O Java foi baseado no C++ por meio do "empréstimo" de todos os melhores recursos do C++ e também a retirada dos aspectos mais difíceis da linguagem. Os programadores da Sun Microsystems, que desenvolveram a especificação Java, desenvolveram uma linguagem que é mais uma evolução do que algo propriamente criado. O C++ é uma linguagem poderosa usada para se construir de tudo, desde games para celular até sistemas operacionais para simulação em supercomputadores. O poder do C++ dificulta o entendimento da linguagem por parte dos iniciantes e mesmo os profissionais com muitos anos de trabalho com banco de dados e aplicativos web podem se sentir amedrontados quando dão de cara com o C++. Trata-se de uma linguagem de classe mundial e há inúmeros compiladores para ela em qualquer sistema computacional. A seguir, temos uma lista dos softwares construídos em C++:

- Microsoft Windows
- Microsoft Office
- Microsoft Visual Studio
- Microsoft Internet Explorer
- Linux
- Mac OS
- Solaris
- Mozilla Firefox
- Star OpenOffice

Eu poderia seguir em frente, citando centenas de sistemas operacionais, aplicativos de produtividade, drivers de dispositivo de placa de vídeo, compiladores, assemblers, interpretadores e assim por diante.

Agora vamos pensar no Java. Há apenas um compilador para ele, o Java Development Kit (JDK), que está disponível para os sistemas computacionais mais populares. O Java é inovador o suficiente para ser chamado de uma nova linguagem, mas foi muito influenciado pelo C++. Java é muito mais fácil de programar do que o C++. Java manipula a memória automaticamente para você – tudo o que se tem a fazer é alocar memória para novas variáveis e objetos e, depois, não é preciso nem mesmo se preocupar com a liberação de memória mais tarde. O Java utiliza uma tecnologia chamada de *coleta de lixo* (*garbage collection*), para remover da memória o que não se utiliza mais, o que não é mais necessário. Para fazer uma analogia, em termos de Java, você não precisa nem mesmo colocar o lixo na rua para que seja levado, porque o coletor de lixo pega todo o lixo espalhado em sua casa. O coletor de lixo é como um robozinho que vasculha a casa à procura de lixo a ser coletado. Quando você acabar de comer a comida chinesa, é só jogar a caixa e o guardanapo, e o robozinho irá encontrá-los e limpar tudo para você.

Isso *pode* levar a uma programação bagunçada, se você ficar muitos anos programando em Java e depois mudar para uma linguagem mais exigente como o C++, sendo assim o Java permite que seja desenvolvido um código sólido que faz sua própria coleta de lixo, se você desejar. Há uma desvantagem na coleta de lixo: não é possível informar especificamente quando o lixo deve ser retirado (as variáveis e os objetos que não serão mais utilizados), pode dizer apenas que há lixo a ser retirado (assim como os coletores do mundo real, na maioria das vezes!).

Tipos de dados em Java

Vamos agora aprender sobre os tipos básicos de dados em Java, porque você os usará ao longo de todo este livro (e supostamente pelo resto da vida em sua carreira de programador).

Números inteiros

Java oferece suporte a muitos tipos de dados, mas, provavelmente, o tipo mais elementar seja o *inteiro*. Os inteiros representam números inteiros, que são aqueles que não possuem casas decimais. Há diversos tipos de inteiros que podem ser usados, dependendo do tamanho (em dígitos) do número que se necessita armazenar. A **Tabela 2.1** mostra os tipos de inteiros que podem ser utilizados e seus atributos.

Dado que os programas em Java podem ser executados em uma ampla variedade de sistemas de computador (o que é chamado de *suporte multiplataforma*), você pode se perguntar se esses valores de tipos de dados serão os mesmos em cada sistema. No fim das contas, um programa Java pode ser exe-

Tabela 2.1 **Tipos de dados inteiros**

Tipo	Tamanho em Bits	Intervalo
`byte`	8 bits	–128 a 127
`short`	16 bits	–32.768 a 32.767
`int`	32 bits	–2.147.483.648 a 2.147.483.647
`long`	64 bits	–9.223.372.036.854.775.808 a 9.223.372.036.854.775.807

cutado em um pequeno telefone celular ou em um supercomputador, como o sistema Red Storm da Cray.

Dica

Para obter mais informações sobre supercomputadores, visite o site www.top500.org e obtenha uma lista dos 500 maiores supercomputadores existentes no planeta. No momento em que este livro era escrito, o computador mais poderoso do planeta era o BlueGene/L da IBM, que chega ao número inimaginável de 280 trilhões de operações por segundo.

Java contorna a inconsistência nos tipos de dados em C++, definindo que esses tipos de dados serão exatamente os mesmos, independentemente do sistema de computador no qual o programa Java é executado. É tarefa do JRE (Java Runtime Environment) determinar, em tempo de execução, como o sistema de computador atual tratará os tipos de dados que o programa em Java tenta usar e ele faz isso de forma transparente, em segundo plano.

Números com ponto flutuante

Há dois tipos de dados disponíveis no Java para o trabalho com números com ponto flutuante. Um ponto flutuante representa um valor decimal. O tipo de dado *float* armazena um número com 32 bits de precisão única. O tipo de dado *double* armazena um número de 64 bits de precisão dupla. A **Tabela 2.2** mostra as características específicas desses dois tipos de dados.

A forma mais fácil de determinar o intervalo de um tipo de dado numérico é usar as propriedades `MIN_VALUE` e `MAX_VALUE` das classes de tipo de dados básicos. Embora usemos letras minúsculas para especificar o tipo de uma variável numérica (`byte`, `short`, `int`, `long`, `float` e `double`), esses tipos

Tabela 2.2 Tipos de dado com ponto flutuante

Tipo	Tamanho em Bits	Intervalo
float	32 bits	1.4E-45 a 3.4028235E+38
double	64 bits	4.9E-324 a 1.7976931348623157E+308

numéricos básicos são na verdade instâncias de classes Java (`Byte`, `Short`, `Integer`, `Long`, `Float` e `Double`). Por isso, podemos examinar classes básicas para encontrar algumas coisas boas. As propriedades `MIN_VALUE` e `MAX_VALUE` darão os intervalos de valores para um tipo de dado em particular.

Escrevi um programa chamado DataTypes, que exibe esses valores em uma janela de applet. A saída é mostrada na **Figura 2.1** e, em seguida, a listagem do código-fonte. Esse programa está em www.cengage.com.br, na pasta \sources\chapter02\DataTypes.

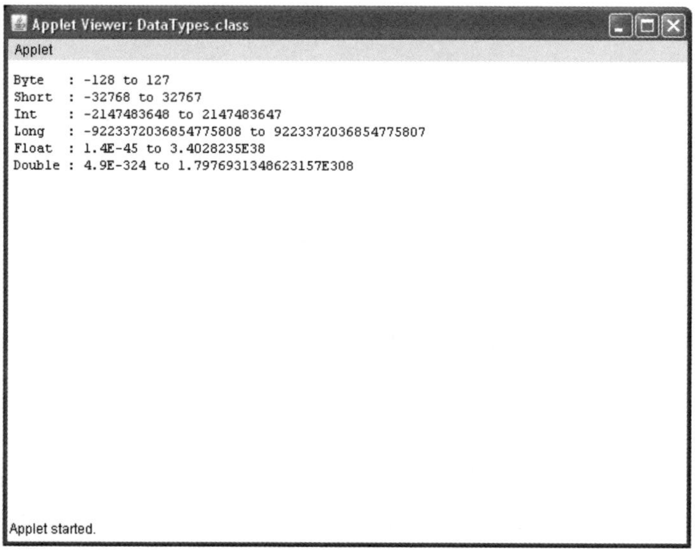

Figura 2.1 **O programa DataTypes exibe o intervalo para cada tipo de dado numérico.**

```
import java.awt.*;
import java.applet.*;

public class DataTypes extends Applet {

    //paint on the applet window
```

```
    public void paint(Graphics g) {
        //select a nice font
        g.setFont(new Font("Courier New", Font.PLAIN, 12));

        //display minimum and maximum values for numeric data types
        g.drawString("Byte   : " + Byte.MIN_VALUE + " to "
             + Byte.MAX_VALUE, 5, 20);
        g.drawString("Short  : " + Short.MIN_VALUE + " to "
             + Short.MAX_VALUE, 5, 35);
        g.drawString("Int    : " + Integer.MIN_VALUE + " to "
             + Integer.MAX_VALUE, 5, 50);
        g.drawString("Long   : " + Long.MIN_VALUE + " to "
             + Long.MAX_VALUE, 5, 65);
        g.drawString("Float  : " + Float.MIN_VALUE + " to "
             + Float.MAX_VALUE, 5, 80);
        g.drawString("Double : " + Double.MIN_VALUE + " to "
             + Double.MAX_VALUE, 5, 95);
    }
}
```

Caracteres e strings (Cadeias de Caracteres)

Há dois tipos de dados em Java para se trabalhar com dados de caracteres: `char` e `String`. Observe que `char` é um tipo de dado básico, enquanto `String` pode ser reconhecido automaticamente como uma classe (devido à primeira letra em maiúscula). Java tenta facilitar a programação para programadores de C++ por meio do uso dos mesmos tipos de dados básicos, para facilitar a conversão de programas em C e em C++ para Java. Portanto, temos um `char` base e uma classe `String`; é evidente, como você sabe agora, que todo tipo de dado em Java já é uma classe.

Você define uma variável `char` assim:

```
char studentgrade;
char examscore = 'A';
```

O tipo de dado `char` só pode lidar com um único caractere, não como uma cadeia inteira. Observe que um caractere vem identificado com aspas simples ('A') em vez de aspas duplas, necessárias para as strings.

O tipo de dado `String` (ou melhor, a classe) é muito fácil de usar e é usada por muitos dos métodos de biblioteca Java. (Lembre-se de que um método é uma função.) Por exemplo, você já viu várias vezes a classe `Graphics` neste capítulo, porque é a principal forma de exibir as coisas (como texto) em uma janela de applet. A seguir, temos duas formas de criar uma string:

```
String favoritegame = "Sid Meier's Civilization IV";
String username;
username = "John" + " R." + "Doe";
```

Além de oferecer suporte ao operador mais (+) para combinar strings (algo que os programadores de C olham com uma certa inveja), a classe `String` também vem com diversos métodos de apoio à manipulação de strings. Não vou me estender em cada propriedade e método da classe `String` aqui, porque essa é uma tarefa para um manual de referência sobre Java – cobrir cada detalhe mínimo.

Dica

Se você ainda assim continuar gostando de Java e acha que vai continuar gostando, certamente você precisará de um livro de consulta mais detalhado sobre a linguagem. Recomendo o *Java: The Complete Reference*, de Herbert Schildt, 7. ed. (McGraw-Hill Osborne Media, 2006). Um bom livro introdutório para iniciantes é o *Java Programming for the Absolute Beginner*, de John Flynt, 2. ed. (Thomson Course Technology, 2006). Se desejar apenas uma boa referência on-line, não deixe de consultar a documentação nos links sobre Java da Sun, no endereço: java.sun.com/reference/api.

Um bom exemplo de uma função que temos usado neste capítulo é `Graphics.drawString`. Essa função tem muitas versões sobrecarregadas disponíveis (a sobrecarga – overloading – será explicada mais tarde neste capítulo, na seção intitulada "Programação orientada a objetos"), que dão muitas opções para a impressão de textos na janela do applet, mas a principal versão que utilizo é a seguinte:

```
drawString(String str, int x, int y)
```

Nota

Apenas arranhamos um pouco a superfície da classe `Graphics` (e da classe herdada `Graphics2D`). Esse será o principal foco da Parte II, que cobre os Capítulos de 4 a 10. Você aprenderá mais sobre a herança de classes posteriormente neste capítulo.

A **Tabela 2.3** apresenta apenas *alguns* dos métodos mais úteis da classe `String`. Não se trata de forma alguma de uma lista completa.

Se quiser saber mais sobre todas as propriedades e métodos em uma classe (como a `String`), a forma mais fácil de obter uma lista, além de usar um livro de referência, é criar uma instância de classe (como a `String s`) e usar o operador ponto (.) para fazer o JBuilder trazer o conteúdo da classe. Esse recurso "visual" interno funciona com as classes da linguagem Java, assim como com as classes escritas por você, conforme mostrado na **Figura 2.2**.

Possivelmente, a principal vantagem de se usar um IDE seja o sistema de ajuda interno, que é disponibilizado em ferramentas como o JBuilder e o Eclipse.

Tabela 2.3 Métodos da Classe String

Método	Descrição
`contains`	Retorna true se uma string estiver contida em outra
`endsWith`	Retorna true se a string terminar em determinada string
`equalsIgnoreCase`	Compara strings sem considerar letras maiúsculas ou minúsculas
`length`	Retorna o tamanho de uma string
`replace`	Substitui todas as ocorrências de uma sub-string por outra sub-string em uma string
`trim`	Remove espaços em branco do início e do final de uma string

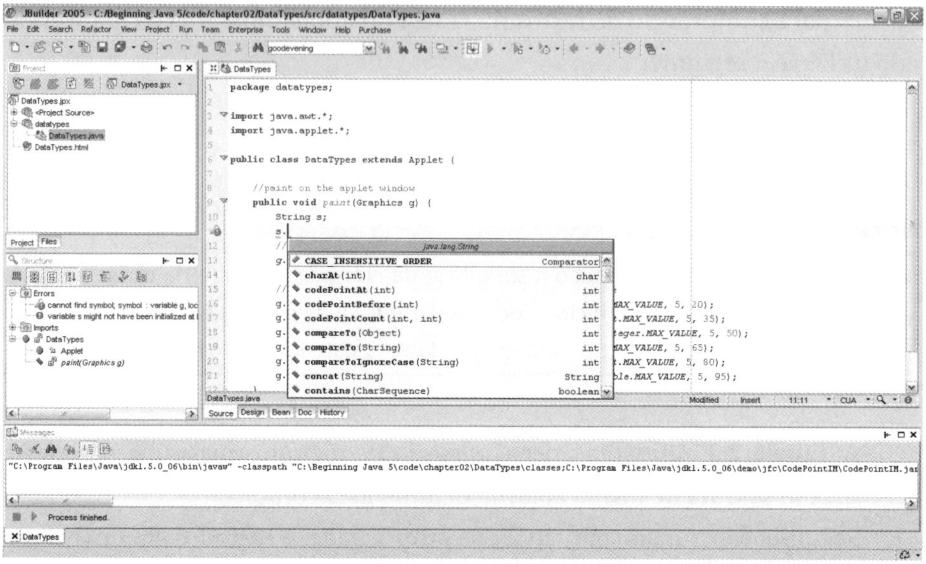

Figura 2.2 O JBuilder exibe o conteúdo de uma classe com uma janela pop-up.

Se você não usar um IDE que forneça ajuda sensível ao contexto e listas de membros de classe, precisará de um bom site ou livro de referência.

Dica

Se estiver procurando ajuda sobre um termo ou classe específica da linguagem Java, a forma mais fácil de pesquisar essa informação é usar o Google. Pesquise "java <palavra-chave>" para localizar rapidamente a referência. Por exemplo, o primeiro resultado do Google para "java graphics2d" provavelmente será uma URL para uma das páginas de referência da própria Sun. Ou você pode simplesmente ir direto até a fonte e pesquisar nas listas de classes no endereço: java.sun.com/reference/api.

Booleanos

O tipo de dado boolean pode ser definido como verdadeiro (true) ou falso (false), sendo útil como um valor de retorno para métodos. Por exemplo, em alguns dos programas de exemplo vistos até agora, houve métodos que retornaram um boolean com relação ao método ter sido bem-sucedido ou não. Você pode declarar uma variável `boolean` assim:

```
boolean gameover = false;
```

Abaixo, temos um pequeno método que retorna um valor Boolean, considerando se o valor está dentro de um limite de valor mínimo e máximo:

```
public boolean checkBounds(long val, long lower, long upper) {
    if (val < lower || val > upper)
        return false;
    else
        return true;
}
```

A seguir, temos um exemplo de uso do método `checkBounds` para determinar se a posição de um sprite na tela (na orientação vertical) está dentro dos limites desta:

```
spriteX = spriteX + 1;
if (checkBounds(spriteX, 0, 639) == true)
    spriteX = 0;
```

Este pequeno exemplo considera que a variável `spriteX` já foi declarada antes no programa. A posição X do sprite na tela irá retornar a margem esquerda sempre que o sprite se mover para fora da margem direita da tela. O método Boolean também pode ser escrito da forma a seguir, onde o `= = true` é excluído da instrução `if`:

```
if (checkBounds(spriteX, 0, 639)) . . .
```

Observe que eliminei o `== true` desta linha de código. Isso é possível porque o Java avalia o valor de retorno do método `checkBounds` e substitui a chamada do método pelo valor de retorno quando o programa estiver sendo executado. Sendo assim, se o método `checkBounds` retornar true, a instrução `if` se tornará o seguinte:

```
if (true) ...
```

Essa é a razão pela qual podemos deixar o `= = true` fora da equação. Por outro lado, quando se deseja testar para um valor de retorno falso, pode-se inserir `= = false` na instrução `if` ou pode-se usar o operador lógico de negação (!) na instrução:

```
if (!checkBounds(spriteX, 0, 639)) ...
```

O resultado é que se `checkBounds` retornar falso, a instrução `if` executará o código a seguir; caso contrário, ele não será executado. E, por falar nisso, você pode incluir uma única linha de código após uma instrução ou pode incluir um bloco de código entre chaves, conforme mostrado a seguir. Isso é especialmente útil se você quiser fazer mais de uma coisa após uma instrução condicional retornar true ou false:

```
public boolean checkBounds(long val, long lower, long upper) {
    if (val < lower || val > upper) {
        ...
        return false;
    } else {
        ...
        return true;
    }
}
```

O uso de chaves nesta versão do `checkBounds` pode não alterar nada, mas permite que você adicione mais linhas de código antes de cada instrução de retorno. (Por exemplo, pode-se querer exibir uma mensagem na tela antes de retornar.)

Arrays

Um *array* é uma coleção de variáveis de um tipo de dado específico, que são organizadas em um repositório gerenciável. Um array é criado com um dos tipos de dados básicos, uma classe de biblioteca ou uma de suas próprias classes. Para informar ao Java que você quer um array, coloque colchetes no tipo de dado em sua declaração de variável:

```
int[] highScoreList;
```

Mas há *duas* etapas para sua criação, porque um array deve primeiro ser definido, *depois* deve-se alocar memória para ele. Primeiro, defina o tipo de dado e o nome da variável do array, depois aloque o array, especificando o número de elementos nele com o operador new:

```
int[] studentGrades;
studentGrades = new int[30];
```

Observe que eu aloquei memória suficiente para armazenar 30 elementos no array `studentGrades`. Também se pode definir um novo array com uma única linha de código:

```
int[] studentGrades = new int[30];
```

Não sei quanto a você, mas gosto de escrever um código bonito como esse. Tenho até calafrios ao escrever um código como esse, porque em minha imaginação começam a surgir visões de fundos deslizantes, naves, tiros e explosões, tudo isso é possível graças aos arrays. Mas o poder real de um array é óbvio quando se começa a percorrer um array com um loop. Se você precisa atualizar os valores deste array, pode acessar os elementos do array individualmente assim:

```
studentGrades[0] = 90;
. . .
studentGrades[29] = 100;
```

Se precisar mesmo definir cada elemento individualmente em um array, ele pode ainda ajudá-lo a eliminar as confusões em seu programa. E um array sempre se beneficiará do processamento em loop, quando se tratar de imprimir o conteúdo do array ou de armazená-lo em um arquivo de dados ou por qualquer outro objetivo que você possa ter para ele. Vamos definir todos os elementos de um array com valor inicial zero (essa é uma boa prática de programação):

```
long[] speed = new long[100];
for (int i = 0; i < 100; i++) {
    speed[i] = 0;
}
```

Há uma outra forma de criar um array, estabelecendo-se os valores iniciais dele já em sua definição. Esse array de cinco posições float é definido e inicializado na memória, com os valores iniciais ao mesmo tempo.

```
float[] radioStations = { 88.5, 91.3, 97.7, 101.5, 103.0 };
```

Você também pode criar arrays multidimensionais. Um array com mais de uma dimensão terá um número multiplicativo de elementos (com base no número de elementos em cada dimensão), porque para cada elemento da primeira dimensão, há *N* elementos na dimensão seguinte (com base no tamanho da dimensão seguinte). Pela minha experiência na criação de games, raramente uso mais de uma dimensão para um array, porque é possível (e mais eficiente) usar um array de uma única dimensão e, em seguida, indexá-lo de forma criativa para lidar com várias dimensões.

Aqui temos um exemplo de um array de duas dimensões que armazena os valores para um nível de um game. Os caracteres de hachura (#) representam paredes (ou qualquer outro objeto que você queira em seu game), enquanto os pontos finais (.) representam sujeira, grama ou qualquer outro tipo de imagem. Suponho que esse seja um nível para um game baseado em tiles[1],

[1] Tile é uma técnica de criação de gráficos para jogos em duas dimensões em que todas as imagens do jogo possuem o mesmo tamanho em largura e altura, ou tamanhos múlti-

onde cada caractere do array será desenhado na tela como um tile de um arquivo de bitmap.

```
char[][] gameLevel = {
    {'#','#','#','#','#','#','#','#','#','#'},
    {'#','.','.','.','.','.','.','.','.','#'},
    {'#','.','.','.','.','.','.','.','.','#'},
    {'#','.','.','.','.','.','.','.','.','#'},
    {'#','.','.','.','.','.','.','.','.','#'},
    {'#','.','.','.','.','.','.','.','.','#'},
    {'#','#','#','#','#','#','#','#','#','#'}
};
```

Outra prática comum é criar um nível de game com apenas números (como de 0 a 9). Alguns programadores preferem usar níveis baseados em caracteres, porque eles *podem* se parecer mais com o nível do game e, por isso, são mais fáceis de se editar. Tenho tendência a preferir níveis de game baseados em inteiros, porque sou um grande fã de um programa de edição de níveis chamado Mappy, que exporta os níveis como um array de números delimitado por vírgulas. Temos a seguir como o Mappy pode exportar o mesmo nível com dados numéricos:

```
2, 2, 2, 2, 2, 2, 2, 2, 2, 2,
2, 1, 1, 1, 1, 1, 1, 1, 1, 2,
2, 1, 1, 1, 1, 1, 1, 1, 1, 2,
2, 1, 1, 1, 1, 1, 1, 1, 1, 2,
2, 1, 1, 1, 1, 1, 1, 1, 1, 2,
2, 1, 1, 1, 1, 1, 1, 1, 1, 2,
2, 2, 2, 2, 2, 2, 2, 2, 2, 2
```

plos do tamanho base. Essa forma de organização das imagens ajuda na velocidade da geração de gráficos e no reaproveitamento das imagens, economizando memória do computador. (N.R.T.)

Dica

Incluí o Mappy em www.cengage.com. Procure na pasta \software\Mappy. Você pode encontrar mais informações sobre essa ótima ferramenta de edição de níveis no site www.tilemap.co.uk. No entanto, a questão de jogos de fundo deslizante baseados em tiles está além do escopo deste livro, já que a discussão aqui se resume a mostrar meramente o que é possível fazer. Para um guia exaustivo sobre o assunto, consulte o *Visual Basic Game Programming for Teens*, 2. ed. (Thomson Course Technology PTR, 2006). Embora esse livro tenha como enfoque o VB.NET, é um dos poucos livros que explica como criar um game baseado em tiles partindo do zero, e os conceitos podem ser aplicados ao Java, caso você queira criar um game desse tipo.

Você consegue perceber a semelhança entre os dois níveis de game mostrados anteriormente? São simplesmente os mesmos dados representados de formas diferentes. Quando o Mappy exporta um nível como esse, ele envia os dados para um arquivo de texto que você pode então abrir e colar no código-fonte do seu game. Para fazer funcionar, você define um array para lidar com os dados da seguinte forma:

```
int[][] gameLevel = {
    {2, 2, 2, 2, 2, 2, 2, 2, 2, 2},
    {2, 1, 1, 1, 1, 1, 1, 1, 1, 2},
    {2, 1, 1, 1, 1, 1, 1, 1, 1, 2},
    {2, 1, 1, 1, 1, 1, 1, 1, 1, 2},
    {2, 1, 1, 1, 1, 1, 1, 1, 1, 2},
    {2, 1, 1, 1, 1, 1, 1, 1, 1, 2},
    {2, 2, 2, 2, 2, 2, 2, 2, 2, 2}
};
```

Dica

Não se esqueça do ponto e vírgula no final de uma declaração de array ou você receberá alguns erros muito estranhos do compilador Java.

No entanto, prefiro tratar um nível de game (ou outra sequência de dados baseada em array) como um array de uma única dimensão, porque dados como esses são mais fáceis de se trabalhar como um array unidimensional). Veja a seguir como eu o definiria:

```
int[] gameLevel = {
    2, 2, 2, 2, 2, 2, 2, 2, 2, 2,
    2, 1, 1, 1, 1, 1, 1, 1, 1, 2,
    2, 1, 1, 1, 1, 1, 1, 1, 1, 2,
    2, 1, 1, 1, 1, 1, 1, 1, 1, 2,
    2, 1, 1, 1, 1, 1, 1, 1, 1, 2,
    2, 1, 1, 1, 1, 1, 1, 1, 1, 2,
    2, 2, 2, 2, 2, 2, 2, 2, 2, 2
};
```

Você vê a diferença sutil entre este array 1D e o array 2D definido antes? Tudo o que preciso saber é a largura e altura dos dados do array e não preciso de várias dimensões. Neste exemplo, este nível de game é de 10 tiles de largura e 10 tiles de profundidade, sendo um total de 100 tiles. (Um *tile* é um pequeno bitmap usado para criar um mundo de game em um game de fundo deslizante em 2D e se assemelha muito com a analogia dos pisos de azulejo, pela forma como é usado.)

A essência da classe

Caso você não tenha notado, tenho falado muito de classes. Isso porque não se pode fugir desse assunto quando se escreve um programa Java. A parte principal de um arquivo com código-fonte em Java é a própria classe. Se você já viu um programa em C antes, deve estar familiarizado com a função `main()`. A seguir temos um programa simples em C:

```
int main(int argc, char argv[]) {
    printf("I am a C program.\n");
    return 0;
}
```

Vamos dar uma olhada no mesmo programa escrito em C++ puro:

```
#include <iostream>
int main(int argc, char argv[]) {
    std::cout << "I am a C++ program." << std::endl;
    return 1;
}
```

Agora dê uma olhada no mesmo programa escrito em Java:

```
import java.io.*;
public class SampleJava {
    public static void main(String args[]) {
        System.out.println("I am a Java program.");
    }
}
```

Você vê semelhanças entre esses programas? Deveria ver, porque eles estão listados de forma evolutiva. Mas não quero argumentar com ninguém se o Java é verdadeiramente um passo à frente em relação ao C++, porque não tenho certeza se acredito nisso no sentido mais estrito (em termos de comparação). Mas gosto de pensar no Java como a próxima etapa lógica do C++. É uma linguagem mais fácil, menos propensa a erros, mas não tão poderosa. Isso não caracteriza qualquer sistema que tenda a evoluir com o tempo? Considere a própria indústria de computadores, por exemplo. Os primeiros computadores eram feitos com milhares de válvulas, que eram de difícil manutenção e muito propensas a falhas e, em termos de consumo de energia, acho que os computadores mais antigos com certeza usavam mais energia do que os computadores que usamos normalmente hoje – mas não vamos falar em desempenho, porque não se trata de um concurso.

O programa C é muito simples e pode mesmo ser lido por alguém que nem seja programador (que pode não entender nada além da linha `printf` e, mesmo assim, com muita dificuldade). O programa C++ é algo muito pesado para qualquer um que não seja programador. Mas aqueles com uma base de

C++ quase sempre descrevem esse código como bonito e elegante, com uma aura poderosa e até mesmo amedrontadora. O programa Java é muito semelhante aos programas escritos em C e C++. Da mesma forma que no C++, o programa Java tem de "conseguir algo" de "algum lugar" na forma da instrução `import java.io.*`. Esse java.io é uma biblioteca que dá acesso à classe `System.out`, que é usada com frequência para escrever textos (como você já deve ter imaginado). Mas a maior diferença é que o programa Java está localizado dentro de uma *classe*. Esta classe é chamada de `SampleJava` e dentro dela (entre chaves) está uma função main, muito semelhante às funções main encontradas nos programas em C e C++.

Você deve estar se perguntando: o que é essa classe `SampleJava`? A verdade é: *tudo* em Java é classe e não é possível fazer nada útil em Java sem o uso de classes. Todo o código-fonte que você escrever em Java estará circunscrito em uma definição de classe.

A função `main`

O ponto central de um aplicativo Java é a função `main`. (Observe que os applets, em geral, não possuem uma função `main`, conforme vou explicar em breve.) A função `main` tem este formato básico:

```
public static void main(String args[]) {
}
```

O parâmetro (`String args[]`) permite passar informações ao programa Java e é apenas prático quando se desenvolve um aplicativo Java (em vez de um applet) para o qual se podem passar parâmetros, talvez a partir de um prompt de comando ou shell. Pode-se passar parâmetros para um applet Java, mas não se faz isso com frequência. Trabalhei uma vez para uma empresa que constrói sistemas de rastreamento de veículos usando GPS (*global positioning system*) e minha função era fazer a manutenção de um programa Java que exibia um mapa com todos os veículos no estado do Arizona, movendo-se para seus destinos. Esse programa Java recebia informações de rastreamento de um servidor e, em seguida, exibia-as em um applet.

Advertência

Os applets Java não precisam de uma função `main`, porque há diversos *eventos* encontrados em applets como alternativa (como `init` e `paint`).

Vamos estudar a função `main` para ajudá-lo a entender melhor o que ela faz. O termo `public` especifica que essa função é visível fora da classe. (Lembre-se de que todo programa Java é executado dentro de uma classe.) O termo `static` especifica que a definição da função nunca muda e não deve ser herdada (emprestada para uso em outra função). A palavra-chave `static` é opcional e não é usada com frequência em um applet. O termo `void` indica que a função não retorna um valor. Todo aplicativo Java que você escrever terá uma função `main`, da mesma forma que todo programa em C e C++. No entanto, um applet Java, que é executado em um navegador web, contém eventos e não está sob total controle, como no caso de um aplicativo Java independente (como um método `main`).

No entanto, você *pode* escrever classes Java que não tenham uma função `main`. Por que você desejaria fazer isso? Uma classe é criada em geral para executar determinada tarefa, como lidar com sprites em um game. Você pode escrever uma classe sprite que saiba como carregar um arquivo de bitmap e desenhe um sprite na tela, em seguida o programa Java principal (com a função `main`) *consumirá* ou usará a classe sprite, que sozinha não tem a função `main`. Uma classe tem suas próprias variáveis e funções, algumas delas escondidas dentro da própria classe e invisíveis fora dela. O que estou tentando descrever aqui são alguns dos aspectos-chave da programação orientada a objetos ou OOP (*Object Oriented Programming*). Em alguns casos, como quando se desenvolve um applet, pode-se apenas usar o evento `paint`, em vez de usar a função `main`. (Veremos mais sobre isso posteriormente.)

Programação orientada a objetos

Há quatro conceitos principais envolvidos em OOP, embora você possa nem usar todos eles nas classes que criar:

- Ocultação de dados

- Encapsulamento
- Herança
- Polimorfismo

Vou discorrer brevemente sobre cada um desses conceitos, porque você os usará em todo este livro. Não pretendo passar muito tempo discutindo conceitos avançados como esses enquanto escrevemos games Java, e este livro, por sua vez, não tem como objetivo ser um manual básico sobre a linguagem Java. Há centenas de livros escritos sobre a programação Java, incluindo alguns manuais complexos sobre o assunto, usados em cursos universitários.

Ocultação de dados

A *ocultação de dados* é um conceito-chave da programação orientada a objetos, porque oferece uma forma de proteger da manipulação direta os dados dentro de um objeto, em tempo de execução. Em vez de oferecer acesso a determinados pedaços de dados, uma definição de classe incluirá funções (frequentemente chamadas de *métodos* ou *acessors/mutators* na programação orientada a objetos) para recuperar e alterar dados (normalmente chamados de *propriedades*), que estão ocultos dentro da definição de classe. Uma função *acessor* recupera a variável oculta, um *mutator* a altera.

Dessa forma, o programador pode especificar exatamente que mudanças podem ser feitas a uma variável privada por meio das funções mutator internas e retornar dados formatados de forma personalizada por meio das funções acessor. Por exemplo, se você quiser ter certeza de que uma data de nascimento é válida, a função mutator pode restringir alterações a um certo intervalo (como de 0 a 120). O código-fonte a seguir demonstra o conceito de ocultação de dados. Mantive intencionalmente a listagem do código mais simplificada, não incluindo os comentários.

```
public class vehicle {
    private String make;
    private int numwheels;
```

```
    public String getMake() {
        return make;
    }
    public boolean setMake(String newmake) {
        if (newmake.length() > 0) {
            make = newmake;
            return true;
            } else {
            return false;
        }
    }

    public int getNumWheels() {
        return numwheels;
    }
    public boolean setNumWheels(int count) {
        if (count > 0 && count < 20) {
            numwheels = count;
            return true;
            } else {
            return false;
        }
    }
}
```

Encapsulamento

O *encapsulamento* está relacionado à ocultação de dados na qual se descreve como as informações e processos são tratados internamente por uma classe. Esses dois conceitos são quase sempre usados de forma intercambiável, dependendo da opinião do programador. (Prefiro usar o termo *encapsulamento* em vez de *ocultação de dados*.) Minha sugestão é que o encapsulamento envolva a modelagem de uma entidade do mundo real, enquanto a ocultação de dados descreve a capacidade de usar variáveis privadas em uma classe. É comum encapsular uma entidade do mundo real, escrevendo uma classe que descreva os dados e as funções para o trabalho com esses dados. Em um exemplo de classe veículo, encapsulei as especificações de um veículo básico dentro de uma classe com membros de dados ocultos (ou privados) e funções públicas (ou métodos).

Herança

A herança descreve a capacidade de reutilizar definições de classe e fazer alterações para que uma subclasse conte com uma classe base. Por exemplo, a classe veículo pode ser usada como base para muitas subclasses que tratam de uma ampla gama de veículos, que vão de motocicletas a caminhões com 18 rodas. Quando escrever o código de uma classe, é melhor colocar cada classe dentro de seu próprio arquivo de código-fonte. O Java permite herdar de uma classe básica única.

Nota

Embora o C++ permita herdar de várias classes base, esse recurso quase sempre traz mais problemas do que soluções, e por esse motivo, é raramente usado. Em vez de herança múltipla, o Java permite usar várias interfaces – que são as diretrizes de propriedades e métodos que devem ser encontrados dentro de uma classe em particular.

Por exemplo, o programa SimpleClass, localizado em \sources\chapter02 em www.cengage.com, inclui a listagem do código-fonte para a classe `vehicle`, e é armazenado em um arquivo chamado vehicle.java. Também incluído no projeto SimpleClass está o arquivo de código-fonte principal, chamado de SimpleClass.java – e é esse arquivo que "consome" ou usa a classe `vehicle` definida no arquivo vehicle.java. Mais classes podem ser escritas e salvas em seus próprios arquivos de código-fonte.

Dica

Par adicionar uma nova classe ao seu projeto, apenas crie um novo arquivo de texto com a extensão .java e compile-o separadamente de seu programa principal. Isso é muito fácil de fazer, usando-se o TextPad e pressionando-se Ctrl+1 para compilar o código Java.

Um *construtor* é um método chamado sempre que você cria uma nova classe no programa. Não me refiro a digitar uma nova classe, mas de quando uma classe é instanciada em um objeto em tempo de execução. Quando um novo objeto é criado (com o operador `new`), a definição de classe é usada para se construir um objeto. Veja onde as palavras-chave aparecem aqui. O novo objeto é "construído" se é criado em tempo de execução, a classe é um molde usado para criar ou construir o objeto em tempo de execução.

Definição

Instanciar significa criar ou construir. No contexto da programação orientada a objetos, os novos objetos são instanciados quando forem criados em tempo de execução a partir do molde especificado em uma definição de classe (como a classe `vehicle`).

Quando clico em OK na caixa de diálogo Class Wizard, um novo arquivo chamado truck.java é adicionado ao meu projeto e contém o código-fonte:

```
public class truck extends vehicle
{
    public truck()
    {
    }
}
```

Este é um ponto de partida bom e confortável para uma nova classe. Observe que esta classe herda da classe `vehicle` (`extends vehicle`) e inclui um construtor simples (`public truck()`). Este construtor é chamado sempre que você utiliza `new` para criar um novo objeto `truck`, usando um código como este:

```
truck silverado = new truck();
```

O construtor é especificado após o operador `new` nesta linha de código, e isso é chamado de *construtor vazio*. Se você quiser passar parâmetros para um construtor, pode fazê-lo definindo uma outra versão do construtor, que é um tópico que precisa ser tratado na próxima seção sobre polimorfismo.

Polimorfismo

Polimorfismo é uma palavra complexa que, quando dividida, é igual a *poli* (muitas) e *morf* (formas); por isso, polimorfismo se refere a ter "muitas formas". O Java permite que se escreva muitas versões de uma função (ou método), com diferentes conjuntos de parâmetros. Quando você escreve mais de uma versão de um método, você o sobrecarrega. *Sobrecarga* é um termo técnico de programação que descreve o polimorfismo em funcionamento.

Dica

Até agora, tenho usado os termos *função* e *método* juntos. Vou passar a usar *método* de agora em diante. Observe que um método é o mesmo que uma função e isso se aplica a funções acessor/mutator (termos que são usados pelos programadores de C++). Lembre-se apenas do seguinte: uma *propriedade* é uma variável, enquanto um *método* é uma função.

A listagem completa do código-fonte da classe `truck` demonstra o polimorfismo. Observe o construtor, `truck()`, que foi sobrecarregado uma vez, com uma versão alternativa, com a seguinte sintaxe:

```
public truck(String make, String model, String engine, int towing)
```

Você provavelmente não passará todos os dados para uma classe dessa maneira de uma só vez, pois isso não é lá muito prático. Você pode passar qualquer valor para o construtor que você achar que irá ajudar com a inicialização do objeto que está sendo instanciado, mas tenha em mente que há métodos disponíveis para leitura e alteração dessas variáveis (ou propriedades) também.

Você vê como o construtor padrão inclui diversas chamadas de método para atribuir às variáveis privadas valores iniciais? Isso é uma boa prática a se considerar durante a criação de uma definição de classe, porque elimina a chance de ocorrerem erros de execução por ponteiro nulo – que é algo comum quando se trabalha com strings que ainda não foram definidas com um valor. Decidi não incluir uma verificação de tamanho de string nas funções `set` para tornar o código-fonte mais fácil de ler, mas esse tipo de tratamento de erros internos é uma boa ideia.

```
public class truck extends vehicle {
    private String model;
    private String engine;
    private int towingcapacity;

    public truck() {
        setMake("make");
        setNumWheels(4);
        setModel("model");
        setEngine("engine");
        setTowingCapacity(0);
    }

    public truck(String make, String model, String engine, int towing) {
        setMake(make);
        setModel(model);
        setEngine(engine);
        setTowingCapacity(towing);
    }

    public String getModel() {
        return model;
    }
    public void setModel(String newmodel) {
        model = newmodel;
    }

    public String getEngine() {
        return engine;
    }
```

```
    public void setEngine(String newengine) {
        engine = newengine;
    }

    public int getTowingCapacity() {
        return towingcapacity;
    }
    public void setTowingCapacity(int value) {
        towingcapacity = value;
    }
}
```

Agora vamos fazer algumas alterações no código-fonte principal do arquivo SimpleClass.java. Essa é a parte do programa que consome ou usa as classes `vehicle` e `truck`. Temos a seguir a listagem completa:

```
import java.lang.*;
import java.applet.*;
import java.awt.*;

public class SimpleClass extends Applet {
    vehicle car;
    truck lightning;

    public void init() {
        //initialize a vehicle object
        car = new vehicle();
        car.setMake("Ford");
        car.setNumWheels(4);
        //initialize a truck object using a constructor
        lightning = new truck("Ford SVT", "F-150 Lightning",
"5.4L Triton V8",7700);
    }
```

```
    public void paint(Graphics g) {
        //let's use a nice big font
        g.setFont(new Font("Verdana", Font.BOLD, 12));

        //display the car info
        g.drawString("Car make: " + car.getMake(), 20, 20);
        g.drawString("Number of wheels: " + car.getNumWheels(), 20, 40);

        //display the truck info
        g.drawString("Truck make: " + lightning.getMake(), 20, 70);
        g.drawString("Truck model: " + lightning.getModel(), 20, 90);
        g.drawString("Truck engine: " + lightning.getEngine(), 20, 110);
        g.drawString("Truck towing capacity: " +
                lightning.getTowingCapacity(), 20, 130);
    }
}
```

Qual é a parte mais significativa deste programa que pode parecer incomum ou surpreendente? Bem, vamos dar uma olhada naquelas linhas de código em que as informações sobre caminhões são exibidas na tela. O caminhão está usando um método chamado `getMake()`, que nem mesmo foi definido na classe `truck`. Trata-se de um método encontrado apenas na classe `vehicle`, da qual a classe `truck` recebeu como herança. Este é o verdadeiro poder da herança – a capacidade de reutilizar funcionalidade ao mesmo tempo em que melhora as classes existentes.

Adicionei a classe `truck` ao programa SimpleClass, que é onde a classe `vehicle` pode ser encontrada. Você pode abrir o projeto SimpleClass em www.cengage.com.br, na pasta \sources\chapter02. A **Figura 2.3** mostra a saída da versão atual do programa até este ponto.

O que você aprendeu

Este capítulo ofereceu uma visão geral dos fundamentos da programação Java. Você aprendeu as diferenças entre um aplicativo Java e um applet Java e como

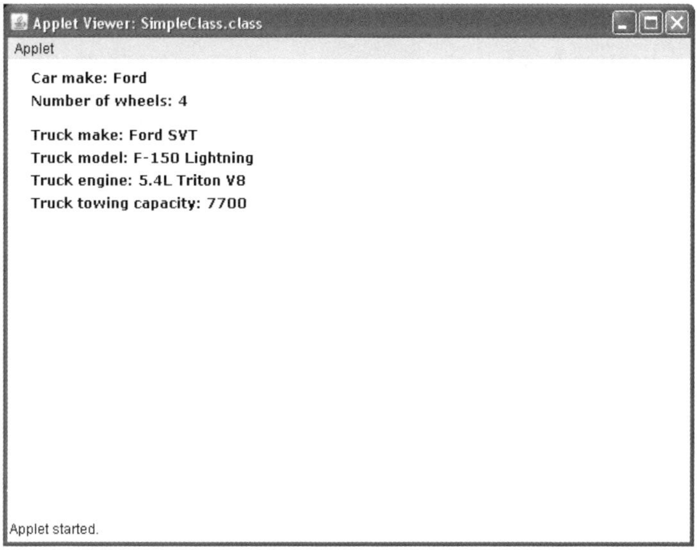

Figura 2.3 **O programa SimpleClass demonstra agora a herança com a classe** `truck`.

escrever programas de cada um dos tipos, depois compilá-los e executá-los. Você aprendeu os fundamentos da programação orientada a objetos e muitas outras questões sobre Java que serão úteis nos capítulos que virão. Em termos mais específicos, este capítulo tratou dos seguintes tópicos:

- Como escrever um aplicativo Java
- Como escrever um applet Java
- Como compilar um programa Java

Questões de revisão

As questões a seguir o ajudarão a determinar o quão bem você aprendeu os tópicos abordados neste capítulo.

1. Qual é o nome da ferramenta JDK utilizada para compilar programas Java?

2. Que ferramenta de linha de comando JDK é usada para executar um aplicativo Java?
3. Que ferramenta de linha de comando JDK é usada para executar um applet Java?
4. Quais são os dois IDEs bons e gratuitos recomendados neste capítulo?
5. Encapsulamento, polimorfirmo e herança são pontos principais em qual metodologia de programação?
6. Qual é a principal diferença entre um aplicativo e um applet Java?
7. Que método da classe `Graphics` você pode usar para escrever uma mensagem de texto na tela?
8. Quantos bits compõem um inteiro Java (o tipo de dado `int`)?
9. Quantos bits existem em um inteiro longo Java (o tipo de dado `long`)?
10. Em que linguagem de programação Java se baseia?

Agora é por sua conta

Use os exercícios a seguir para testar seus conhecimentos sobre o material abordado neste capítulo.

Exercício 1

Escreva a sua própria classe Java, depois utilize-a para ampliar a classe herdada para treinar os conceitos de herança e encapsulamento.

Exercício 2

Modifique a sua nova classe, adicionando alguns métodos que demonstrem o conceito de polimorfismo, escrevendo diversas versões do mesmo método, com diferentes conjuntos de parâmetros.

Capítulo 3

Criando seu primeiro game em Java

Este capítulo lhe dará uma ideia do que virá nos próximos, ao mesmo tempo em que lhe ensinará alguns dos fundamentos da criação de games. O game apresentado aqui foi inspirado no game clássico da Atari *Asteroids*. Meu primeiro sistema de videogame foi um Atari 2600 e passei muitas horas com ele. Neste capítulo, você aprenderá a criar uma variação deste game clássico, que será a base de um game mais avançado posteriormente, quando chegarmos à Parte III deste livro. Temos a seguir os principais tópicos deste capítulo:

- Criação de um game estilo *Asteroids*
- Escrevendo as classes principais: `BaseVectorShape`, `Ship`, `Asteroid` e `Bullet`
- Escrevendo o código-fonte principal
- Calculando velocidades em curso

Sobre o projeto do game

Nosso projeto de game neste capítulo será executado em um navegador web com uma resolução de 640 X 480 e será feito inteiramente com o uso de gráficos vetoriais. Terá alguns recursos sobre os quais você ainda não aprendeu, mas a exposição a esse código será útil. Desejo apresentar-lhe alguns conceitos já no início, antes de você ter obtido todos os pré-requisitos (caso contrário, não seríamos capazes de criar um game até a metade deste livro!). Talvez você não entenda tudo do código-fonte para o game neste ponto, mas aprenderá como ele funciona na hora certa. A **Figura 3.1** mostra o game completo que você criará neste capítulo.

Conforme mencionado, o game é inteiramente baseado em gráficos vetoriais. A nave do jogador (ship), os asteroides (asteroids) e os tiros (bullets) são todos renderizados como polígonos, conforme mostrado na **Figura 3.2.**

Definição

Monitores de gráficos *vetoriais* são diferentes de nossos monitores modernos na maneira como eles desenham as formas baseadas em linhas inteiras. Por outro lado, nossos monitores modernos desenham *imagens raster* baseadas em pixels.

Todos os objetos do game são movimentados com o uso de um algoritmo que calcula os valores de velocidade de X e Y, que são usados para atualizar a

Figura 3.1 Este clone do Asteroids é a base para um game muito mais ambicioso.

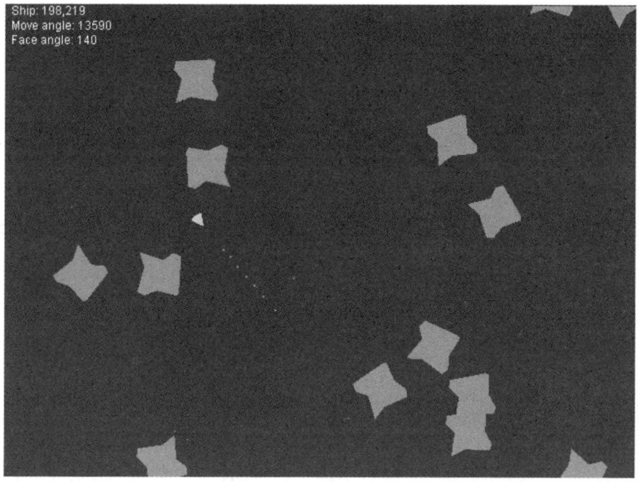

Figura 3.2 Os objetos no game são todos renderizados como desenhos vetoriais.

posição do objeto na tela. Todos esses valores usam cálculos de ponto flutuante e o resultado é uma animação de rotação 2D fluida e com movimentos realistas (veja a **Figura 3.3**).

Figura 3.3 Algoritmos matemáticos de pontos flutuantes dão ao game uma aparência realista.

Cada uma das formas vetoriais do game possui um retângulo delimitador próprio usado para simplificar o teste de colisão, que é um aspecto importante do game (veja **Figura 3.4**). Sem ele, os tiros não destruiriam os asteroides e a nave ficaria invulnerável! O teste de colisão é o que torna a jogabilidade possível no game.

O objetivo é modificar este conceito de game posteriormente para chegar a um game de alta qualidade, elaborado e com diversos recursos de jogabilidade interessantes (como powerups), até o término deste livro. A versão final do Galactic War é um game ao estilo de arcade com diversos tipos de asteroides, explosões animadas e powerups para a nave do jogador. Quando começarmos a trabalhar a fundo no Galactic War, faremos uma transição de desenhos vetoriais (baseados em polígonos) para desenhos rasterizados (baseados em bitmaps).

Mas antes de correr, conforme o velho ditado, é preciso aprender a andar. Este capítulo ensina como caminhar e você irá gradualmente melhorando o game, iniciando no próximo capítulo.

Figura 3.4 Os retângulos delimitadores são usados para detectar quando ocorrem as colisões.

Criação do game

Este game é dividido em cinco classes. Parecem classes demais para seu primeiro game, não? Pensei um pouco sobre isso, considerando que isso pode ser código demais para ser dado de uma vez só. Mas acho que você vai gostar. Trata-se de um game completo, em sua maior parte, portanto, você pode examiná-lo – percorrer as linhas ao estilo de Sherlock Holmes (com uma lupa, se quiser) – para aprender os segredos de como se faz um game. Você será apresentado a um mistério intrigante – um game completo. Sua tarefa é fazer a engenharia reversa da situação para determinar, passo a passo, que eventos conduziram ao game completo. A classe principal, `Asteroids`, contém o código-fonte principal do game. Quatro classes adicionais são usadas:

- `BaseVectorShape`
- `Ship`
- `Bullet`
- `Asteroid`

Criação do projeto

Você pode digitar o código para cada classe (e o arquivo de código-fonte principal, Asteroids.java), em seguida compilar cada arquivo em um arquivo .class, usando as ferramentas de linha de comando do JDK (Java Development Kit). O compilador é chamado javac.exe. Você pode compilar um arquivo, simplesmente digitando:

```
javac Asteroids.java
```

e, da mesma forma, para os outros arquivos de código-fonte.

Recomendo usar o TextPad, se você for um usuário do Windows em virtude de seu conveniente suporte para o JDK, no qual se pode compilar o programa Java com Ctrl+1 e executá-lo com Ctrl+3. Observe apenas que, para executar um programa baseado em applet, é necessário criar um arquivo de repositório HTML, conforme descrito no primeiro capítulo.

A classe BaseVectorShape

Os três principais objetos do game (os asteroides, os tiros e a nave do jogador) são todos derivados da classe `BaseVectorShape`. Originalmente escrevi este game sem a classe base e, no final todos os três objetos do game (a nave do jogador, os tiros e os asteroides) terminaram compartilhando a maior parte de suas propriedades e métodos. Portanto, a classe `BaseVectorShape` foi uma maneira de limpar o código. No final, coloquei muitas ferramentas úteis nesta classe para dar conta das necessidades deste game com gráficos vetoriais. Assim fazendo, usei o recurso de orientação a objetos chamado *herança*. As classes `Asteroid`, `Ship` e `Bullet` são todas derivadas de `BaseVectorShape`, que contém código compartilhado por todas as três. Como resultado, o código das três subclasses é bem curto em cada caso.

Este game detecta colisões entre os asteroides, os tiros e a nave do jogador, portanto, cada forma vetorial do game possui seu próprio retângulo delimitador. Enquanto o método `getBounds()` não for encontrado na classe `BaseVectorShape` por razões que explicarei a seguir, este método usará os métodos `getX()` e `getY()` da classe de base para calcular o retângulo delimitador. Basicamente, esta classe contém todas as variáveis que serão usadas para movimentar os objetos pela tela, tais como as posições X e Y, a velocidade, a direção e o ângulo de movimento e a forma em si (que é um polígono).

Dica

O que é a detecção de colisão de retângulo delimitador? Esta frase descreve o processo de detectar quando os objetos colidem uns com os outros no game (tal como um tiro acertando um asteroide) usando formas retangulares que circundam ou envolvem a forma. Como resultado, a forma é limitada por um retângulo, por assim dizer.

```
import java.awt.Shape;
/*********************************************************
* Base vector shape class for polygonal shapes
*********************************************************/
```

```
public class BaseVectorShape {
    //variables
    private Shape shape;
    private boolean alive;
    private double x,y;
    private double velX, velY;
    private double moveAngle, faceAngle;

    //accessor methods
    public Shape getShape() { return shape; }
    public boolean isAlive() { return alive; }
    public double getX() { return x; }
    public double getY() { return y; }
    public double getVelX() { return velX; }
    public double getVelY() { return velY; }
    public double getMoveAngle() { return moveAngle; }
    public double getFaceAngle() { return faceAngle; }

    //mutator and helper methods
    public void setShape(Shape shape) { this.shape = shape; }
    public void setAlive(boolean alive) { this.alive = alive; }
    public void setX(double x) { this.x = x; }
    public void incX(double i) { this.x += i; }
    public void setY(double y) { this.y = y; }
    public void incY(double i) { this.y += i; }
    public void setVelX(double velX) { this.velX = velX; }
    public void incVelX(double i) { this.velX += i; }
    public void setVelY(double velY) { this.velY = velY; }
    public void incVelY(double i) { this.velY += i; }
    public void setFaceAngle(double angle) { this.faceAngle = angle; }
    public void incFaceAngle(double i) { this.faceAngle += i; }
    public void setMoveAngle(double angle) { this.moveAngle = angle; }
    public void incMoveAngle(double i) { this.moveAngle += i; }
```

```
    //default constructor
    BaseVectorShape() {
        setShape(null);
        setAlive(false);
        setX(0.0);
        setY(0.0);
        setVelX(0.0);
        setVelY(0.0);
        setMoveAngle(0.0);
        setFaceAngle(0.0);
    }
}
```

A classe Ship

A classe `Ship` lida com a forma, a posição e a velocidade da nave do jogador no game. Isso inclui seu retângulo delimitador, que é calculado com base na forma do polígono adequada para a forma da nave. A classe `Ship` herda todas as propriedades e métodos públicos da classe `BaseVectorShape`.

```
import java.awt.Polygon;
import java.awt.Rectangle;
/*********************************************************
* Ship class - polygonal shape of the player's ship
**********************************************************/
public class Ship extends BaseVectorShape {
    //define the ship polygon
    private int[] shipx = { -6, -3, 0, 3, 6, 0 };
    private int[] shipy = { 6, 7, 7, 7, 6, -7 };

    //bounding rectangle
    public Rectangle getBounds() {
        Rectangle r;
        r = new Rectangle((int)getX() - 6, (int) getY() - 6, 12,12);
```

```
        return r;
    }

    Ship() {
        setShape(new Polygon(shipx, shipy, shipx.length));
        setAlive(true);
    }
}
```

A classe Bullet

A classe `Bullet` define as balas atiradas pela nave. Ela também deriva da classe `BaseVectorShape`, assim, a maior parte das funcionalidades dessa classe é fornecida pela classe-base. Tudo o que precisamos para fazer os tiros, neste game, é definir um retângulo que tem um pixel de largura e de altura. Esta pequena forma é usada para calcular o retângulo limitador retornado pelo método `getBounds()`. Mesmo que estejamos desenhando um retângulo com apenas um pixel, ainda assim o trataremos como um retângulo. No entanto, quando tivermos que verificar se o tiro atingiu o asteroide (usando o teste de colisão), o faremos de um modo um pouco diferente daquele usado para as colisões entre a nave do jogador e os asteroides. Em vez de procurar uma intersecção, veremos se o tiro "está contido" no asteroide.

```
import java.awt.*;
import java.awt.Rectangle;
/*********************************************************
* Bullet class - polygonal shape of a bullet
*********************************************************/
public class Bullet extends BaseVectorShape {

    //bounding rectangle
    public Rectangle getBounds() {
        Rectangle r;
        r = new Rectangle((int)getX(), (int) getY(), 1, 1);
        return r;
    }
```

```
    Bullet() {
        //create the bullet shape
        setShape(new Rectangle(0, 0, 1, 1));
        setAlive(false);
    }
}
```

A classe Asteroid

A classe `Asteroid` também herda de `BaseVectorShape` e fornece três de seus próprios métodos novos: `getRotationVelocity`, `setRotationVelocity` e `getBounds`. O valor da velocidade de rotação é usado para girar os asteroides (um efeito muito legal neste game). O método `getBounds` retorna o retângulo delimitador do asteroide e é parecido com o método de mesmo nome encontrado nas classe `Ship` e `Bullet`.

```
import java.awt.Polygon;
import java.awt.Rectangle;

/*****************************************************
* Asteroid class - for polygonal asteroid shapes
*****************************************************/
public class Asteroid extends BaseVectorShape {
    //define the asteroid polygon shape
    private int[] astx = {-20,-13, 0,20,22, 20, 12,  2,-10,-22,-16};
    private int[] asty = { 20, 23,17,20,16,-20,-22,-14,-17,-20, -5};

    //rotation speed
    protected double rotVel;
    public double getRotationVelocity() { return rotVel; }
    public void setRotationVelocity(double v) { rotVel = v; }

    //bounding rectangle
    public Rectangle getBounds() {
```

```
        Rectangle r;
        r = new Rectangle((int)getX() - 20, (int) getY() - 20, 40, 40);
        return r;
    }

    //default constructor
    Asteroid() {
        setShape(new Polygon(astx, asty, astx.length));
        setAlive(true);
        setRotationVelocity(0.0);
    }
}
```

O arquivo do código-fonte principal

O arquivo do código-fonte principal para este game pode ser encontrado em um arquivo chamado Asteroids.java. Estou fornecendo a listagem completa deste código-fonte aqui para que você possa examiná-la em detalhes, enquanto lê explicações que vou apresentando sobre cada método. Recomendo que você estude o código-fonte para ter uma boa ideia de como este game funciona.

```
/*************************************************
* Chapter 3 - ASTEROIDS GAME
*************************************************/
import java.applet.*;
import java.awt.*;
import java.awt.event.*;
import java.awt.geom.*;
import java.awt.image.*;
import java.util.*;
/*************************************************
* Primary class for the game
*************************************************/
public class Asteroids extends Applet implements Runnable, KeyListener {
```

```
//the main thread becomes the game loop
Thread gameloop;

//use this as a double buffer
BufferedImage backbuffer;

//the main drawing object for the back buffer
Graphics2D g2d;

//toggle for drawing bounding boxes
boolean showBounds = false;

//create the asteroid array
int ASTEROIDS = 20;
Asteroid[] ast = new Asteroid[ASTEROIDS];

//create the bullet array
int BULLETS = 10;
Bullet[] bullet = new Bullet[BULLETS];
int currentBullet = 0;

//the player's ship
Ship ship = new Ship();

//create the identity transform (0,0)
AffineTransform identity = new AffineTransform();

//create a random number generator
Random rand = new Random();
```

Evento init() do Applet

O evento `init()` do applet é executado quando o applet é colocado para funcionar e é usado para inicializar o game. Em primeiro lugar, o código cria um buffer duplo, sobre o qual todos os desenhos serão renderizados, para que se tenha uma atualização de tela suave, sem trepidações (*flicker*). A nave do jogador e os asteroides são inicializados e, em seguida, o receptor (*key listener*) de teclas será iniciado.

```
/************************************************
* applet init event
************************************************/
public void init() {
    //create the back buffer for smooth graphics
    backbuffer = new BufferedImage(640, 480, BufferedImage.TYPE_INT_RGB);
    g2d = backbuffer.createGraphics();

    //set up the ship
    ship.setX(320);
    ship.setY(240);

    //set up the bullets
    for (int n = 0; n<BULLETS; n++) {
        bullet[n] = new Bullet();
    }

    //create the asteroids
    for (int n = 0; n<ASTEROIDS; n++) {
        ast[n] = new Asteroid();
        ast[n].setRotationVelocity(rand.nextInt(3)+1);
        ast[n].setX((double)rand.nextInt(600)+20);
        ast[n].setY((double)rand.nextInt(440)+20);
        ast[n].setMoveAngle(rand.nextInt(360));
        double ang = ast[n].getMoveAngle() - 90;
        ast[n].setVelX(calcAngleMoveX(ang));
        ast[n].setVelY(calcAngleMoveY(ang));
    }
```

```
    //start the user input listener
    addKeyListener(this);
}
```

Evento update() do Applet

O evento `update()` do applet é disparado sempre que a tela precisa ser atualizada. Este game ainda não chama o método `update()` a partir de seu ciclo de execução (game loop), entretanto, em uma versão futura isso será alterado, permitindo um melhor controle sobre o processo de atualização de tela. Este método faz todos os desenhos para a janela do applet, desenhando-os primeiro no buffer. Este buffer é então copiado para a janela do applet, durante o evento `paint()`.

A transformada identidade é o *ponto de partida* de uma transformada vetorial, o que permite que formas vetoriais sejam giradas e movimentadas no game. Primeiro você inicia na *identidade* e, em seguida, movimenta a forma e a gira a partir de lá. Se você não iniciar a partir da identidade antes de manipular a forma, ela será movimentada com a forma anterior e não com sua própria forma.

```
/*****************************************************
* applet update event to redraw the screen
*****************************************************/
public void update(Graphics g) {
    //start off transforms at identity
    g2d.setTransform(identity);

    //erase the background
    g2d.setPaint(Color.BLACK);
    g2d.fillRect(0, 0, getSize().width, getSize().height);

    //print some status information
    g2d.setColor(Color.WHITE);
    g2d.drawString("Ship: " + Math.round(ship.getX()) + "," +
```

```
        Math.round(ship.getY()) , 5, 10);
    g2d.drawString("Move angle: " + Math.round(
        ship.getMoveAngle())+90, 5, 25);
    g2d.drawString("Face angle: " + Math.round(
        ship.getFaceAngle()), 5, 40);
    //draw the game graphics
    drawShip();
    drawBullets();
    drawAsteroids();

    //repaint the applet window
    paint(g);
}
```

Desenhando a nave do jogador

O método `drawShip()` é chamado pelo evento `update()` para desenhar a nave do jogador no buffer, na localização X e Y correta. Antes de desenhar, a transformada identidade é definida de modo que o sistema de coordenadas local seja usado, em vez das coordenadas anteriores do vetor. Lembre-se: uma transformada afeta a posição X e Y de um objeto. A identidade é o ponto de partida (0,0).

Quando a nave é desenhada pela primeira vez, ela está centralizada na origem, com a forma da nave desenhada de –6 a +6 nos eixos X e Y. Assim, a nave tem o tamanho de um quadrado com 12 pixels de lado. Se você não desenhar um vetor em torno da origem, a rotação não funcionará, pois as rotações ocorrem na origem – ou melhor, na localização da identidade.

```
/*****************************************************
* drawShip called by applet update event
*****************************************************/
public void drawShip() {
    g2d.setTransform(identity);
    g2d.translate(ship.getX(), ship.getY());
```

```
        g2d.rotate(Math.toRadians(ship.getFaceAngle()));
        g2d.setColor(Color.ORANGE);
        g2d.fill(ship.getShape());
}
```

Desenho dos tiros

O método `drawBullets()` percorre o vetor de balas e desenha todas as balas que precisam ser desenhadas. Isto só ocorre se uma bala estiver viva usando o método `isAlive()`. Em seguida, a bala é transformada para sua posição na tela e a forma (que é um pequeno retângulo) é desenhada.

```
/****************************************************
* drawBullets called by applet update event
*****************************************************/
public void drawBullets() {

    //iterate through the array of bullets
    for (int n = 0; n < BULLETS; n++) {
        //is this bullet currently in use?
        if (bullet[n].isAlive()) {
            //draw the bullet
            g2d.setTransform(identity);
            g2d.translate(bullet[n].getX(), bullet[n].getY());
            g2d.setColor(Color.MAGENTA);
            g2d.draw(bullet[n].getShape());
        }
    }
}
```

Desenho dos asteroides

O método `drawAsteroids()` desenha todos os asteroides do vetor `ast[]`, independendo se estão *vivos* ou não. Quando o jogador atira uma bala e ela acerta um asteroide, a variável `alive` daquele asteroide é definida como false, assim, o asteroide não será mais desenhado na tela – e, a partir daí, ele também será ignorado pelas balas. Uma opção interessante neste método irá desenhar o retângulo delimitador em volta dos asteroides, se você pressionar a tecla B alternando para bordas ativas.

```
/************************************************
* drawAsteroids called by applet update event
************************************************/
public void drawAsteroids() {
    //iterate through the asteroids array
    for (int n = 0; n < ASTEROIDS; n++) {

        //is this asteroid being used?
        if (ast[n].isAlive()) {

            //draw the asteroid
            g2d.setTransform(identity);
            g2d.translate(ast[n].getX(), ast[n].getY());
            g2d.rotate(Math.toRadians(ast[n].getMoveAngle()));
            g2d.setColor(Color.DARK_GRAY);
            g2d.fill(ast[n].getShape());
        }
    }
}
```

Atualização de tela

O evento `paint()` é chamado quando a janela do applet precisa ser atualizada. Ele é chamado pelo método `update()` e, simplesmente, serve ao propósito de desenhar na janela do applet o que está no buffer.

```
/************************************************
* applet window repaint event--draw the back buffer
************************************************/
```

```
public void paint(Graphics g) {
    //draw the back buffer onto the applet window
    g.drawImage(backbuffer, 0, 0, this);
}
```

Eventos de thread e ciclo (loop) do game

Existem três eventos de thread que fazem parte de um programa ao se implementar uma interface `Runnable` em um applet Java. A interface `Runnable` diz ao Java que seu applet suportará mais de um thread. Um thread é um tipo de miniprograma que pode ser executado por conta própria. Você pode criar um novo thread no evento `start()` e, em seguida, destruir esse thread no evento `stop()` para manter a continuidade da execução.

O evento de thread mais interessante chama-se `run()`. Este método de evento contém o código para o ciclo do game, que é um loop `while` que, de certa forma, aciona o game e o mantém funcionando a uma taxa consistente de frames. Este evento chama o método `gameUpdate()`, que processa o frame atual do game movimentando os objetos pela tela, fazendo testes de colisão e assim por diante.

```
/*****************************************************
* thread start event - start the game loop running
*****************************************************/
public void start() {
    //create the gameloop thread for real-time updates
    gameloop = new Thread(this);
    gameloop.start();
}
/*****************************************************
* thread run event (game loop)
*****************************************************/
public void run() {
    //acquire the current thread
    Thread t = Thread.currentThread();
```

```
        //keep going as long as the thread is alive
        while (t == gameloop) {
            try {
                //update the game loop
                gameUpdate();

                //target framerate is 50 fps
                Thread.sleep(20);
            }
            catch(InterruptedException e) {
                e.printStackTrace();
            }
            repaint();
        }
    }
    /*****************************************************
    * thread stop event
    *****************************************************/
    public void stop() {
        //kill the gameloop thread
        gameloop = null;
    }
```

Atualização do ciclo (loop) do game

O método `gameUpdate()` é chamado pelo thread de loop do game quando é hora de processar o game a fim de atualizar para a próxima janela do applet. O ciclo do game é temporizado para atingir cerca de 50 frames por segundo (fps) e a atualização de tela ocorre após o `gameUpdate` ser executado. Normalmente, o ciclo do game será executado o mais rápido possível e apenas a atualização de tela será atrelada a uma taxa de frame específica, mas, neste primeiro game, essa diferença não é importante.

```
/*****************************************************
* move and animate the objects in the game
*****************************************************/
private void gameUpdate() {
    updateShip();
    updateBullets();
    updateAsteroids();
    checkCollisions();
}
```

Atualização da nave

O método `updateShip()` atualiza as posições X e Y da nave usando as variáveis de velocidade. Este método também *transporta* a nave quando ela cruza uma borda da tela (nesse caso, a forma é transportada para o lado oposto da tela). Esta é uma técnica usada em muitos games arcade clássicos.

```
/*****************************************************
* Update the ship position based on velocity
*****************************************************/
public void updateShip() {
    //update ship's X position
    ship.incX(ship.getVelX());

    //wrap around left/right
    if (ship.getX() < -10)
        ship.setX(getSize().width + 10);
    else if (ship.getX() > getSize().width + 10)
        ship.setX(-10);

    //update ship's Y position
    ship.incY(ship.getVelY());

    //wrap around top/bottom
    if (ship.getY() < -10)
```

```
        ship.setY(getSize().height + 10);
    else if (ship.getY() > getSize().height + 10)
        ship.setY(-10);
}
```

Atualização das balas

O método `updateBullets()` atualiza as posições X e Y de cada bullet que, no momento, está vivo usando as variáveis de velocidade. Quando um bullet atinge a borda da tela, ele é desativado.

```
/*****************************************************
* Update the bullets based on velocity
*****************************************************/
public void updateBullets() {
    //move each of the bullets
    for (int n = 0; n < BULLETS; n++) {

        //is this bullet being used?
        if (bullet[n].isAlive()) {

            //update bullet's x position
            bullet[n].incX(bullet[n].getVelX());

            //bullet disappears at left/right edge
            if (bullet[n].getX() < 0 ||
                bullet[n].getX() > getSize().width)
            {
                bullet[n].setAlive(false);
            }

            //update bullet's y position
            bullet[n].incY(bullet[n].getVelY());
```

```
                    //bullet disappears at top/bottom edge
                    if (bullet[n].getY() < 0 ||
                        bullet[n].getY() > getSize().height)
                    {
                        bullet[n].setAlive(false);
                    }
                }
            }
        }
```

Atualização dos asteroides

O método `updateAsteroids()` atualiza as posições X e Y de cada asteroide que, no momento, está vivo usando as variáveis de velocidade. Ao iniciar o game, esses valores X e Y, assim como as velocidades, são definidos com valores aleatórios. Os asteroides são transportados quando nas bordas da tela. Uma característica interessante sobre os asteroides, que os difere da nave e das balas, é que eles são girados, aleatoriamente, um número de graus por frame, fazendo que eles girem na tela. Este é um efeito bonito que aumenta a qualidade do game.

```
/*****************************************************
* Update the asteroids based on velocity
*****************************************************/
public void updateAsteroids() {
    //move and rotate the asteroids
    for (int n = 0; n < ASTEROIDS; n++) {

        //is this asteroid being used?
        if (ast[n].isAlive()) {

            //update the asteroid's X value
            ast[n].incX(ast[n].getVelX());
```

```
            //warp the asteroid at screen edges
            if (ast[n].getX() < -20)
                ast[n].setX(getSize().width + 20);
            else if (ast[n].getX() > getSize().width + 20)
                ast[n].setX(-20);

            //update the asteroid's Y value
            ast[n].incY(ast[n].getVelY());

            //warp the asteroid at screen edges
            if (ast[n].getY() < -20)
                ast[n].setY(getSize().height + 20);
            else if (ast[n].getY() > getSize().height + 20)
                ast[n].setY(-20);

            //update the asteroid's rotation
            ast[n].incMoveAngle(ast[n].getRotationVelocity());

            //keep the angle within 0-359 degrees
            if (ast[n].getMoveAngle() < 0)
                ast[n].setMoveAngle(360 - ast[n].getRotationVelocity());
            else if (ast[n].getMoveAngle() > 360)
                ast[n].setMoveAngle(ast[n].getRotationVelocity());
        }
    }
}
```

Teste de colisões

Ainda não abordamos detecção de colisões, mas acredito que aqui você entenderá o espírito da coisa, pois este método `checkCollisions()` é simples. Primeiro, existe um ciclo que percorre o vetor de asteroides (`ast[]`). Dentro deste ciclo, se um asteroide estiver vivo, serão feitos testes de colisão dele com todas as balas ativas, em seguida, será feito um teste de colisão com a nave. Se ocorrer alguma colisão, um efeito sonoro de explosão será executado e o asteroide será desativado. Se o asteroide colidir com uma bala, a bala também será desativada. Quando a nave do jogador é atingida, ela é reiniciada no centro da tela com velocidade zero. Uma colisão ocorre quando uma forma sobrepõe outra e é por isso que usamos os métodos `intersects()` e `contains()` para determinar a ocorrência de uma colisão. Especificamente, `contains()` é usado para verificar se a bala acertou um asteroide, enquanto `intersects()` é usado para verificar se um asteroide atingiu a nave.

A chave para o código de colisão é um método no objeto `Shape` chamado `contains()` que aceita um `Rectangle` ou um `Point` e retorna true se há uma sobreposição. Este método torna possível executar a verificação de colisões de retângulos delimitadores com apenas poucas linhas de código, uma vez que as formas já têm disponíveis internamente os métodos `getBounds()`.

```
/*************************************************
* Test asteroids for collisions with ship or bullets
*************************************************/
public void checkCollisions() {

    //iterate through the asteroids array
    for (int m = 0; m<ASTEROIDS; m++) {

        //is this asteroid being used?
        if (ast[m].isAlive()) {

            /*
            * check for collision with bullet
            */
            for (int n = 0; n < BULLETS; n++) {

                //is this bullet being used?
                if (bullet[n].isAlive()) {
```

```
                    //perform the collision test
                    if (ast[m].getBounds().contains(
                    bullet[n].getX(), bullet[n].getY()))
                {
                    bullet[n].setAlive(false);
                    ast[m].setAlive(false);
                    continue;
                }
            }
        }
        /*
        * check for collision with ship
        */
        if (ast[m].getBounds().intersects(ship.getBounds())) {
            ast[m].setAlive(false);
            ship.setX(320);
            ship.setY(240);
            ship.setFaceAngle(0);
            ship.setVelX(0);
            ship.setVelY(0);
            continue;
        }
    }
  }
}
```

Eventos de teclado

Este game usa o evento `keyPressed()` para detectar teclas pressionadas, enquanto `keyReleased()` e `keyTyped()` são ignorados (embora devam estar na listagem do código-fonte por causa da interface `KeyListener`). As partes mais importantes desse método são encontradas no código após as teclas de aceleração e disparo, que são mapeadas nas teclas direcional para cima e Ctrl. (A tecla Enter e a barra de espaços também podem ser usadas para disparo.)

Quando a tecla direcional para cima é pressionada, há um aumento na aceleração da nave, fazendo que ela se movimente.

Definição

Um *algoritmo* é uma expressão matemática que faz que uma das variáveis da expressão seja alterada de forma consistente. Um algoritmo de movimento faz que, por exemplo, a variável X em um plano de coordenadas X – Y seja alterada de modo que ela, de forma consistente, aumente em valor, movimentando qualquer objeto que ela represente horizontalmente na tela.

Um algoritmo avançado de movimento é usado para movimentar objetos no game, o que será abordado na próxima seção. O movimento da nave deve parecer o mais realista possível – de modo que se possa aplicar aceleração à nave, girar para uma nova direção, então aplicar aceleração, e o novo ângulo de movimento é adicionado aos valores atuais de velocidade. O resultado é um movimento da nave com gravidade zero muito realista. Alguns programadores gostam de usar um algoritmo massa/aceleração para movimentar uma espaçonave. Este é um bom método, em que a massa (ou peso) da nave afeta a rapidez com que ela se movimenta. Simulei este efeito usando, em vez disso, um algoritmo de velocidade, o que, novamente, será abordado na próxima seção.

```
/*************************************************
* key listener events
*************************************************/
public void keyReleased(KeyEvent k) { }
public void keyTyped(KeyEvent k) { }
public void keyPressed(KeyEvent k) {
    int keyCode = k.getKeyCode();

    switch (keyCode) {

    case KeyEvent.VK_LEFT:
        //left arrow rotates ship left 5 degrees
        ship.incFaceAngle(-5);
```

```
        if (ship.getFaceAngle() < 0) ship.setFaceAngle(360-5);
        break;

    case KeyEvent.VK_RIGHT:
        //right arrow rotates ship right 5 degrees
        ship.incFaceAngle(5);
        if (ship.getFaceAngle() > 360) ship.setFaceAngle(5);
        break;

    case KeyEvent.VK_UP:
        //up arrow adds thrust to ship (1/10 normal speed)
        ship.setMoveAngle(ship.getFaceAngle() - 90);
        ship.incVelX(calcAngleMoveX(ship.getMoveAngle()) * 0.1);
        ship.incVelY(calcAngleMoveY(ship.getMoveAngle()) * 0.1);
        break;

    //Ctrl, Enter, or Space can be used to fire weapon
    case KeyEvent.VK_CONTROL:
    case KeyEvent.VK_ENTER:
    case KeyEvent.VK_SPACE:
        //fire a bullet
        currentBullet++;
        if (currentBullet > BULLETS - 1) currentBullet = 0;
        bullet[currentBullet].setAlive(true);

        //point bullet in same direction ship is facing
        bullet[currentBullet].setX(ship.getX());
        bullet[currentBullet].setY(ship.getY());
        bullet[currentBullet].setMoveAngle(ship.getFaceAngle() - 90);

        //fire bullet at angle of the ship
        double angle = bullet[currentBullet].getMoveAngle();
        double svx = ship.getVelX();
        double svy = ship.getVelY();
```

```
            bullet[currentBullet].setVelX(svx + calcAngleMoveX(angle) * 2);
            bullet[currentBullet].setVelY(svy + calcAngleMoveY(angle) * 2);
            break;
        }
    }
```

Cálculo de movimento realista

A parte mais fascinante deste game é como o movimento da nave do jogador, as balas e os asteroides são controlados por dois métodos, que retornam valores em ponto flutuante, para a atualização das coordenadas X e Y dos objetos.

Definição

Velocidade é a taxa de variação da posição calculada em pixels por segundo.

O método `calcAngleMoveX()` usa o cosseno para calcular o valor atualizado de X, retornado como um double. O método `calcAngleMoveY()` usa o seno para calcular o valor atualizado de Y, também retornado como um double. Esses pequenos métodos recebem um único parâmetro (o ângulo para o qual um objeto do game está voltado) e retorna um valor estimado de X e Y atualizado em pixels, com base nesse ângulo. Não consigo externar o quanto estes dois métodos são maravilhosos! No passado, eu dependia, principalmente, do método da força bruta (e imprecisa) para movimentar, na tela, objetos de game (geralmente chamados de *sprites*). Eu definiria a `velocityX` como 1 e a `velocityY` como 0 para fazer que um objeto se movesse para a direita. Ou, ainda, definiria a `velocityX` como 0 e a `velocityY` como -1 para fazer que um objeto do game se movesse para cima na tela. Essas variáveis de velocidade, associadas aos valores X e Y dos objetos, fariam que os objetos se movessem, de algum modo, pela tela.

Escrevi muitos games que usavam este tipo de código para movimento. Invariavelmente, esses games incluem muitas instruções switch para dar conta das direções para as quais um objeto pode estar voltado. Por exemplo, se um sprite de espaçonave tivesse oito direções de navegação, então eu escreveria uma instrução switch que considerasse um case para cada direção (de 0 a 7, onde 0 é norte e 4 é sul), em seguida, atualizaria os valores de X e Y com base nas direções da nave.

Nunca mais! Agora esses métodos maravilhosos calculam as velocidades para X e Y com base na orientação de um objeto como um ângulo (de 0 a 360º). Isso não apenas resulta em um game mais realista, como também em um código realmente mais limpo e mais curto! Até onde o realismo chega, esse código suporta todos os ângulos de 0 a 359º (sendo que um círculo é composto por 360º). Você pode apontar sua espaçonave neste game a um ângulo de 1º, disparar sua arma e a bala viajará só um pouquinho deslocado da direção norte.

A maior diferença entre este novo método de movimento de sprites e meu game anterior é que antes eu usava inteiros e agora estou usando variáveis de ponto flutuante (doubles). Isso permite que as variáveis `velocityX` e `velocityY` reflitam qualquer dos 360º do movimento. Para um ângulo de 45º, `velocityX` é definida como 1 pixel, enquanto `velocityY` é definida como 0. Os pontos cardeais (norte, sul, leste e oeste) são previstos de forma semelhante. No entanto, ao lidar com um ângulo como 17º, as variáveis de velocidade serão definidas com números pouco usuais. Por exemplo, `velocityX` deverá ser definida como algo do tipo 0.01, enquanto `velocityY` terá algo como 1.57. Esses números não se igualam aos movimentos em nível de pixel real na tela em um único frame, mas, quando se considera que o game está sendo executado em 50 fps ou mais, então esses valores crescem e a nave ou outro objeto do game se movimenta ao longo do tempo na direção correta. Como o método de transformada vetorial espera valores de ponto flutuante para X e Y, esses valores de velocidade funcionam muito bem com a parte do programa que desenha coisas na tela. É fascinante assistir e iremos usar esta técnica ao longo de todo o livro.

Agora, sem mais delongas, aqui está o método para cálculo da velocidade em toda sua simplificada glória:

```
/*****************************************************
* calculate X movement value based on direction angle
*****************************************************/
```

```
    public double calcAngleMoveX(double angle) {
        return (double) (Math.cos(angle * Math.PI / 180));
    }

    /*****************************************************
    * calculate Y movement value based on direction angle
    *****************************************************/
    public double calcAngleMoveY(double angle) {
        return (double) (Math.sin(angle * Math.PI / 180));
    }
}
```

O que você aprendeu

Este capítulo lançou muitos novos conceitos em seu caminho, sem explicá-los em sua totalidade, mas com o objetivo de lhe dar a oportunidade de analisar um game quase completo e de ver como ele foi criado do início ao fim. Este game estilo *Asteroids* será aperfeiçoado nos próximos capítulos para um excitante game no estilo arcade com um plano de fundo que desliza. Especificamente, você aprendeu:

- Como usar as classes `Graphics2D`
- Como usar um thread como um ciclo (loop) de game
- Como fazer gráficos vetoriais e objetos de game
- Como movimentar um objeto com base na sua velocidade
- Como fazer testes de colisão entre objetos do game

Questões de revisão

As questões a seguir o ajudarão a determinar o quanto você aprendeu dos tópicos abordados neste capítulo. As respostas são fornecidas no Apêndice A, "Respostas às questões dos capítulos".

1. Qual é o nome do método que calcula a velocidade de X?
2. Qual é a classe-base da qual são herdados `Ship`, `Asteroid` e `Bullet`?

3. Que game clássico do Atari inspirou o game desenvolvido neste capítulo?
4. Que tipo de teste de colisão este game usa?
5. Que método da classe `Shape` este game usa para teste de colisão?
6. Que classe de forma geométrica as classes `Ship` e `Asteroid` usam?
7. Que classe de forma geométrica a classe `Bullet` usa?
8. Que evento do applet, de fato, desenha a tela?
9. Qual é o nome da classe de interface usada para adicionar suporte a thread no game?
10. Que funções matemáticas `calcAngleMoveX` usa para calcular a velocidade X?

Agora é por sua conta

Embora este game seja aperfeiçoado nos próximos capítulos, você aprenderá muito fazendo mudanças no código-fonte, acrescentando, agora mesmo, algumas de suas próprias ideias ao game. Use o exercício a seguir para testar sua compreensão do material abordado neste capítulo.

Exercício 1

Se você aplicar muita aceleração à nave de modo que ela se movimente muito rapidamente pela tela e, em seguida, girá-la para trás e disparar uma bala, esta bala parecerá estar parada ou se moverá bem devagar. Isso acontece porque a bala está baseada na velocidade da nave. Isso não é muito realista. Modifique o código de disparo da arma no método do evento `keyPressed` para disparar balas em uma taxa fixa, independentemente da velocidade da nave.

Exercício 2

A nave tende a girar bem devagar quando você pressiona as setas de direção direita ou esquerda, dificultando acertar os asteroides que estão se aproximando da nave por todas as direções. O ângulo de rotação é ajustado em 5º cada vez que as teclas são pressionadas. Modifique o game de modo que a nave gire muito mais rapidamente sem alterar este valor de 5º. Em outras palavras, você quer que ele gire o mesmo valor, mas quer que faça as rotações mais rapidamente.

Parte II

Programação de games em Java

Esta segunda parte do livro tratará de tópicos importantes que você precisa saber para escrever um game em Java baseado em applet, incluindo parte gráfica, sons, música, entradas de teclado e mouse, temporização e assim por diante. A seguir, temos a relação dos capítulos da Parte II:

Capítulo 4

Gráficos vetoriais

O capítulo anterior realmente ultrapassou os limites com a quantidade de informações que foram tratadas sem explicações prévias mais completas. Eu queria mergulhar você no código-fonte de um game antes de explicar completamente todos os conceitos para lhe dar uma ideia do que está envolvido na criação de um game real. O clone do *Asteroids* não era um grande game nem mesmo tinha uma boa aparência, mas era funcional. O Java tem um conjunto de classes robusto e rico em recursos para se trabalhar com desenho vetorial 2D e bitmaps (que serão explicados no próximo capítulo), possibilitando o desenho de retângulos, polígonos e outras formas, de maneira muito fácil. Temos a seguir os principais tópicos deste capítulo:

- Desenho e tratamento de gráficos vetoriais
- Uso da classe `AffineTransform`
- Aplicação de deslocamento, rotação e dimensionamento de formas

Programação de gráficos vetoriais

Você já foi exposto a um número significativo de recursos da classe `Graphics2D` e de outras classes de `java.awt` (a Abstract Window Toolkit), como `Rectangle` e `Polygon`. A base do mecanismo gráfico 2D do Java é a classe `Graphics2D`. Essa classe é inacreditavelmente versátil para se trabalhar com gráficos vetoriais e gráficos em bitmaps. Por exemplo, `Graphics2D` possui 10 métodos para se desenhar imagens de várias maneiras! Em minha opinião, isso é um exagero só para se desenhar imagens na tela. Mas o Java é bem conhecido por sua versatilidade e conveniência. Essa classe sabe como desenhar retângulos e muitas outras formas. Mas você pode fazer muito mais do que desenhar – pode também mover, girar e dimensionar formas!

O trabalho com formas

Vamos escrever um programa curto para demonstrar isso. O programa RandomShapes é mostrado na **Figura 4.1**, e a listagem do código-fonte, logo após este parágrafo. Destaquei todas as linhas importantes do código em negrito e você aprenderá sobre as classes, as propriedades e os métodos destacados.

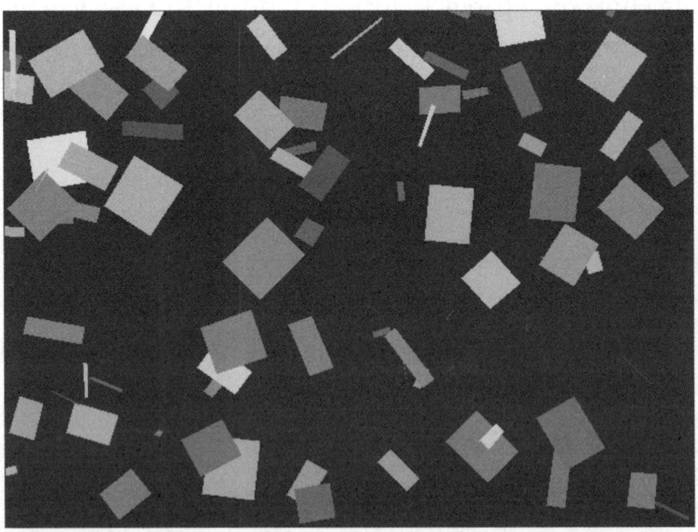

Figura 4.1 O programa RandomShapes ilustra a classe `Graphics2D`.

```
/*****************************************************************
* RandomShapes program
*****************************************************************/
import java.awt.*;
import java.applet.*;
import java.awt.geom.*;
import java.util.*;

public class RandomShapes extends Applet {
    //here's the shape used for drawing
    private Shape shape;

    //applet init event
    public void init() {
        shape = new Rectangle2D.Double(-1.0, -1.0, 1.0, 1.0);
    }

    //applet paint event
    public void paint(Graphics g) {
        //create an instance of Graphics2D
        Graphics2D g2d = (Graphics2D)g;

        //save the identity transform
        AffineTransform identity = new AffineTransform();

        //create a random number generator
        Random rand = new Random();

        //save the window width/height
        int width = getSize().width;
        int height = getSize().height;

        //fill the background with black
        g2d.setColor(Color.BLACK);
        g2d.fillRect(0, 0, width, height);
```

```
        for (int n = 0; n < 300; n++) {
            //reset Graphics2D to the identity transform
            g2d.setTransform(identity);

            //move, rotate, and scale the shape randomly
            g2d.translate(rand.nextInt() % width, rand.nextInt() % height);
            g2d.rotate(Math.toRadians(360 * rand.nextDouble()));
            g2d.scale(60 * rand.nextDouble(), 60 * rand.nextDouble());

            //draw the shape with a random color
            g2d.setColor(new Color(rand.nextInt()));
            g2d.fill(shape);
        }
    }
}
```

Este programa utilizou a classe `Graphics2D` para deslocar, girar e dimensionar um objeto `Shape` de forma aleatória, o que resulta em uma tela cheia de retângulos aleatórios de tamanhos e orientações variadas. Este programa simples ilustra o conceito básico que está por trás do game ao estilo de *Asteroids* do capítulo anterior – que o Java oferece um conjunto de ferramentas para tratamento de gráficos 2D e cabe a você fazer uso dessas versáteis ferramentas.

O programa RandomShapes define um objeto `Shape` (chamado `shape`) e depois utiliza o objeto básico para criar um retângulo 2D assim:

```
shape = new Rectangle2D.Double(-1.0, -1.0, 1.0, 1.0);
```

Isso funciona, embora o objeto `shape` tenha sido criado originalmente como um `Shape` porque `Rectangle2D` é derivado da classe `Shape`. Em outras palavras, `Rectangle2D` herda de `Shape`. Isso permite usar o método `fill` de `Graphics2D` para desenhar um retângulo preenchido, mesmo que ele tenha sido definido originalmente como um `Shape` básico. Para cada classe, como `Rectangle`, há uma versão de ponto flutuante, tal como `Rectangle2D`. As classes como `Rectangle` utilizam valores inteiros, enquanto `Rectangle2D` usa floats e doubles. Você também pode usar as classes `Point` e `Polygon` de forma semelhante.

O trabalho com polígonos

A classe `Polygon` é um pouco diferente de `Point` e `Rectangle` porque permite que você defina a forma por sua conta, usando os pares de valores de X e Y. Você pode construir um polígono com apenas um ponto ou um polígono com quatro pontos para duplicar as classes `Point` e `Rectangle` por sua conta. Ou pode definir polígonos personalizados, como os asteroides e a nave do capítulo anterior. A forma do asteroide (mostrada na **Figura 4.2**) foi definida da seguinte forma:

```
private int[] astx = {-20,-13, 0,20,22, 20, 12, 2,-10,-22,-16};
private int[] asty = { 20, 23,17,20,16,-20,-22,-14,-17,-20,-5 };
```

Esses dois arrays definem os pontos X e Y do polígono. Chamamos um ponto de *vértice* e o plural é *vértices*. Quando você cria um polígono dessa maneira, tenha em mente que os arrays X e Y devem ficar aos pares, dado que para cada X deve haver um valor de Y para formar um vértice.

Quando você estiver pronto para desenhar uma forma, seja ela um retângulo, um polígono ou outra qualquer, terá duas opções: pode usar o método `fill()` para desenhar a forma com uma cor de preenchimento ou pode usar o

Figura 4.2 A forma do asteroide.

método `draw()` para desenhar o contorno ou borda da forma na cor atual. A cor é definida antes com o método `setColor()`. Às vezes, pode ser confuso quando se está tentando definir a forma de um polígono usando-se os dois arrays de pontos X e Y, sendo assim, talvez você queira desenhar o polígono em um papel ou em um editor gráfico primeiro. A **Figura 4.3** mostra o desenho de um polígono em forma de uma estrela de cinco pontas.

Ver o diagrama da imagem pode mesmo ajudar, principalmente quando se tem que trabalhar com um polígono complexo. Aqui temos os arrays para a definição deste polígono. Observe que os pontos correspondem diretamente aos valores da figura.

```
private int[] xpoints = {  0,-10,  -7,  7, 10 };
private int[] ypoints = {-10, -2, 10, 10, -2 };
```

Vamos escrever um programa para demonstrar como criar e desenhar polígonos. O programa RandomPolygons usará o pentágono com giro e dimensionamento aleatórios. A saída do programa é mostrada na **Figura 4.4**.

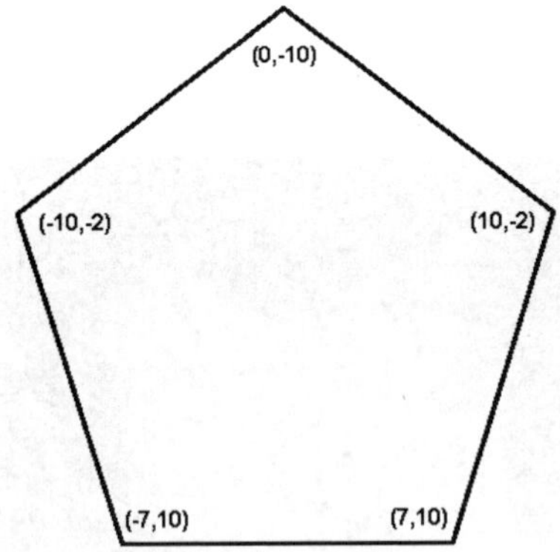

Figura 4.3 O polígono de cinco lados será modelado no programa RandomPolygons.

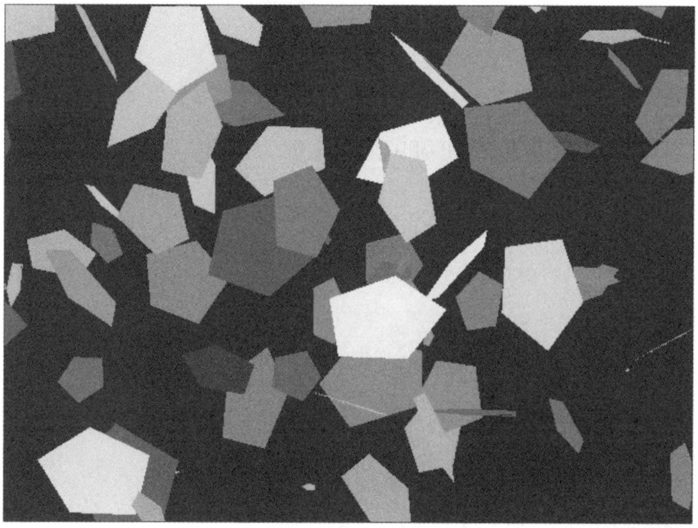

Figura 4.4 O programa RandomPolygons desenha pentágonos.

```
/*****************************************************
* RandomPolygons program
*****************************************************/
import java.awt.*;
import java.applet.*;
import java.util.*;
import java.awt.geom.*;

public class RandomPolygons extends Applet {
    private int[] xpoints = {  0, -10, -7, 7, 10 };
    private int[] ypoints = {-10, - 2, 10, 10, -2 };

    //here's the shape used for drawing
    private Polygon poly;

    //applet init event
    public void init() {
        poly = new Polygon(xpoints, ypoints, xpoints.length);
    }
```

```
    //applet paint event
    public void paint(Graphics g) {
        //create an instance of Graphics2D
        Graphics2D g2d = (Graphics2D) g;

        //save the identity transform
        AffineTransform identity = new AffineTransform();

        //create a random number generator
        Random rand = new Random();

        //save the window width/height
        int width = getSize().width;
        int height = getSize().height;

        //fill the background with black
        g2d.setColor(Color.BLACK);
        g2d.fillRect(0, 0, width, height);

        for (int n = 0; n < 300; n++) {
            //reset Graphics2D to the identity transform
            g2d.setTransform(identity);

            //move, rotate, and scale the shape randomly
            g2d.translate(rand.nextInt() % width, rand.nextInt() % height);
            g2d.rotate(Math.toRadians(360 * rand.nextDouble()));
            g2d.scale(5 * rand.nextDouble(), 5 * rand.nextDouble());

            //draw the shape with a random color
            g2d.setColor(new Color(rand.nextInt()));
            g2d.fill(poly);
        }
    }
}
```

Giro e dimensionamento de formas

Os programas anteriores usaram uma rotação vetorial para girar retângulos e polígonos com um valor aleatório. Agora, quero apresentar esse recurso de forma mais direta, escrevendo um programa que gira um único polígono na tela, usando as teclas direcionais e, alternativamente, os botões do mouse. O fator de dimensionamento é definido com um valor fixo de 20 que você pode mudar, se desejar. A **Figura 4.5** mostra a saída do programa RotatePolygon.

Há várias diferenças significativas entre este programa e o anterior. Esse programa apenas desenha uma única forma, portanto, não há necessidade de definir a transformação de identidade antes de desenhar. Esse programa implementa as interfaces `KeyListener` e `MouseListener`, o que significa que ele deve utilizar todos os métodos definidos nessas classes de interface, mesmo que não planeje usá-las. É uma peculiaridade estranha, inerente a como as classes de interface funcionam, porque são abstratas.

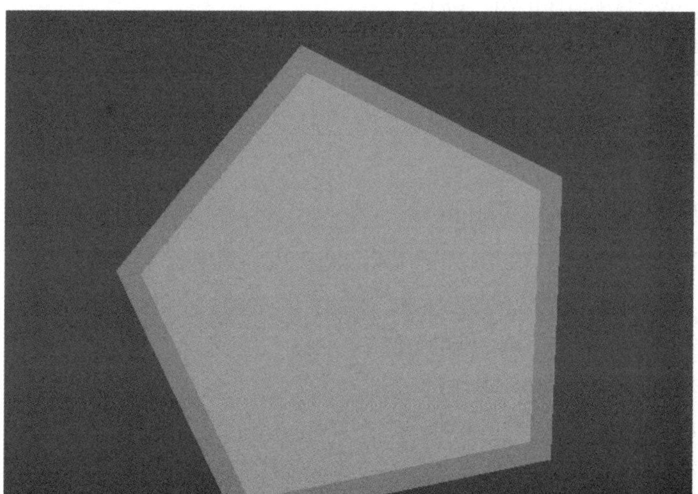

Figura 4.5 O programa RotatePolygon gira um pentágono.

```
/****************************************************
* RotatePolygon program
****************************************************/
import java.awt.*;
import java.awt.event.*;
import java.applet.*;
import java.util.*;
import java.awt.geom.*;

public class RotatePolygon extends Applet implements KeyListener, MouseListener
{
    private int[] xpoints = {  0,-10, -7, 7, 10 };
    private int[] ypoints = {-10, -2, 10, 10, -2 };

    //here's the shape used for drawing
    private Polygon poly;

    //polygon rotation variable
    int rotation = 0;

    //applet init event
    public void init() {
        //create the polygon
        poly = new Polygon(xpoints, ypoints, xpoints.length);

        //initialize the listeners
        addKeyListener(this);
        addMouseListener(this);
    }

    //applet paint event
    public void paint(Graphics g) {
        //create an instance of Graphics2D
        Graphics2D g2d = (Graphics2D) g;
```

```
        //save the identity transform
        AffineTransform identity = new AffineTransform();

        //save the window width/height
        int width = getSize().width;
        int height = getSize().height;

        //fill the background with black
        g2d.setColor(Color.BLACK);
        g2d.fillRect(0, 0, width, height);

        //move, rotate, and scale the shape randomly
        g2d.translate(width / 2, height / 2);
        g2d.scale(20, 20);
        g2d.rotate(Math.toRadians(rotation));

        //draw the shape with a random color
        g2d.setColor(Color.RED);
        g2d.fill(poly);
        g2d.setColor(Color.BLUE);
        g2d.draw(poly);
    }

    //handle keyboard events
    public void keyReleased(KeyEvent k) { }
    public void keyTyped(KeyEvent k) { }
    public void keyPressed(KeyEvent k) {
        switch (k.getKeyCode()) {
        case KeyEvent.VK_LEFT:
            rotation--;
            if (rotation < 0) rotation = 359;
            repaint();
            break;
        case KeyEvent.VK_RIGHT:
            rotation++;
```

```
            if (rotation > 360) rotation = 0;
            repaint();
            break;
        }
    }

    //handle mouse events
    public void mouseEntered(MouseEvent m) { }
    public void mouseExited(MouseEvent m) { }
    public void mouseReleased(MouseEvent m) { }
    public void mouseClicked(MouseEvent m) { }
    public void mousePressed(MouseEvent m) {
        switch(m.getButton()) {
        case MouseEvent.BUTTON1:
            rotation--;
            if (rotation < 0) rotation = 359;
            repaint();
            break;
        case MouseEvent.BUTTON3:
            rotation++;
            if (rotation > 360) rotation = 0;
            repaint();
            break;
        }
    }
}
```

O que você aprendeu

Este capítulo fez uma ponte entre os materiais nos quais você esteve imerso no capítulo anterior e os novos conceitos que aprenderá no próximo capítulo, tratando dos fundamentos da programação de desenho vetorial. A próxima etapa na parte gráfica é o desenho com bitmaps, depois sprites normais e, em seguida, sprites animados. Temos muito a aprender nos próximos capítulos. Aqui temos o que foi visto neste capítulo:

- Como usar a classe `Graphics2D` para manipular gráficos vetoriais
- Como deslocar, girar e dimensionar formas vetoriais

Questões de revisão

As questões a seguir o ajudarão a determinar o quanto você aprendeu dos tópicos abordados neste capítulo. As respostas são fornecidas no Apêndice A, "Respostas às questões dos capítulos".

1. Qual foi a principal classe para manipular desenhos vetoriais que usamos neste capítulo?
2. Qual é o nome do evento de Applet que atualiza a tela?
3. Qual é o nome do método Graphics2D que desenha um retângulo preenchido?
4. Defina as palavras que compõem o acrônimo AWT.
5. Que classe possibilita fazer o deslocamento, giro e dimensionamento de formas?
6. Que método `Graphics2D` desenha um polígono?
7. Que método de transformação move uma forma para um novo local?
8. Que método inicializa a interface de recepção (listener) de teclado?
9. Que método da classe `Random` retorna um valor de ponto flutuante de dupla precisão?
10. Que evento `KeyListener` detecta teclas pressionadas?

Agora é por sua conta

Use os exercícios a seguir para testar seus conhecimentos sobre o material abordado neste capítulo.

Exercício 1

Neste capítulo existem muitos programas-exemplos que poderiam ser modificados e experimentados. Vamos mexer no programa RandomPolygons – modifique-o para que ele desenhe dois polígonos diferentes em vez de apenas um.

Exercício 2

Modifique o programa RotatePolygon para que ele gire com base em um movimento de mouse em vez de usar cliques de botão. Você precisará implementar a interface (e os eventos) `MouseMotionListener` e chamar o método `addMouseMotionListener` para ter acesso ao evento `mouseMoved`. Neste, você pode controlar o movimento do mouse e girar o polígono adequadamente.

Capítulo 5

Gráficos baseados em bitmaps

O Java possui um conjunto de classes robusto e rico em recursos para se trabalhar com gráficos 2D em bitmaps (também conhecido como *gráficos raster*), permitindo que você carregue e desenhe bitmaps muito facilmente. Os bitmaps são as chaves para a construção de um bom game 2D com imagens em vez de formas vetoriais. Temos, a seguir, os principais tópicos deste capítulo:

- Carregamento e desenho de imagens em bitmaps
- Aplicação de transformadas a imagens em bitmaps
- Desenho de imagens opacas e transparentes

Programação de desenhos em bitmap

Mencionei anteriormente que há 10 métodos para o desenho de imagens em bitmaps no Java. Na verdade, seis desses métodos podem ser encontrados na classe de base `Graphics`, enquanto os outros quatro são encontrados em `Graphics2D`. Acho que você irá achar os quatro métodos `Graphics2D` mais úteis, portanto, não gastaremos tempo trabalhando com versões anteriores.

O mais incrível sobre a classe `Graphics2D` é como seus métodos para manipulação de desenhos 2D funcionam igualmente bem com vetores *e* bitmaps.

Isso significa que você poderá deslocar, girar e dimensionar as imagens em bitmaps com a mesma facilidade com que manipulou os desenhos vetoriais até agora. Essa maravilhosa funcionalidade se traduzirá bem nos próximos capítulos de programação de sprites e de animação. A verdadeira diferença, quando se trabalha com imagens, é que você precisará criar um objeto `AffineTransform` separado para manipular o objeto `Image`, em vez de ir diretamente pelo `Graphics2D`.

Carregamento e desenho de imagens

Você pode usar o método `getImage()` para carregar um arquivo bitmap armazenado em muitos formatos diferentes, sendo os mais comuns deles o PNG (Portable Network Graphics) e o BMP (Windows Bitmap). Esse método é encontrado na classe principal `Applet` e pode ser usado para carregar um arquivo de bitmap para uso como componente de arte em seu game. O método para desenhar bitmaps é igualmente direto: é chamado de `drawImage()`.

Vamos escrever um programa que demonstre como carregar e desenhar uma imagem bitmap. Podemos usar o método `getImage()` para carregar um arquivo de imagem e, depois, utilizar `drawImage()` para desenhá-la na janela do applet. A **Figura 5.1** mostra a saída do programa DrawImage. Destaquei as linhas mais importantes do código.

Figura 5.1 O programa DrawImage carrega um arquivo de bitmaps e o desenha.

Nota

Esta imagem de castelo em alta qualidade foi renderizada por Reiner Prokein usando o Caligari trueSpace. Em seu site, ele oferece uma grande quantidade de trabalhos artísticos livres de royalties para games, tal como esse castelo, no endereço: www.reinerstileset.de (um site alemão com tradução para o inglês).

```
/*******************************************************
* DrawImage program
*******************************************************/
import java.awt.*;
import java.applet.*;
import java.net.*;

public class DrawImage extends Applet {
    //image variable
    private Image image;

    private URL getURL(String filename) {
        URL url = null;
        try {
            url = this.getClass().getResource(filename);
        }
        catch (Exception e) { }
        return url;
    }

    //applet init event
    public void init() {
        image = getImage(getURL(«castle.png»));
    }

    //applet paint event
    public void paint(Graphics g) {
        //create an instance of Graphics2D
        Graphics2D g2d = (Graphics2D) g;
```

```
        //fill the background with black
        g2d.setColor(Color.BLACK);
        g2d.fillRect(0, 0, getSize().width, getSize().height);

        //draw the image
        g2d.drawImage(image, 0, 0, this);
    }
}
```

Aplicação de transformadas em imagens

Agora vou demonstrar como aplicar uma transformada numa imagem simples bitmap. Lembre-se de que uma transformada é um processo que manipula o fator de posição, giro ou dimensionamento de uma forma ou imagem. Isso fará o nosso código sprite, nos capítulos futuros, muito divertido, porque as imagens de sprites também serão manipuladas com essas transformadas.

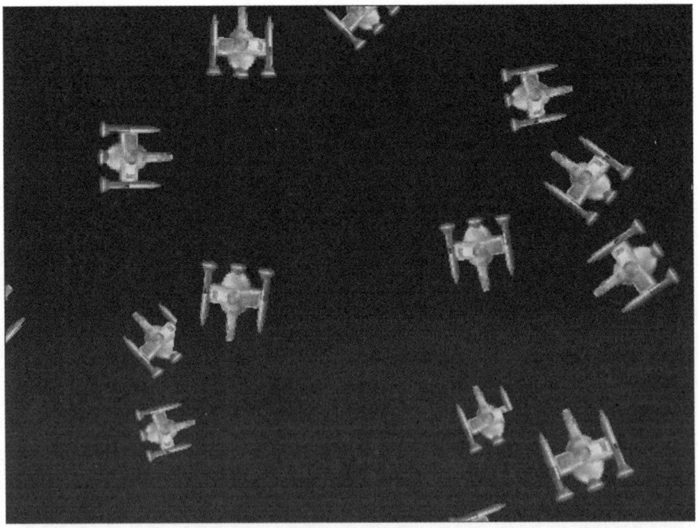

Figura 5.2 O programa RandomImages desenha imagens em locais aleatórios, com giros e tamanhos aleatórios.

Como esse código é semelhante àquele da manipulação de vetores, ele deve parecer pelo menos um pouco familiar, caso você não o entenda totalmente.

Uma diferença quando se trabalha com uma imagem é que você deve definir um objeto `AffineTransform` separado para a manipulação do objeto `Image` porque as transformadas de `Graphics2D` foram criadas para funcionar somente com vetores. A **Figura 5.2** mostra a saída do programa RandomImages, mostrando uma imagem de nave espacial se movendo, girando e mudando de tamanho.

```
/**********************************************************
* RandomImages program
**********************************************************/
import java.awt.*;
import java.applet.*;
import java.util.*;
import java.awt.geom.*;
import java.net.*;

public class RandomImages extends Applet {
    //image variable
    private Image image;

    //identity transformation
    AffineTransform identity = new AffineTransform();

    private URL getURL(String filename) {
        URL url = null;
        try {
            url = this.getClass().getResource(filename);
        }
        catch (Exception e) { }
        return url;
    }
```

```
//applet init event
public void init() {
    image = getImage(getURL("spaceship.png"));
}

//applet paint event
public void paint(Graphics g) {
    //create an instance of Graphics2D
    Graphics2D g2d = (Graphics2D) g;

    //working transform object
    AffineTransform trans = new AffineTransform();

    //random number generator
    Random rand = new Random();

    //applet window width/height
    int width = getSize().width;
    int height = getSize().height;

    //fill the background with black
    g2d.setColor(Color.BLACK);
    g2d.fillRect(0, 0, getSize().width, getSize().height);

    //draw the image multiple times
    for (int n = 0; n < 50; n++) {
        trans.setTransform(identity);
        //move, rotate, scale the image randomly
        trans.translate(rand.nextInt()%width, rand.nextInt()%height);
        trans.rotate(Math.toRadians(360 * rand.nextDouble()));
        double scale = rand.nextDouble()+1;
        trans.scale(scale, scale);
```

```
            //draw the image
            g2d.drawImage(image, trans, this);
        }
    }
}
```

Transparência

Embora você já saiba carregar e desenhar um bitmap, o código que viu até agora é muito limitado por um motivo: o método `getImage()` não consegue carregar um arquivo de bitmap de um arquivo Java Archive (JAR). Os arquivos JAR serão muito importantes mais tarde, na Parte III, quando criarmos o game Galactic War. Como o game é bem grande, com muitos arquivos de bitmaps e de som, ele leva muito tempo para carregar na web (a menos que você tenha uma conexão em banda larga). Logo você aprenderá como criar e usar um arquivo JAR. Tudo que me interessa agora é usar código que seja compatível com JAR, de modo que o Java possa ler os arquivos do JAR tão facilmente como se o fizesse do servidor web (ou do diretório no qual está o programa, caso você o esteja executando localmente).

O Abstract Window Toolkit, conhecido como AWT, oferece uma classe chamada `Toolkit` que sabe como carregar um arquivo de bitmap. Ele é esperto o suficiente para procurar no caminho do URL atual onde está localizado o applet (algo que você tem de passar para o método `getImage()`). Você pode usar o `Toolkit` em seus próprios programas ou pode instanciar um objeto `Toolkit` global e depois utilizá-lo em todo o game. Há muitas opções. Vamos dar uma olhada em como essa classe funciona:

```
Toolkit tk = Toolkit.getDefaultToolkit();
Image ship = tk.getImage("star_destroyer.png");
```

Primeiro criei um objeto `Toolkit`, retornando o objeto devolvido pelo `Toolkit.getDefaultToolkit()`. Esse método retorna um objeto `Toolkit`, que representa o estado do programa ou do applet Java. Pode-se, então, usar o método `getImage()` desse objeto `Toolkit` para carregar o arquivo de bitmap. Como queremos que nossos applets sejam acessíveis ao JAR, os games serão executados na web da forma mais eficiente possível, vou usar o método `getURL()` novamente.

```
Image ship = tk.getImage(getURL("star_destroyer.png"));
```

Imagens opacas

Vamos começar com o que você aprendeu até este ponto – como carregar e desenhar um bitmap sem qualquer tipo de transparência. Neste ponto, não importa se você usou o `Applet` ou o `Toolkit` para carregar um arquivo de bitmap, porque o resultado será o mesmo. Vou deixar a seu critério decidir que método prefere e vou usar os dois de forma intercambiável. Vamos escrever um pequeno programa para servir como base para a discussão deste tópico. A saída do programa BitmapTest é mostrada na **Figura 5.3**. Destaquei em negrito as principais partes do código na listagem que segue.

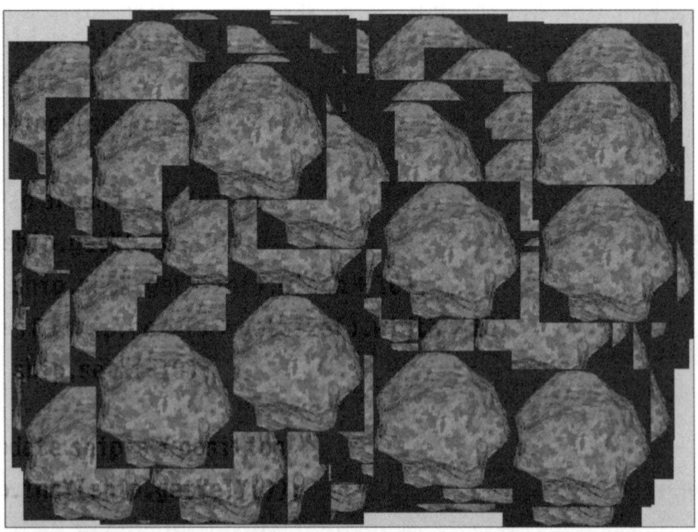

Figura 5.3 O programa BitmapTest demonstra o carregamento e o desenho de imagens opacas.

```
/*************************************************
* BitmapTest program
*************************************************/
import java.awt.*;
import java.applet.*;
import java.util.*;
import java.net.*;

public class BitmapTest extends Applet implements Runnable {
    int screenWidth = 640;
    int screenHeight = 480;

    Image image;
    Thread gameloop;
    Random rand = new Random();

    private URL getURL(String filename) {
        URL url = null;
        try {
            url = this.getClass().getResource(filename);
        }
        catch (Exception e) { }
        return url;
    }

    public void init() {
        Toolkit tk = Toolkit.getDefaultToolkit();
        image = tk.getImage(getURL("asteroid1.png"));
    }

    public void start() {
        gameloop = new Thread(this);
        gameloop.start();
    }
```

```
    public void stop() {
        gameloop = null;
    }

    public void run() {
        Thread t = Thread.currentThread();
        while (t == gameloop) {
            try {
                Thread.sleep(20);
            }
            catch (InterruptedException e) {
                e.printStackTrace();
            }
            repaint();
        }
    }

    public void update(Graphics g) {
        paint(g);
    }

    public void paint(Graphics g) {
        Graphics2D g2d = (Graphics2D) g;
        int width = screenWidth - image.getWidth(this) - 1;
        int height = screenHeight - image.getHeight(this) - 1;
        g2d.drawImage(image, rand.nextInt(width), rand.nextInt(height), this);
    }
}
```

Este pequeno programa carrega a imagem bitmap mostrada na **Figura 5.4**. Em muitas linguagens de programação e bibliotecas gráficas, é necessário especificar uma cor de pixel transparente a ser usada para dar o efeito de transparência. No exemplo ilustrado aqui, a região preta ao redor das extremidades do asteroide seria considerada como a “zona transparente” da imagem. Essa

Figura 5.4 Esta imagem de bitmap opaca não contém informações de transparência.

cor transparente é o preto (com valor RGB de 0,0,0), mas outras cores também podem ser usadas para a cor transparente – a cor rosa (255,0,255) quase sempre é usada como transparente, porque se destaca bem.

O Java usa um método mais avançado para lidar com a transparência, como será explicado na próxima seção.

Imagens transparentes

O Java é uma linguagem inteligente que carrega automaticamente muitas coisas para os programadores, inclusive o desenho de imagens transparentes. Isso realmente facilita a vida do programador de games em Java porque muitas bibliotecas de games usam um pixel transparente para dar o efeito de transparência, em vez de o fazer com uma camada de máscara. Assim, em vez de lidar com a transparência no código, ela é tratada no próprio arquivo do trabalho artístico. Se você fornecer ao Java um arquivo bitmap com transparência, ele desenhará essa imagem usando as regiões transparentes.

A maior parte dos programas Java utiliza o formato PNG porque ele oferece uma boa compactação e informações de transparência sem sacrificar a qualidade da imagem. Você precisará usar um editor gráfico, como o Paint Shop Pro ou o GIMP, para converter as imagens de qualquer formato (a maioria estará no formato BMP) para o formato PNG, com a camada de máscara que possibilita a transparência.

A **Figura 5.5** mostra a imagem do asteroide carregada no Paint Shop Pro com uma nova camada de transparência. A base com forma de tabuleiro por trás da imagem do asteroide mostra a região da transparência.

Dica

Usei muitos editores gráficos, como o Paint Shop Pro, o GIMP e o Photoshop. Embora sejam totalmente diferentes, todos compartilham o mesmo conjunto básico de ferramentas, incluindo a capacidade de definir uma camada de transparência e de salvar um arquivo no formato PNG com um canal alfa. As instruções dadas aqui serão semelhantes para outros editores gráficos; basta localizar cada ferramenta no sistema de menu do programa.

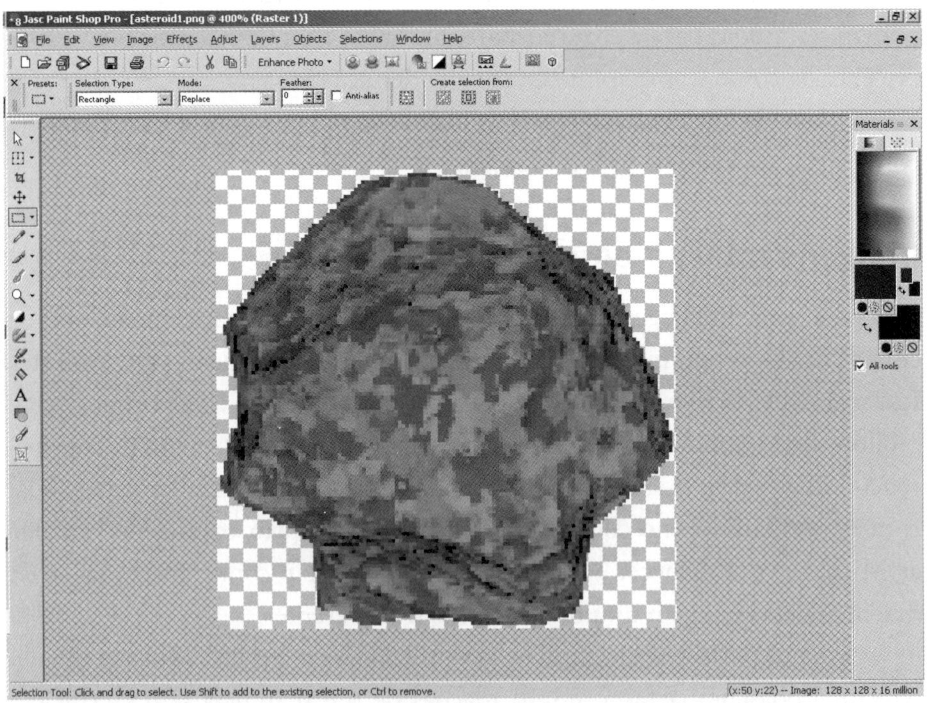

Figura 5.5 A imagem do asteroide recebeu uma camada de máscara de transparência.

Vamos pegar o mesmo programa que você digitou para BitmapTest e executá-lo novamente. Só que desta vez ele carregará uma nova versão do arquivo asteroid1.png, que foi editado para oferecer suporte à transparência. A **Figura 5.6** mostra a saída do programa TransparentTest. O código-fonte não foi alterado (veja antes a listagem do programa BitmapTest), mas o arquivo PNG foi, o que fez toda a diferença.

Figura 5.6 Uma camada de canal alfa foi adicionada à imagem do asteroide para dar-lhe transparência.

O trabalho com algumas mágicas de mascaramento

Vamos dar uma olhada em como realmente é criada uma imagem PNG com máscara. Estou usando o Paint Shop Pro, porque ele é mais fácil. Se você quiser usar este programa, poderá fazer o download da versão de teste do site: www.jasc.com. Como a Corel adquiriu a empresa que criou o Paint Shop Pro, o link pode ser direcionado para o site: www.corel.com. Também usei o Corel Painter e ele é também uma ferramenta útil com funcionalidade semelhante. Vamos dar uma olhada na imagem do asteroide carregada no programa (veja **Figura 5.7**).

Para adicionar uma camada de transparência a uma imagem, é necessário localizar a ferramenta Magic Wand, disponível na maior parte dos editores

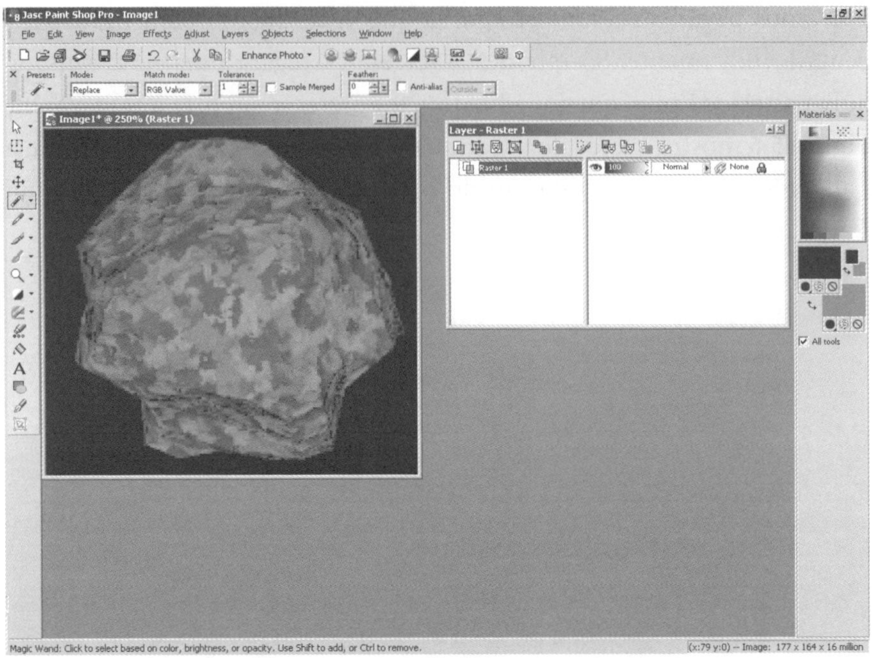

Figura 5.7 Uma representação 3D de um asteroide disforme (cortesia de Edgar Ibarra).

gráficos. Após selecionar a ferramenta com o mouse, clique em algum lugar na região preta (ou em qualquer pixel que não faça parte do objeto do game). Isso deve localizar as extremidades do objeto do game e destacar tudo ao redor dele (veja **Figura 5.8**).

Agora que você já tem uma seleção, é necessário invertê-la porque ela, na verdade, excluirá a imagem. No Paint Shop Pro, clique no menu Selections e escolha Invert (veja **Figura 5.9**). A **Figura 5.10** mostra o resultado da seleção invertida.

Dica

Se você possui uma imagem complexa e gostaria de excluir muitas partes dela para selecionar a borda da imagem real, pode manter pressionada a tecla Shift enquanto clica com a ferramenta Magic Wand nas partes internas da imagem para adicionar novas seleções.

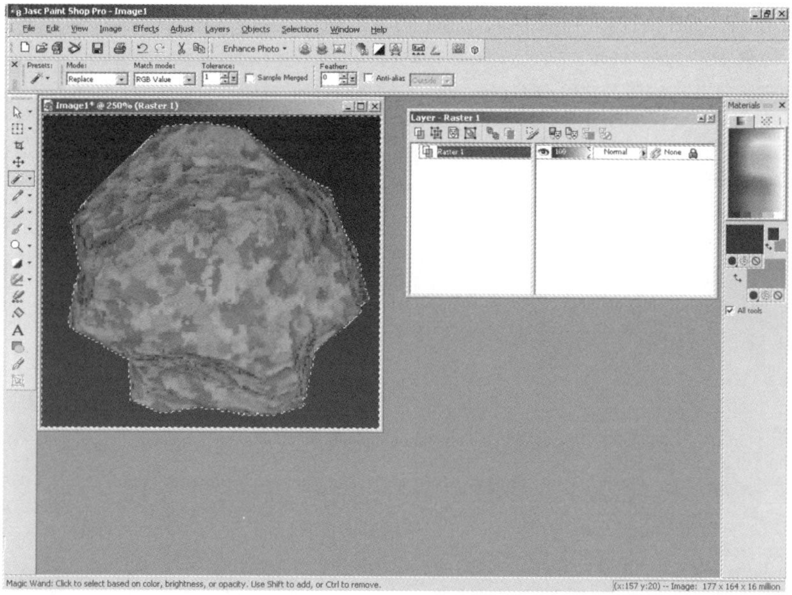

Figura 5.8 A extremidade externa da imagem do asteroide foi selecionada com a ferramenta Magic Wand.

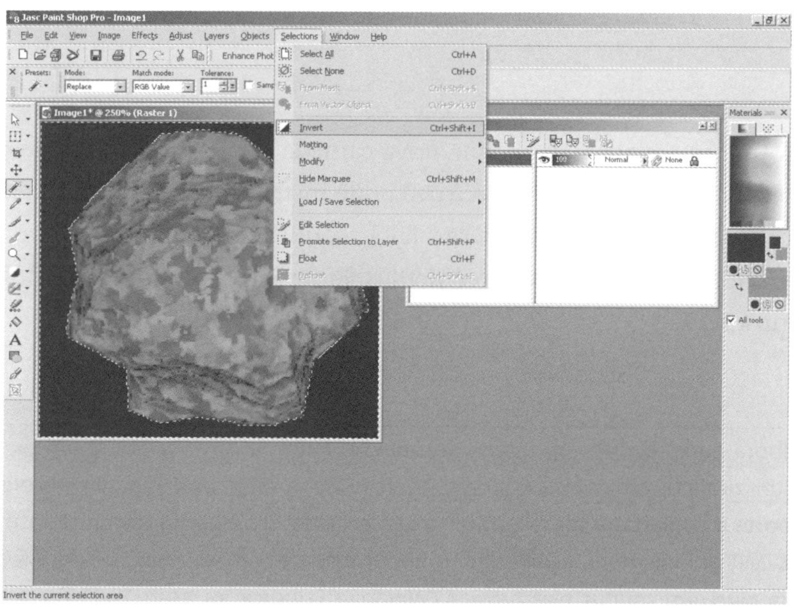

Figura 5.9 Preparando para inverter a seleção.

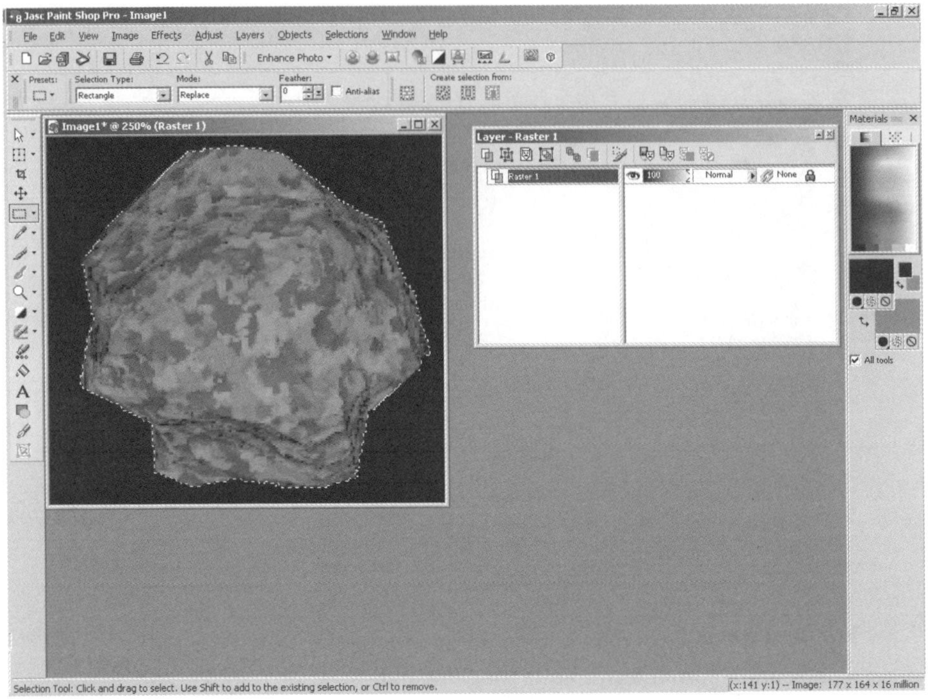

Figura 5.10 A borda do asteroide agora está selecionada.

A próxima etapa é criar uma nova camada de máscara na imagem para representar a parte transparente. Você pode instruir o Paint Shop Pro a gerar uma máscara como base na seleção feita na imagem. Para isso, abra o menu Layers, selecione New Mask Layer, depois Show Selection, conforme ilustrado na **Figura 5.11**.

Dica

Embora eu esteja baseando este tutorial no Paint Shop Pro, que é um excelente editor gráfico, há outros editores gráficos de caráter profissional que oferecem suporte a camadas e fornecem recursos semelhantes àqueles encontrados no PSP. O GIMP, por exemplo, é um editor gráfico freeware com recursos comparáveis e está disponível em muitas plataformas (Windows, Linux e outros). Você pode fazer o download do GIMP (GNU Image Manipulation Program) no site: www.gimp.org.

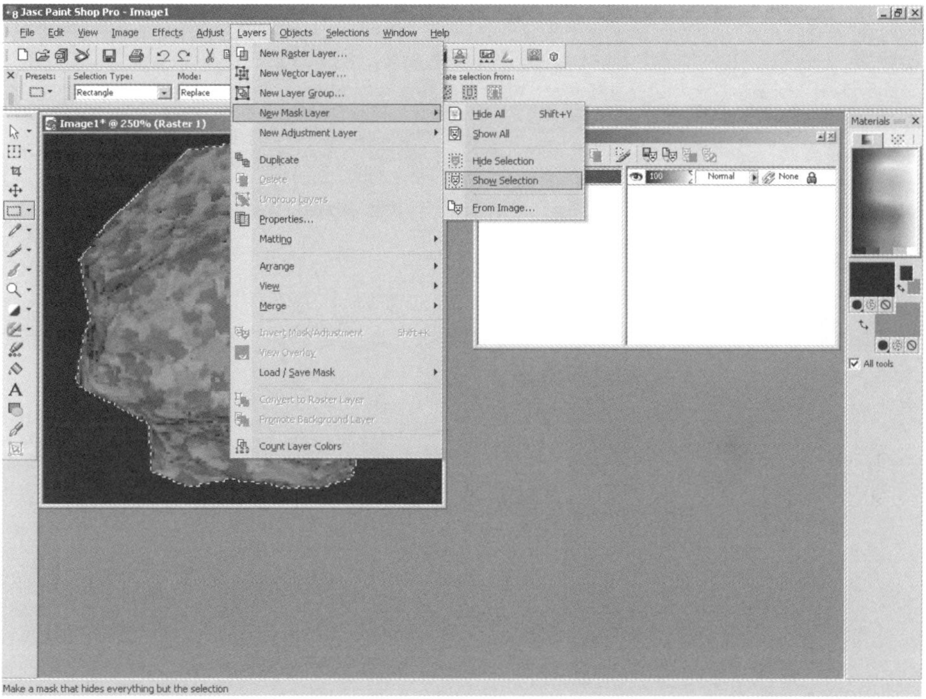

Figura 5.11 **Criando uma nova camada de máscara com base na seleção.**

Na **Figura 5.12**, a transparência foi criada com base na seleção com máscara. O resultado parece bom e este asteroide está pronto para sua estreia. Você pode carregar essa imagem no seu applet Java e desenhá-la. Ela será automaticamente desenhada com transparência para que as extremidades externas da imagem (onde os pixels pretos costumavam estar) não sobrescrevam o fundo da tela.

O que você aprendeu

Continuaremos a trabalhar com imagens transparentes deste ponto em diante, portanto, você aprendeu uma ferramenta muito importante neste capítulo que possibilitará a criação de games extremamente atraentes. Em termos específicos, você aprendeu:

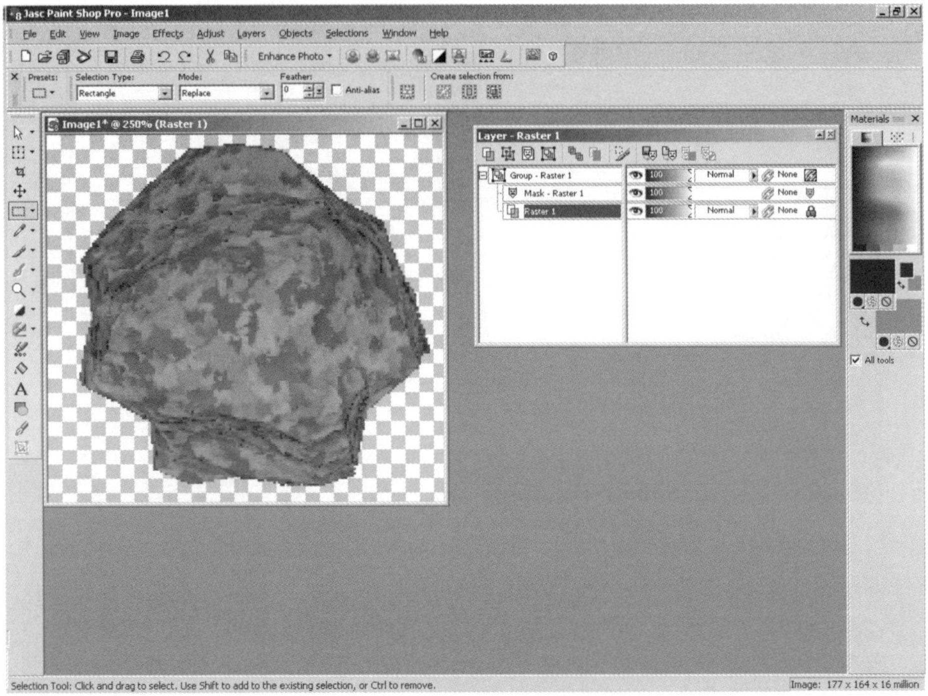

Figura 5.12 **A imagem do asteroide agora tem uma camada de transparência mascarada.**

- Como desenhar imagens em bitmaps
- Como deslocar, girar e dimensionar imagens em bitmaps
- Como desenhar bitmaps com transparência

Questões de revisão

As questões a seguir o ajudarão a determinar o quanto você aprendeu dos tópicos abordados neste capítulo. As respostas são fornecidas no Apêndice A, "Respostas às questões dos capítulos".

1. Qual é a principal classe para manipular desenhos em bitmap que usamos neste capítulo?
2. Que método inicializa a interface de escuta (listener) de teclado?

3. Que método `Graphics2D` é usado para desenhar uma imagem?
4. Que classe Java contém o método `getImage()`?
5. Que classe possibilita fazer o deslocamento, o giro e o dimensionamento de imagens?
6. Que método `Graphics2D` desenha uma imagem?
7. Que método de transformada move uma imagem para um novo local?
8. Qual é o nome do canal de "transparência" em uma imagem PNG de 32 bits?
9. Que método da classe Applet é utilizado para carregar um recurso de um JAR?
10. Que evento `KeyListener` detecta teclas pressionadas?

Agora é por sua conta

Use os exercícios a seguir para testar seus conhecimentos sobre o material abordado neste capítulo.

Exercício 1

Há muitos programas-exemplo, neste capítulo, que podem ser modificados e experimentados. Trabalhe com programa RandomImages. Modifique o programa para que ele carregue e desenhe duas imagens diferentes de forma aleatória, em vez de apenas uma única imagem.

Exercício 2

Modifique o programa DrawImage para que ele aumente ou diminua o tamanho da imagem com o uso do teclado e das teclas mais (+) e menos (–).

Capítulo 6

Sprites simples

Até aqui, você aprendeu sobre várias classes Java que são úteis para se criar um game, particularmente a classe `Graphics2D`. Os dois capítulos anteriores forneceram a base para este capítulo mostrando como aproveitar a classe `Graphics2D` para desenhar vetores e bitmaps. Neste ponto, o código-fonte, mesmo para um game simples baseado em bitmap, tende a ser muito difícil e complicado de gerenciar sem uma forma melhor de manipular os objetos em um game. O que você precisa neste momento é de uma nova classe que saiba como trabalhar com objetos de game – algo conhecido como *ator* ou *sprite*. O objetivo deste capítulo é desenvolver uma maneira de lidar com os objetos de game, movendo-os na tela. Temos, a seguir, os tópicos-chave:

- Programação de sprites simples
- Criação de uma classe `Sprite`
- Aprendendo sobre teste de colisão

Programação de sprites simples

Um sprite normalmente representa uma imagem gráfica animada que se move em um game e está envolvida com outras imagens. A diferença entre uma imagem normal e um sprite é que o sprite, normalmente, encapsulará os dados de imagem bem como os métodos necessários para manipulá-la. Mais adiante, neste capítulo, criaremos uma nova classe chamada `ImageEntity`, que será capaz de carregar e desenhar um bitmap e, em seguida, criaremos uma nova classe `Sprite` que utilizará a `ImageEntity`.

Pretendo construir algumas classes para simplificar a programação de sprites. Criaremos a classe `Sprite` neste capítulo e então adicionaremos a classe `AnimatedSprite` no próximo capítulo para lidar com animação. A nova classe `Sprite` que mostrarei deve ser descrita como uma *classe pesada*. O que quero dizer com "pesada"? Ela não é uma simples classe abstrata. Pelo contrário, ela está fortemente ligada aos objetos `Applet` e `Graphics2D` em nosso programa principal. Você não conseguiria usar a classe `Sprite` isoladamente em um aplicativo Java (um programa independente) porque ela depende do applet principal para funcionar. Embora seja possível escrever um game em linguagem Java que seja executado como um aplicativo em vez de um applet, nosso foco aqui é games para web. Logo, nossa nova classe `Sprite` funcionará bem nesse ambiente.

Um sprite não pode ser desenhado sem os objetos `Applet` e `Graphics2D` de um programa principal. Embora a classe `Sprite` pudesse utilizar métodos como `getGraphics()` para coletar informações do applet principal, nossos exemplos utilizam um buffer duplo (uma imagem armazenada no buffer utilizada para atualizar gráficos gradualmente, sem trepidações na tela).

A classe `BaseGameEntity` lidará com a posição, a velocidade, a rotação e outras propriedades logísticas, enquanto a `ImageEntity` irá utilizá-las oferecendo métodos como `transform()` e `draw()`. Quero simplificar a classe `Sprite` para que ela não exponha todas essas propriedades e métodos, mas forneça um meio mais simples de carregar e desenhar imagens. Essa simplificação será especialmente útil no próximo capítulo, porque a animação tende a complicar as coisas.

Uma classe sprite útil deve manipular seus próprios dados de *posição* e *velocidade*, em vez de valores X e Y individuais para essas propriedades. A posição e a velocidade do sprite serão manipuladas pela classe `BaseGameEntity`. A classe `Sprite` não herdará de `ImageEntity`; pelo contrário, ela *utilizará* essa classe internamente, como uma variável regular.

Também quero que os métodos *acessors* pareçam propriedades simples, e que os métodos *mutator* estejam no formato usual *set*. Por exemplo, quero que a classe `Sprite` tenha um método `position()` que retorne a posição do objeto `Sprite`, mas ela utilizará um método `setPosition()` para alterar os valores de X e Y. Por exemplo, quero ter acesso à posição e à velocidade de um sprite escrevendo um código como este:

```
sprite.position().X()
sprite.position().Y()
```

Tendo clareza desses requisitos, não devemos nos preocupar com tipos de dados numéricos! Não quero lidar com a conversão de tipos entre inteiros, reais e números de dupla precisão! Assim, a classe `Sprite` precisará lidar com as diferenças entre os tipos de dados automaticamente, sem reclamações! Essas são questões semânticas menos relevantes, no entanto, costumam deixar o código mais limpo. O resultado será um manipulador de sprite solidamente construído. Primeiro, vamos ver uma classe de suporte que tornará isso possível.

Dica

Um *método accessor* é um método que retorna uma variável privada em uma classe. Um *método mutator* é um método que altera uma variável privada em uma classe.

A classe Point2D

A classe `Point2D` é uma classe de apoio com a função exclusiva de armazenar e fornecer valores X e Y em uma variedade de formatos numéricos. Há uma biblioteca Java que também contém uma classe `Point2D`, mas não será adequada para os nossos objetivos. No entanto, não deve haver qualquer conflito, pois essa outra classe está contida em um pacote.

```
/*****************************************************
* Classe Point2D
*****************************************************/
class Point2D extends Object {
    private double x, y;
```

```
    //int constructor
    Point2D(int x, int y) {
        setX(x);
        setY(y);
    }
    //float constructor
    Point2D(float x, float y) {
        setX(x);
        setY(y);
    }
    //double constructor
    Point2D(double x, double y) {
        setX(x);
        setY(y);
    }

    //X property
    double X() { return x; }

    public void setX(double x) { this.x = x; }
    public void setX(float x) { this.x = (double) x; }
    public void setX(int x) { this.x = (double) x; }

    //Y property
    double Y() { return y; }
    public void setY(double y) { this.y = y; }
    public void setY(float y) { this.y = (double) y; }
    public void setY(int y) { this.y = (double) y; }
}
```

Entidades de game básicas

A classe `BaseVectorShape` foi apresentada no Capítulo 3 para games no estilo *Asteroids*. Utilizaremos uma classe muito semelhante para programação de sprites em uma futura versão de Galactic War (começando no Capítulo 11. Aqui está o código para essa classe.

```
public class BaseGameEntity extends Object {
    //variables
    protected boolean alive;
    protected double x,y;
    protected double velX, velY;
    protected double moveAngle, faceAngle;

    //accessor methods
    public boolean isAlive() { return alive; }
    public double getX() { return x; }
    public double getY() { return y; }
    public double getVelX() { return velX; }
    public double getVelY() { return velY; }
    public double getMoveAngle() { return moveAngle; }
    public double getFaceAngle() { return faceAngle; }

    //mutator methods
    public void setAlive(boolean alive) { this.alive = alive; }
    public void setX(double x) { this.x = x; }
    public void incX(double i) { this.x += i; }
    public void setY(double y) { this.y = y; }
    public void incY(double i) { this.y += i; }
    public void setVelX(double velX) { this.velX = velX; }
    public void incVelX(double i) { this.velX += i; }
    public void setVelY(double velY) { this.velY = velY; }
    public void incVelY(double i) { this.velY += i; }
    public void setFaceAngle(double angle) { this.faceAngle = angle; }
    public void incFaceAngle(double i) { this.faceAngle += i; }
    public void setMoveAngle(double angle) { this.moveAngle = angle; }
    public void incMoveAngle(double i) { this.moveAngle += i; }
```

```
    //default constructor
    BaseGameEntity() {
        setAlive(false);
        setX(0.0);
        setY(0.0);
        setVelX(0.0);
        setVelY(0.0);
        setMoveAngle(0.0);
        setFaceAngle(0.0);
    }
}
```

A classe ImageEntity

A classe `ImageEntity` possibilita a utilização de uma imagem bitmap para os objetos no game em vez de apenas formas vetoriais (como o polígono do asteroide). Não é uma boa ideia atualizar completamente um game com técnicas novas. Por esse motivo, alguns dos objetos na primeira versão de Galactic War ainda serão vetoriais, enquanto a nave do jogador será um bitmap. Quando chegar ao Capítulo 11, você terá a oportunidade de examinar a evolução do game, desde seu fraco começo até um game completo e complexo, com gerenciamento de entidades de sprites. Sempre recomendo fazer pequenas alterações incrementais, testando o game após cada evolução para garantir que ele ainda funcione. Não há nada mais frustrante do que desperdiçar duas horas fazendo mudanças dramáticas em um arquivo de código-fonte para só depois descobrir que as alterações acabaram com o game, de modo que ele não compilará ou ficará cheio de bugs.

A classe `ImageEntity` também herda da classe `BaseGameEntity`, logo, está relacionada à `VectorEntity`. Essa classe é fantástica! Ela encapsula todas as funcionalidades de que precisamos para carregar e desenhar imagens bitmap e ainda mantém a capacidade de girá-las e movê-las na tela!

```
/*********************************************************
* Base game image class for bitmapped game entities
**********************************************************/
```

```
import java.awt.*;
import java.awt.Graphics2D;
import java.awt.geom.*;
import java.applet.*;
import java.net.*;

public class ImageEntity extends BaseGameEntity {
    //variables
    protected Image image;
    protected Applet applet;
    protected AffineTransform at;
    protected Graphics2D g2d;

    //default constructor
    ImageEntity(Applet a) {
        applet = a;
        setImage(null);
        setAlive(true);
    }

    public Image getImage() { return image; }

    public void setImage(Image image) {
        this.image = image;
        double x = applet.getSize().width/2 - width()/2;
        double y = applet.getSize().height/2 - height()/2;
        at = AffineTransform.getTranslateInstance(x, y);
    }

    public int width() {
        if (image != null)
            return image.getWidth(applet);
        else
```

```
            return 0;
    }
    public int height() {
        if (image != null)
            return image.getHeight(applet);
        else
            return 0;
    }

    public double getCenterX() {
        return getX() + width() / 2;
    }

    public double getCenterY() {
        return getY() + height() / 2;
    }

    public void setGraphics(Graphics2D g) {
        g2d = g;
    }

    private URL getURL(String filename) {
        URL url = null;
        try {
            url = this.getClass().getResource(filename);
        }
        catch (Exception e) { }
        return url;
    }

    public void load(String filename) {
        image = applet.getImage(getURL(filename));
        while(getImage().getWidth(applet) <= 0);
```

```
        double x = applet.getSize().width/2 - width()/2;
        double y = applet.getSize().height/2 - height()/2;
        at = AffineTransform.getTranslateInstance(x, y);
    }

    public void transform() {
        at.setToIdentity();
        at.translate((int)getX() + width()/2, (int)getY() + height()/2);
        at.rotate(Math.toRadians(getFaceAngle()));
        at.translate(-width()/2, -height()/2);
    }

    public void draw() {
        g2d.drawImage(getImage(), at, applet);
    }

    //bounding rectangle
    public Rectangle getBounds() {
        Rectangle r;
        r = new Rectangle((int)getX(), (int)getY(), width(), height());
        return r;
    }
}
```

Criação de uma classe de sprite reutilizável

A seguir, temos o código-fonte para a nova classe `Sprite`. Esta inclui uma tonelada de recursos! Na verdade, ela é tão carregada de uma grande quantidade de coisas que você provavelmente nem vai saber o que fazer com tanta coisa a essa altura. Não sou um grande fã de herança; prefiro construir uma funcionalidade no núcleo de cada classe que uso.

Teste de colisão

A classe `Sprite` inclui diversos métodos para detectar colisões com outros sprites e, por conveniência, também oferece testes de colisão com objetos `Rectangle` e `Point2D`. Você se lembra que quero que essa classe `Sprite` seja intuitiva e não faça o compilador reclamar de coisas bobas, como conversões de tipos de dados? Bem, o mesmo serve para o código de teste de colisão. Há três versões do método `collidesWith()` na classe `Sprite`, oferecendo suporte para três parâmetros diferentes:

- `Rectangle`
- `Sprite`
- `Point2D`

Eles devem cobrir quase todo objeto de game com que você queira fazer teste de colisão. Como esses métodos são construídos na classe `Sprite`, você poderá chamá-los com um parâmetro único, e os dados internos do próprio sprite serão utilizados como segundo parâmetro, que normalmente seria passado para uma rotina de colisão.

Código-fonte de uma classe de sprite

Essa nova classe `Sprite` não herda de nenhuma outra classe além da `Object` básica, embora utilize `ImageEntity` internamente para acessar aquele excelente suporte da classe para desenho e carregamento de imagem. Por que essa classe não herda da `BaseGameEntity` ou da `ImageEntity`? Porque essas classes seguiram uma corrente de herança lógica, mas também incluíram uma série de recursos que não precisam estar no núcleo da classe `Sprite`. Ainda temos acesso àquelas propriedades e métodos caso queiramos utilizá-los, usando uma `ImageEntity` como variável privada, mas evitamos o problema de ter de lidar com herança e acesso privado/público. Herança é um conceito maravilhoso, mas, na prática, muito dela pode fazer que um programa fique bastante complicado.

```
/*****************************************************
* Sprite class
*****************************************************/
import java.awt.*;
import java.applet.*;

public class Sprite extends Object {
    private ImageEntity entity;
    protected Point2D pos;
    protected Point2D vel;
    protected double rotRate;
    protected int currentState;

    //constructor
    Sprite(Applet a, Graphics2D g2d) {
        entity = new ImageEntity(a);
        entity.setGraphics(g2d);
        entity.setAlive(false);
        pos = new Point2D(0, 0);
        vel = new Point2D(0, 0);
        rotRate = 0.0;
        currentState = 0;
    }

    //load bitmap file
    public void load(String filename) {
        entity.load(filename);
    }

    //perform affine transformations
    public void transform() {
        entity.setX(pos.X());
        entity.setY(pos.Y());
        entity.transform();
    }
```

```
//draw the image
public void draw() {
    entity.g2d.drawImage(entity.getImage(),entity.at,entity.applet);
}

//draw bounding rectangle around sprite
public void drawBounds(Color c) {
    entity.g2d.setColor(c);
    entity.g2d.draw(getBounds());
}

//update the position based on velocity
public void updatePosition() {
    pos.setX(pos.X() + vel.X());
    pos.setY(pos.Y() + vel.Y());
}

//methods related to automatic rotation factor
public double rotationRate() { return rotRate; }
public void setRotationRate(double rate) { rotRate = rate; }
public void updateRotation() {
    setFaceAngle(faceAngle() + rotRate);
    if (faceAngle() < 0)
        setFaceAngle(360 - rotRate);
    else if (faceAngle() > 360)
        setFaceAngle(rotRate);
}

//generic sprite state variable (alive, dead, collided, etc.)
public int state() { return currentState; }
public void setState(int state) { currentState = state; }

//returns a bounding rectangle
public Rectangle getBounds() { return entity.getBounds(); }
```

```
//sprite position
public Point2D position() { return pos; }
public void setPosition(Point2D pos) { this.pos = pos; }

//sprite movement velocity
public Point2D velocity() { return vel; }
public void setVelocity(Point2D vel) { this.vel = vel; }

//returns the center of the sprite as a Point2D
public Point2D center() {
    return(new Point2D(entity.getCenterX(),entity.getCenterY()));
}

//generic variable for selectively using sprites
public boolean alive() { return entity.isAlive(); }
public void setAlive(boolean alive) { entity.setAlive(alive); }

//face angle indicates which direction sprite is facing
public double faceAngle() { return entity.getFaceAngle(); }
public void setFaceAngle(double angle) {
    entity.setFaceAngle(angle);
}
public void setFaceAngle(float angle) {
    entity.setFaceAngle((double) angle);
}
public void setFaceAngle(int angle) {
    entity.setFaceAngle((double) angle);
}

//move angle indicates direction sprite is moving
public double moveAngle() { return entity.getMoveAngle(); }
public void setMoveAngle(double angle) {
    entity.setMoveAngle(angle);
}
```

```
    public void setMoveAngle(float angle) {
        entity.setMoveAngle((double) angle);
    }
    public void setMoveAngle(int angle) {
        entity.setMoveAngle((double) angle);
    }

    //returns the source image width/height
    public int imageWidth() { return entity.width(); }
    public int imageHeight() { return entity.height(); }

    //check for collision with a rectangular shape
    public boolean collidesWith(Rectangle rect) {
        return (rect.intersects(getBounds()));
    }
    //check for collision with another sprite
    public boolean collidesWith(Sprite sprite) {
        return (getBounds().intersects(sprite.getBounds()));
    }
    //check for collision with a point
    public boolean collidesWith(Point2D point) {
        return (getBounds().contains(point.X(), point.Y()));
    }

    public Applet applet() { return entity.applet; }
    public Graphics2D graphics() { return entity.g2d; }
    public Image image() { return entity.image; }
    public void setImage(Image image) { entity.setImage(image); }
}
```

Dica

Animação é um recurso ausente na classe `Sprite` neste momento; abordaremos este assunto no próximo capítulo.

Testando a classe Sprite

Realizaremos um teste executando as novas classes que desenvolvemos neste capítulo. O programa a seguir (veja **Figura 6.1**) desenha uma imagem de fundo e, em seguida, um sprite aleatoriamente na tela. Este programa de teste utiliza um thread e uma interface `Runnable` para desenhar um sprite de forma repetida na tela sem qualquer entrada do usuário. Estudaremos esse recurso mais profundamente no Capítulo 10 quando aprenderemos mais sobre threads e loop (ou ciclo) de game. Estude bem esta breve demonstração, porque ela talvez exemplifique o primeiro teste em alta velocidade que você já viu até agora.

Figura 6.1 O programa SpriteTest demonstra como utilizar a classe `Sprite`.

```
/*****************************************************
* SpriteTest program
*****************************************************/
import java.awt.*;
```

```
import java.awt.image.*;
import java.applet.*;
import java.util.*;
import java.net.*;

public class SpriteTest extends Applet implements Runnable {
    int screenWidth = 640;
    int screenHeight = 480;

    //double buffer objects
    BufferedImage backbuffer;
    Graphics2D g2d;

    Sprite asteroid;
    ImageEntity background;
    Thread gameloop;
    Random rand = new Random();

    public void init() {
        //create the back buffer for smooth graphics
        backbuffer = new BufferedImage(screenWidth, screenHeight,
            BufferedImage.TYPE_INT_RGB);
        g2d = backbuffer.createGraphics();

        //load the background
        background = new ImageEntity(this);
        background.load("bluespace.png");

        //load the asteroid sprite
        asteroid = new Sprite(this, g2d);
        asteroid.load("asteroid2.png");
    }
```

```
public void start() {
    gameloop = new Thread(this);
    gameloop.start();
}

public void stop() {
    gameloop = null;
}

public void run() {
    Thread t = Thread.currentThread();
    while (t == gameloop) {
        try {
            Thread.sleep(30);
        }
        catch (InterruptedException e) {
            e.printStackTrace();
        }
        repaint();
    }
}

public void update(Graphics g) {
    //draw the background
    g2d.drawImage(background.getImage(), 0, 0, screenWidth-1,
        screenHeight-1, this);

    int width = screenWidth - asteroid.imageWidth() - 1;
    int height = screenHeight - asteroid.imageHeight() - 1;
    Point2D point = new Point2D(rand.nextInt(width), rand.nextInt(height));
    asteroid.setPosition(point);
    asteroid.transform();
    asteroid.draw();
```

```
            paint(g);
        }

        public void paint(Graphics g) {
            //draw the back buffer to the screen
            g.drawImage(backbuffer, 0, 0, this);
        }
}
```

O que você aprendeu

Este significativo capítulo produziu uma nova versão monumental de Galactic War, que é uma base para os capítulos seguintes. Os vestígios finais das raízes do game vetorial foram descartados e agora o game está totalmente implementado com bitmaps. Neste capítulo, você aprendeu:

- Como criar uma nova e poderosa classe `Sprite`
- Como detectar colisão de sprites
- Como escrever classes e métodos reutilizáveis

Questões de revisão

As questões a seguir o ajudarão a determinar o quanto você aprendeu sobre tópicos abordados neste capítulo.

1. Qual é o nome da classe de suporte para auxiliar a classe `Sprite` a gerenciar posição e velocidade criada neste capítulo?
2. Durante qual evento de teclado você deve desabilitar a variável de pressionamento de tecla, quando forem detectados múltiplos pressionamentos de tecla com variáveis globais?
3. Quais os três tipos de parâmetros que você pode passar para o método `collidesWith()`?
4. Que classe Java fornece um método alternativo para carregamento de imagens que não está ligado ao applet?

5. Qual pacote Java você precisa importar para utilizar a classe `Graphics2D`?
6. Qual tipo de dado numérico a classe `Point2D` (criada neste capítulo) utiliza para armazenamento interno dos valores de X e Y?
7. Com quais tipos de dados a classe `Point2D` pode trabalhar no método construtor?
8. Que propriedade de sprite determina o ângulo para o qual o sprite se moverá?
9. Que propriedade de sprite determina o ângulo para o qual uma imagem está apontada, independentemente da direção do movimento?
10. Qual método de `AffineTransform` permite deslocar, girar e dimensionar um sprite?

Agora é por sua conta

Use os exercícios a seguir para testar seus conhecimentos sobre o material abordado neste capítulo.

Exercício 1

O programa SpriteTest demonstra como utilizar a classe `Sprite`. Modifique o programa para que ele desenhe instâncias múltiplas do sprite asteroide na tela, cada um sendo movido e animado de forma diferente.

Exercício 2

Modifique ainda mais o programa SpriteTest adicionando teste de colisão, de modo que os asteroides se afastem uns dos outros após colidirem.

Capítulo 7

Animação de sprites

Este capítulo acrescenta um novo recurso relevante à sua caixa de ferramentas Java – a capacidade de carregar e desenhar sprites animados e aplicar esse conhecimento a uma nova classe aprimorada de sprites. Você aprenderá sobre as diferentes formas de armazenar uma animação com sprites e como acessar um único frame em uma faixa de animação. Verá uma nova classe chamada `AnimatedSprite`, com algumas novas funcionalidades importantes que estendem significativamente a classe básica `Sprite`. Os tópicos-chave são:

- Técnicas de animação com sprites
- Desenho de frames com sprites individuais
- Mantendo o controle sobre os frames de animação
- Encapsulamento de animação de sprites em uma classe

Animação de sprites

Com o passar dos anos, tenho visto diversas técnicas para animação de sprites. Dentre os vários algoritmos e implementações que estudei, acredito que haja duas formas essenciais de animar um objeto gráfico na tela – carregando frames individuais, cada um armazenado em seu próprio arquivo bitmap, ou carregando um único bitmap contendo linhas e colunas de frames de animação.

Técnicas de animação

Em princípio, há o método da *sequência*. Esse tipo de animação envolve o carregamento de uma imagem bitmap para cada frame da animação em sequência e, em seguida, a animação delas na tela, desenhando-se cada imagem em ordem. Essa técnica tende a exigir mais tempo para carregar todos os frames de animação, especialmente em um jogo grande com muitos sprites. Há também o tempo de processamento do sistema, necessário para manter tantas imagens em memória, mesmo que sejam pequenas. A **Figura 7.1** mostra um exemplo.

Desenhar uma sequência de animações é um tanto desafiador quando se carrega frames individuais devido à logística do processo. Como você deve armazenar as imagens – em um array ou em uma lista ligada? Conferi algumas implementações usando os dois métodos e nenhuma é muito amigável, sinceramente, porque o código é muito complicado.

A segunda técnica de animação com sprites é o método *baseado em tiles*. Este tipo de animação envolve o armazenamento de uma sequência de anima-

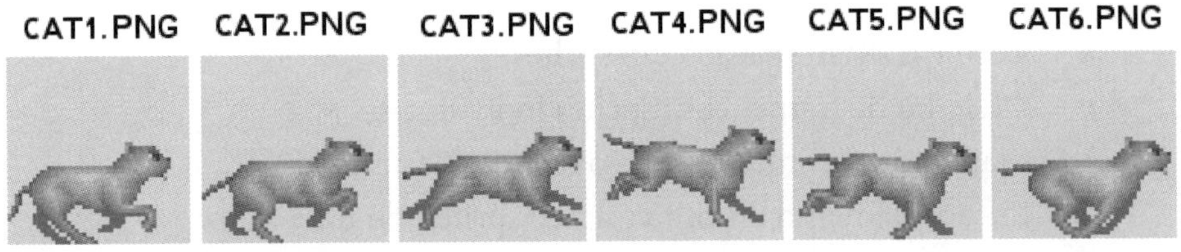

Figura 7.1 Uma sequência de animações com frames armazenados em arquivos bitmap individuais.

Figura 7.2 Uma sequência de animação em uma linha única.

ção inteira em um único arquivo bitmap, também conhecido como *sequência de animação*. Dentro do arquivo bitmap há muitos frames da animação dispostos em uma única linha ou em diversas colunas e linhas. A **Figura 7.2** mostra uma tira de animação em uma única linha, enquanto a **Figura 7.3** mostra uma animação maior com várias colunas e linhas.

Figura 7.3 Uma sequência de animação com quatro colunas e duas linhas.

Desenho de frames individuais

A chave para desenhar um frame único de uma sequência de animação armazenada em um bitmap alinhado é descobrir *algoritmicamente* onde cada frame está localizado. É impossível codificar manualmente a posição X e Y para cada frame da imagem; só a ideia de fazer isso me dá arrepios. Não apenas levaria horas para anotar a posição X e Y de cada frame, mas também o arquivo bitmap poderia ser facilmente modificado, tornando, portanto, irrelevantes os pontos calculados manualmente. Enfim, isso é ciência da computação e, portanto, há um algoritmo para quase tudo.

Você pode calcular a coluna (isto é, o número de frames *ao lado*) dividindo o número de frames pelo número de colunas e multiplicando o resultado pela altura de cada frame.

```
frameY = (frameNumber / columns) * height;
```

Isso lhe dará a *linha* correta na imagem onde o frame desejado está localizado, mas não fornecerá a *coluna* real, ou o valor X. Para isso, você precisa de uma solução semelhante. Em vez de dividir o número de frames pelas colunas, utilizaremos o operador *módulo*:

```
frameX = (frameNumber % columns) * width;
```

Como você pode ter notado, essa fórmula é bem parecida com a fórmula usada para calcular `frameY`. Agora estamos multiplicando pela largura e utilizando o operador *módulo* em vez do operador de *divisão*. O módulo retorna o *resto* de uma divisão em vez de seu quociente. Caso queira o valor Y, você olha para o *quociente* da divisão; se desejar o valor X, deverá olhar para o *resto* da divisão.

Aqui temos um método completo que desenha um frame único de uma sequência de animação. Há muitos parâmetros neste método! Felizmente, eles estão todos claramente identificados com nomes descritivos. É claro que passamos para ele a fonte `Image`, o objeto de destino `Graphics2D` (que faz o desenho real), a localização de destino (X e Y), o número de colunas ao lado, o número de frames que se deseja desenhar e, em seguida, a largura e a altura de um frame único. O que você tem como retorno é o frame de animação desejado na superfície de destino (que pode ser seu buffer ou a janela do aplicativo).

```
public void drawFrame(Image source, Graphics2D dest,
    int destX, int destY, int cols, int frame, int width, int height)
{
    int frameX = (frame % cols) * width;
    int frameY = (frame / cols) * height;
    dest.drawImage(source, destX, destY, destX+width, destY+height,
                   frameX, frameY, frameX+width, frameY+height, this);
}
```

Mantendo o controle sobre os frames de animação

Adquirir o frame de animação desejado é só o primeiro passo para se construir um sprite animado em Java. Após ter descoberto como capturar um frame único, você precisa decidir o que fazer com ele! Por exemplo, como você diz ao seu programa qual frame desenhar e como o programa atualiza o frame atual toda vez durante o loop do game?

Descobri que a maneira mais fácil de fazer isso é com um método simples de atualização que incrementa o frame de animação e depois o testa em relação aos limites da sequência de animações. Por exemplo:

```
currentFrame += animationDirection;
if (currentFrame > totalFrames-1) {
    currentFrame = 0;
}
else if (currentFrame < 0) {
    currentFrame = totalFrames-1;
}
```

Observe com atenção o que está acontecendo neste código. Primeiro, o frame atual é incrementado por um valor arbitrário armazenado em uma variável chamada `animationDirection`. Sempre será -1 ou 1, para animar para frente ou para trás. Em seguida, a próxima linha verifica o limite superior (`totalFrames-1`) e volta para 0 se o limite for ultrapassado. Da mesma forma, o limite inferior é verificado, definindo o `currentFrame` com o valor do limite superior, se necessário. O resultado final é que são necessárias três variáveis:

- `currentFrame`
- `totalFrames`
- `animationDirection`

Você deve chamar esse código de atualização a partir do método de evento `run()` do thread. Mas, falando em thread, isso levanta uma questão importante: temporização. Obviamente, você não quer que cada sprite do jogo seja animado exatamente com a mesma velocidade! Alguns sprites deverão se movimentar muito lentamente, enquanto outros terão animações rápidas. Essa realmente é uma questão de ajuste fino do game, mas você deve ter algum tipo de mecanismo disponível para implementar a temporização de cada sprite animado *separadamente*.

Você pode conseguir isso adicionando mais algumas variáveis ao conjunto. Primeiro, você precisará incrementar um contador sempre durante o loop do game. Se o contador atingir determinado valor-limite, então você o reiniciará e continuará o processo de atualização do frame de animação como antes. Vamos utilizar variáveis chamadas `frameCount` e `frameDelay`. O atraso de frame geralmente tem um valor menor do que o esperado – entre 5 e 10, mas, em geral, não muito maior. Um atraso de 10 em um loop de game executado a 50 fps significa que o objeto é animado apenas a 5 fps, que de fato é muito lento. Normalmente, utilizo valores de 1 a 5 para o atraso do frame. Aqui temos um código de animação atualizado com um atraso incluído:

```
frameCount++;
if (frameCount > frameDelay) {
    frameCount=0;
    currentFrame += animationDirection;
    if (currentFrame > totalFrames-1) {
        currentFrame = 0;
    }
    else if (currentFrame < 0) {
        currentFrame = totalFrames-1;
    }
}
```

Testando a animação de sprite

Vamos desenvolver um exemplo completo para que esses conceitos lhe pareçam mais reais e, consequentemente, você possa ver o dramático resultado de quando um sprite é animado. O programa AnimationTest carrega uma detalhada sequência de animação de 64 frames (mostrada na **Figura 7.4**) e a anima

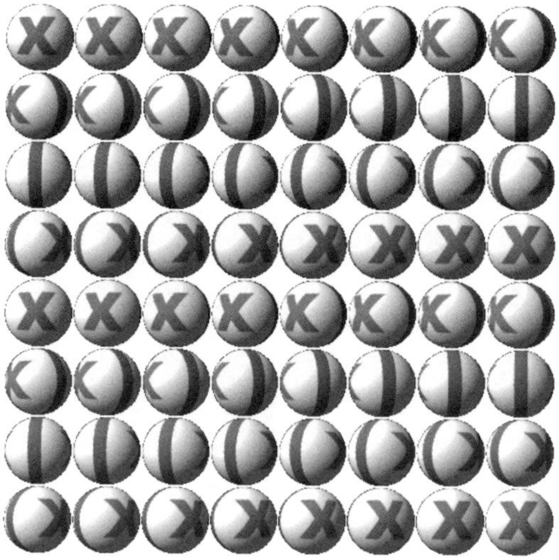

Figura 7.4 Uma bola animada com 64 frames.

na tela enquanto movimenta o sprite ao mesmo tempo. Como o assunto deste capítulo é animação, o programa não tem o objetivo de fazer quaisquer transformações, como rotação. Mas você consegue imaginar o resultado de um sprite animado que *também* pode ser girado? Este programa ajudará a determinar o que precisamos fazer na próxima classe de animação.

A saída do programa é mostrada na **Figura 7.5**, em que um único sprite animado está sendo desenhado sobre uma imagem de fundo. A seguir, está a listagem de código para o programa AnimationTest. Destaquei os principais códigos (que são novos neste capítulo) em negrito.

```
/*****************************************************
* AnimationTest program
*****************************************************/
import java.awt.*;
import java.applet.*;
import java.util.*;
import java.awt.image.*;
```

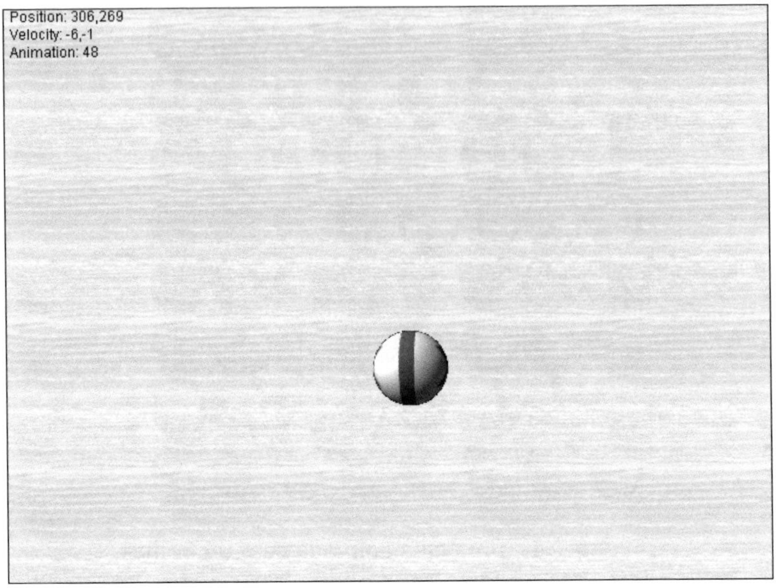

Figura 7.5 O programa AnimationTest.

```
public class AnimationTest extends Applet implements Runnable {
    static int SCREENWIDTH = 640;
    static int SCREENHEIGHT = 480;
    Thread gameloop;
    Random rand = new Random();

    //double buffer objects
    BufferedImage backbuffer;
    Graphics2D g2d;

    //background image
    Image background;

    //sprite variables
    Image ball;
```

```
    int ballX = 300, ballY = 200;
    int speedX, speedY;

    //animation variables
    int currentFrame = 0;
    int totalFrames = 64;
    int animationDirection = 1;
    int frameCount = 0;
    int frameDelay = 5;

private URL getURL(String filename) {
    URL url = null;
    try {
        url = this.getClass().getResource(filename);
    }
    catch (Exception e) {}
    return url;
}

public void init() {
    Toolkit tk = Toolkit.getDefaultToolkit();

    //create the back buffer for smooth graphics
    backbuffer = new BufferedImage(SCREENWIDTH, SCREENHEIGHT,
        BufferedImage.TYPE_INT_RGB);
    g2d = backbuffer.createGraphics();

    //load the background image
    background = tk.getImage(getURL("woodgrain.png"));

        //load the ball animation strip
        ball = tk.getImage(getURL("xball.png"));
```

```
        speedX = rand.nextInt(6)+1;
        speedY = rand.nextInt(6)+1;
}

public void start() {
    gameloop = new Thread(this);
    gameloop.start();
}

public void stop() {
    gameloop = null;
}

public void run() {
    Thread t = Thread.currentThread();
    while (t == gameloop) {
        try {
            Thread.sleep(20);
    }
        catch (InterruptedException e) {
            e.printStackTrace();
        }
        gameUpdate();
        repaint();
    }
}

public void gameUpdate() {
    //see if it's time to animate
    frameCount++;
    if (frameCount > frameDelay) {
        frameCount=0;
        //update the animation frame
        currentFrame += animationDirection;
```

```
        if (currentFrame > totalFrames - 1) {
            currentFrame = 0;
        }
        else if (currentFrame < 0) {
            currentFrame = totalFrames - 1;
        }
    }

    //update the ball position
    ballX += speedX;
    if ((ballX < 0) || (ballX > SCREENWIDTH - 64)) {
        speedX *= -1;
        ballX += speedX;
    }
    ballY += speedY;
    if ((ballY < 0) || (ballY > SCREENHEIGHT - 64)) {
        speedY *= -1;
        ballY += speedY;
    }
}

public void update(Graphics g) {
    //draw the background
    g2d.drawImage(background, 0, 0, SCREENWIDTH-1, SCREENHEIGHT-1, this);

    //draw the current frame of animation
    drawFrame(ball, g2d, ballX, ballY, 8, currentFrame, 64, 64);

    g2d.setColor(Color.BLACK);
    g2d.drawString("Position: " + ballX + "," + ballY, 5, 10);
    g2d.drawString("Velocity: " + speedX + "," + speedY, 5, 25);
        g2d.drawString("Animation: " + currentFrame, 5, 40);

        paint(g);
    }
```

```
public void paint(Graphics g) {
        //draw the back buffer to the screen
        g.drawImage(backbuffer, 0, 0, this);
}

//draw a single frame of animation
        public void drawFrame(Image source, Graphics2D dest,
                        int x, int y, int cols, int frame,
                        int width, int height)
        {
            int fx = (frame % cols) * width;
            int fy = (frame / cols) * height;
            dest.drawImage(source, x, y, x+width, y+height,
                        fx, fy, fx+width, fy+height, this);
        }
}
```

Agora, após revisar esse código, você deve estar pensando por que não estamos usando as classes `ImageEntity` e `Sprite` do capítulo anterior, já que elas reduziriam boa parte desse código. Essa é uma boa pergunta! A razão é: não gosto de criar muitas dependências entre definições de classe. Como expliquei no capítulo anterior, muitas ligações em uma cadeia de herança podem gerar problemas. Esse programa é completamente autossuficiente, sem necessidade de qualquer classe extra. Um único exemplo autossuficiente é muito mais eficaz que um programa curto preenchido com variáveis de objetos declarados de classes personalizadas. Em algum momento, vamos fazer isso. Mas, agora, vamos focar em somente um assunto, sem quaisquer dependências.

Encapsulamento de animação de sprites em uma classe

Há algumas novas partes de código significativas no programa AnimationTest que serão absolutamente necessárias para o futuro projeto Galactic War (na Parte III deste livro). Todas as propriedades podem ser *stuffed* (gíria em inglês para *encapsuladas* ou *empacotadas*) em uma classe, e também podemos reutilizar o método drawFrame(). Um aspecto realmente incrível sobre mover o drawFrame() para dentro de uma classe é que a maioria dos parâmetros podem ser eliminados, pois eles serão obtidos da classe internamente. Configurar uma animação exigirá alguns passos a mais quando o jogo iniciar; mas, depois disso, desenhar um sprite animado será um processo automático com a chamada de apenas um ou dois métodos. Observe também que estamos herdando da classe Sprite básica do capítulo anterior! Destacarei o código mais importante em negrito.

```
/*************************************************
* AnimatedSprite class
*************************************************/
import java.awt.*;
import java.applet.*;
import java.awt.image.*;
import java.net.*;

public class AnimatedSprite extends Sprite {
    //this image holds the large tiled bitmap
    private Image animimage;
    //temp image passed to parent draw method
    BufferedImage tempImage;
    Graphics2D tempSurface;
    //custom properties
    private int currFrame, totFrames;
    private int animDir;
    private int frCount, frDelay;
    private int frWidth, frHeight;
    private int cols;

public AnimatedSprite(Applet applet, Graphics2D g2d) {
        super(applet, g2d);
        currFrame = 0;
```

```
        totFrames = 0;
        animDir = 1;
        frCount = 0;
        frDelay = 0;
        frWidth = 0;
        frHeight = 0;
        cols = 0;
    }

    private URL getURL(String filename) {
        URL url = null;
        try {
            url = this.getClass().getResource(filename);
        }
        catch (Exception e) {}
        return url;
}

public void load(String filename, int columns, int rows,
    int width, int height)
{
    //load the tiled animation bitmap
    Toolkit tk = Toolkit.getDefaultToolkit();
    animimage = tk.getImage(getURL(filename));
    setColumns(columns);
    setTotalFrames(columns * rows);
    setFrameWidth(width);
    setFrameHeight(height);

    //frame image is passed to parent class for drawing
    tempImage = new BufferedImage(width, height,
        BufferedImage.TYPE_INT_ARGB);
    tempSurface = tempImage.createGraphics();
    super.setImage(tempImage);
}
```

```
public int currentFrame() { return currFrame; }
public void setCurrentFrame(int frame) { currFrame = frame; }

public int frameWidth() { return frWidth; }
public void setFrameWidth(int width) { frWidth = width; }

public int frameHeight() { return frHeight; }
public void setFrameHeight(int height) { frHeight = height; }

public int totalFrames() { return totFrames; }
public void setTotalFrames(int total) { totFrames = total; }

public int animationDirection() { return animDir; }
public void setAnimationDirection(int dir) { animDir = dir; }

public int frameCount() { return frCount; }
public void setFrameCount(int count) { frCount = count; }

public int frameDelay() { return frDelay; }
public void setFrameDelay(int delay) { frDelay = delay; }

public int columns() { return cols; }
public void setColumns(int num) { cols = num; }

public void updateAnimation() {
    frCount++;
    if (frameCount() > frameDelay()) {
        setFrameCount(0);
        //update the animation frame
        setCurrentFrame(currentFrame() + animationDirection());
        if (currentFrame() > totalFrames() - 1) {
            setCurrentFrame(0);
    }
```

```
            else if (currentFrame() < 0) {
                setCurrentFrame(totalFrames() - 1);
            }
        }
    }

    public void draw() {
        //calculate the current frame's X and Y position
        int frameX = (currentFrame() % columns()) * frameWidth();
        int frameY = (currentFrame() / columns()) * frameHeight();

        //copy the frame onto the temp image
        tempSurface.drawImage(animimage, 0, 0, frameWidth()-1,
            frameHeight()-1, frameX, frameY, frameX+frameWidth(),
            frameY+frameHeight(), applet());

        //pass the temp image on to the parent class and draw it
        super.setImage(tempImage);
        super.transform();
        super.draw();
    }
}
```

Teste da classe AnimatedSprite

Não vou listar o código-fonte completo para o programa de exemplo Animation Class, pois ele é essencialmente assim como o programa AnimationTest, exceto por utilizar a nova classe `AnimatedSprite`. Porém, há uma diferença: por herdar de `Sprite`, a classe `AnimatedSprite` permite que você gire os sprites animados enquanto eles são desenhados! Essa capacidade deve-se à funcionalidade oferecida por `ImageEntity`, uma classe de suporte de núcleo para desenho de sprites. Mostrarei a porção principal do programa que difere do programa AnimationTest (abordado anteriormente no capítulo). A **Figura 7.6** mostra a saída do programa, que você pode abrir e executar a partir do conteúdo disponível em www.cengage.com.br, se desejar.

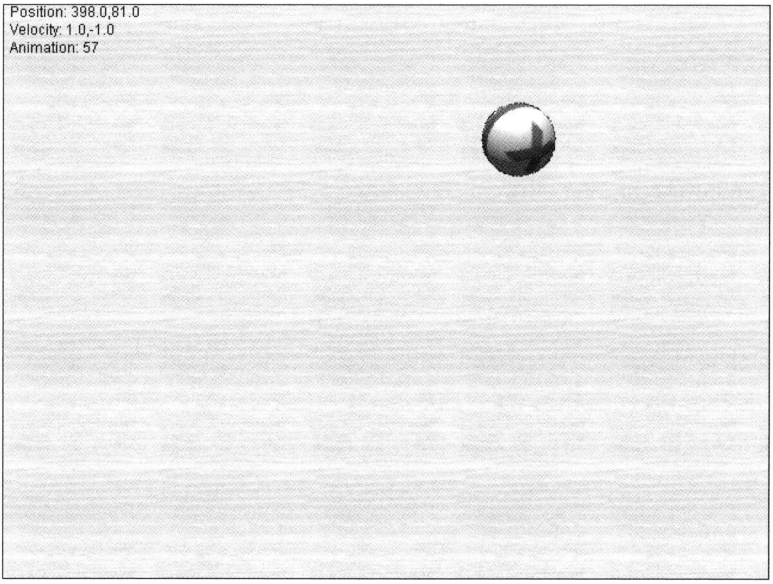

Figura 7.6 Teste da classe AnimatedSprite.

Segue uma lista de todas as classes utilizadas no programa AnimationClass. Você pode copiar esses arquivos do capítulo anterior. O novo projeto é chamado AnimationClass.

- `AnimatedSprite.java`
- `AnimationClass.java`
- `BaseGameEntity.java`
- `ImageEntity.java`
- `Point2D.java`
- `Sprite.java`

Aqui temos o código-fonte para o método de evento `init()` do programa AnimationClass. O resto do programa é semelhante ao programa AnimationTest, então não repetirei a listagem de código inteira aqui. O mais importante é que você entenda como carregar uma animação usando a classe `Animated-`

`Sprite`. Vá em frente e abra o arquivo AnimationClass.java para ver o programa completo.

```
//sprite variables
AnimatedSprite ball;

public void init() {
    //create the back buffer for smooth graphics
    backbuffer = new BufferedImage(SCREENWIDTH, SCREENHEIGHT,
        BufferedImage.TYPE_INT_RGB);
    g2d = backbuffer.createGraphics();

    //load the background image
    Toolkit tk = Toolkit.getDefaultToolkit();
    background = tk.getImage(getURL("woodgrain.png"));

    //load the ball animation strip
    ball = new AnimatedSprite(this, g2d);
    ball.load("xball.png", 8, 8, 64, 64);
    ball.setPosition(new Point2D(300,200));
    ball.setFrameDelay(1);
    ball.setVelocity(new Point2D(1,1));
    ball.setRotationRate(1.0);
}
```

O que você aprendeu

Este capítulo abordou o difícil tema de animação de sprites. Adicionar suporte para animação não é de fácil compreensão, mas este capítulo ofereceu a você o conhecimento necessário e uma nova classe chamada `AnimatedSprite` que possibilitará a você escrever seus próprios jogos sem "reinventar a roda" cada vez que precisar carregar uma imagem e desenhá-la. Seguem os tópicos-chave abordados:

- Como uma animação é armazenada em um arquivo bitmap
- Como carregar e desenhar uma tira de animação a partir de um arquivo bitmap único
- Como animar um sprite com temporização
- Como reunir tudo em uma classe reutilizável

Questões de revisão

As questões a seguir o ajudarão a determinar o quanto você aprendeu dos tópicos abordados neste capítulo.

1. Qual é o nome da classe de animação criada neste capítulo?
2. De que classe herda a nova classe de animação?
3. Quantos frames de animação havia no sprite da bola animada?
4. Como você pode chamar uma animação que é armazenada em vários arquivos?
5. Como você pode chamar uma animação que é toda armazenada em um único arquivo?
6. Que tipo de parâmetro o método `AnimatedSprite.setVelocity` aceita?
7. Que operação matemática é usada para calcular a posição Y do frame de animação?
8. Que operação matemática é usada para calcular a posição X do frame de animação?
9. Qual é uma boa classe para se utilizar quando você precisa criar um bitmap em memória?
10. Qual método `AnimatedSprite` desenha o frame atual de animação?

Agora é por sua conta

Os exercícios a seguir o ajudarão a determinar o quanto você entendeu do novo material apresentado neste capítulo.

Exercício 1

O programa AnimationTest é realmente fraco. Refiro-me a bolas brancas marcadas com um X vermelho sendo desenhadas sobre um fundo estranho com textura de madeira? Encontre uma imagem boa de verdade que você possa usar como fundo e procure uma sequência melhor de animações para usar no lugar das bolas brancas em www.cengage.com.br, na página do livro, pasta/Media.

Exercício 2

Agora que você pode criar uma animação mais elaborada, é hora de combinar essa nova capacidade com a detecção de colisão amplamente testada a fim de adicionar algumas funcionalidades reais ao projeto AnimationTest. Modifique o programa e faça que sprites animados se destruam ao se colidirem.

Capítulo 8

Entrada via mouse e teclado

O teclado e o mouse são os únicos dispositivos apropriados para entradas de usuário em um game para web desenvolvido como um applet Java. Mesmo considerando um game no padrão Windows, desenvolvido em DirectX ou outra biblioteca, o teclado e o mouse são, de longe, as formas mais comuns de interação de usuários em um game. Este capítulo trata de um tema importante: manipulação de entradas de usuário. Os tópicos-chave que você aprenderá neste capítulo são:

- Ouvindo os eventos de teclado
- Teste de entrada por teclado
- Exibição do pressionamento de teclas
- Leitura dos movimentos do mouse
- Detecção dos botões do mouse
- Teste de entradas por mouse

Ouvindo o usuário

O Java oferece uma forma interessante de interação com usuários por meio de uma série de métodos *listener*. Você diz ao Java que gostaria de ouvir (*listen*) os eventos gerados pelo teclado e o Java envia eventos de teclado para seus próprios métodos *listener*. A partir disso, você pode checar os códigos de tecla para descobrir quais foram pressionadas ou liberadas. A forma como o Java diz ao seu programa que uma tecla foi pressionada (ou que o mouse foi movimentado) dá-se por meio de uma interface que seu programa usa – ou melhor, *implementa*. Seu programa deve utilizar a palavra-chave `implements` para usar uma classe de interface. Esse é um tipo de classe que inclui os métodos que seu programa precisa usar (ou implementar); na realidade, a classe não possui nenhuma funcionalidade própria. Este tipo de classe é chamado de *interface* porque representa um plano dos métodos que seu programa precisa usar.

Entrada por teclado

A interface `KeyListener` ouve eventos gerados pelo teclado e envia-os para os métodos de retorno (*callback methods*) implementados em seu programa. Esses métodos são chamados `keyPressed`, `keyReleased` e `keyTyped` e os três possuem um único parâmetro chamado `KeyEvent`. Ao escrever um programa que usa o `KeyListener`, você modifica a definição de classe do seu programa usando a palavra-chave `implements`:

```
public class KeyboardTest extends Applet implements KeyListener
```

Dica

O interessante do recurso `implements` das classes Java é que você pode implementar várias interfaces em seu programa separando os nomes das classes de interfaces por vírgulas.

Você deve lembrar de ter visto a palavra-chave `implements` sendo usada antes com a interface `Runnable` (que adicionou o suporte para threading). Se você precisar adicionar mais de uma classe de interface, você poderá separá-las por vírgulas.

Ouvindo os eventos de teclado

Seu programa precisa chamar o método `addKeyListener` para inicializar o *listener* de teclado a fim de que os eventos de teclas sejam enviados para seu programa pelo Java Runtime Environment. O único parâmetro desse método é a instância da classe do seu programa, representada pela palavra-chave `this`. Você utiliza `this` como forma de identificar a classe atual em um bloco de código sem mencionar essa classe especificamente pelo nome. Em geral, é melhor chamar o `addKeyListener(this)` no método `init` dentro do seu programa. (Lembre-se de que o `init` é automaticamente chamado quando seu programa baseado em applet começa rodar.)

Em seguida, você deve implementar os três eventos de teclado em seu programa para satisfazer a interface `KeyListener`:

```
public void keyPressed(KeyEvent e)
public void keyReleased(KeyEvent e)
public void keyTyped(KeyEvent e)
```

Há duas formas de determinar a tecla que foi pressionada ou liberada utilizando o parâmetro `KeyEvent`. Se quiser determinar o código de caractere de uma tecla, você pode usar o método `getKeyChar`, que retorna um caracter. Caso queira saber se uma tecla foi pressionada com base em um código de tecla em vez de um caractere, você pode usar o método `getKeyCode`. Se o seu programa está ouvindo o teclado e você pressiona a tecla A, o `getKeyChar` retornará "a" (ou "A" se você mantiver Shift pressionada), enquanto o `getKeyCode` retornará um código de tecla virtual chamado VK_A. Todos os códigos de tecla virtuais estão contidos em uma classe chamada `KeyEvent`. A **Tabela 8.1** mostra uma lista parcial de códigos de tecla virtuais para teclas usadas com mais frequência em um game.

Nota

Quando você quiser identificar as teclas digitadas para usar em uma mensagem de chat, por exemplo, você vai querer utilizar o evento `keyTyped`, que retorna caracteres ASCII. A maioria das entradas do seu game serão originadas do evento `keyPressed`, que fornece códigos de tecla.

Tabela 8.1 Códigos de tecla virtuais (lista parcial)

Código de tecla	Descrição
VK_LEFT	Seta para esquerda
VK_RIGHT	Seta para direita
VK_UP	Seta para cima
VKP_DOWN	Seta para baixo
VK_0 ... VK_9	Teclas numeradas
VKL_A ... VK_Z	Teclas alfabéticas
VK_F1 ... VK_F12	Teclas de função
VK_KP_LEFT	Esquerda (teclado numérico)
VK_KP_RIGHT	Direita (teclado numérico)
VK_KP_UP	Para cima (teclado numérico)
VK_KP_DOWN	Para baixo (teclado numérico)
VK_ENTER	Tecla Enter
VK_BACK_SPACE	Tecla Backspace
VK_TAB	Tecla Tab

Teste de entrada via teclado

Vamos escrever um programa para testar as entradas por teclado para que você tenha um exemplo completo de como isso funciona em um programa Java. Destaquei o código importante em negrito. Você pode ver a saída desse programa na **Figura 8.1**.

```
import java.awt.*;
import java.awt.event.*;
import java.applet.*;
```

```
public class KeyboardTest extends Applet implements KeyListener {
    int keyCode;
    char keyChar;

    public void init() {
        addKeyListener(this);
    }

    public void paint(Graphics g) {
        g.drawString("Press a key...", 20, 20);
        g.drawString("Key code: " + keyCode, 20, 50);
        g.drawString("Key char: " + keyChar, 20, 70);
    }

    public void keyPressed(KeyEvent e) {
        keyCode = e.getKeyCode();
        keyChar = ' ';
        repaint();
    }

    //keyReleased is not being used
    public void keyReleased(KeyEvent e) { }

    public void keyTyped(KeyEvent e) {
        keyChar = e.getKeyChar();
        repaint();
    }
}
```

Este é o código mínimo necessário para oferecer suporte de teclado para seus programas Java. Você deve anotar o número desta página para uma referência futura (ou salvar este código em um arquivo que você possa encontrar com facilidade).

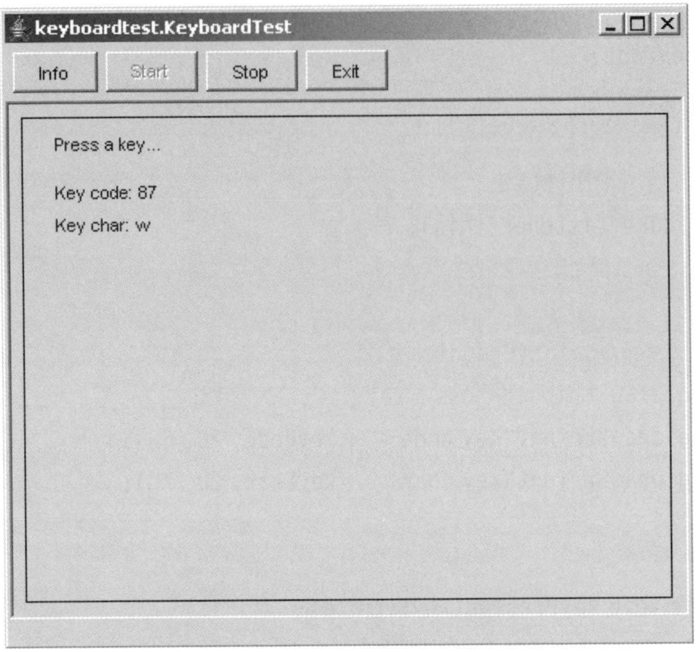

Figura 8.1 Saída do programa KeyboardTest.

Dica

O código de tecla virtual é um valor independente de plataforma para uma tecla. Quando você escreve um programa para trabalhar com determinado código de tecla virtual (como `VK_LEFT`), pode ter certeza de que a tecla será detectada em qualquer plataforma (Windows, Linux, Mac, Solaris e assim por diante).

Dica

O método `init()` é um método especial em um applet que você não encontrará em um programa Java independente (em outras palavras, em um *aplicativo*). O método `init()` é a primeira coisa a ser executada quando um applet é iniciado. Há vários outros eventos em um applet, como o `paint()`, que explicarei à medida que prosseguirmos. É suficiente dizer que o evento `paint()` atualiza a janela do applet, portanto, é nele que os programadores, normalmente, escreverão todo o código de um game.

Entrada via mouse

Lidar com a manipulação de mouse no Java é semelhante ao processo de programação do teclado, como você já deve ter imaginado. Java lida com a entrada por mouse utilizando eventos que são gerados pelo Java Runtime Environment (JRE) e passados para seu programa quando você implementa um *listener* de mouse.

Dica

O Java Runtime Environment, ou JRE, é um subconjunto do Java Development Kit (JDK), que é projetado para permitir o acesso a uma série de classes essenciais que você pode utilizar para executar programas Java. O JDK e o JRE estão incluídos no Java SE 6.

O primeiro passo que você deve dar para incorporar a utilização de eventos de mouse em seu programa é chamar duas funções que dirão ao JRE para começar o envio dos eventos de mouse para seu programa. Como lidaremos com duas interfaces para o mouse, você deve iniciar os dois manipuladores de mouse. Esta função é semelhante à que você estudou para inicializar o manipulador de teclado. Você coloca essas funções no método de evento `init` do applet para garantir que sejam chamados quando o programa for iniciado. Você deve se lembrar da seção de teclado deste capítulo, que a palavra-chave `this` representa o programa atual. Em termos mais técnicos, `this` representa o principal objeto criado com base na definição da classe `main` de seu programa.

Dica

Um objeto não é uma classe; é o resultado de uma classe. Pense em uma classe como o projeto de um produto e um objeto como o produto que foi construído.

```
public void init() {
    addMouseListener(this);
    addMouseMotionListener(this);
}
```

Lendo os movimentos do mouse

O Java oferece uma classe de interface para eventos de movimento do mouse e de pressionamento de botões, semelhante à interface de teclado. A classe `MouseListener` é uma classe abstrata que fornece ao seu programa uma interface, ou plano, com cinco métodos que você deve implementar em seu programa (independente de usar todos ou não):

- `public void mouseClicked(MouseEvent e)`
- `public void mouseEntered(MouseEvent e)`
- `public void mouseExited(MouseEvent e)`
- `public void mousePressed(MouseEvent e)`
- `public void mouseReleased(MouseEvent e)`

A interface `MouseListener` rastreia os botões do mouse, a posição do mouse na janela do applet e a localização do mouse quando o seu cursor se move *para dentro* e *para fora* da janela do applet.

Há uma outra classe de interface completamente diferente para o *movimento* do mouse. Você pode ler a posição do mouse durante um evento de botão ou de entrada/saída com um `MouseListener`; mas receber eventos de *movimentação* real do mouse na janela exige uma outra interface. Para receber eventos da movimentação do mouse através da janela do applet, você deve usar a interface `MouseMotionListener`. Há dois eventos nesta interface:

- `public void mouseDragged(MouseEvent e)`
- `public void mouseMoved(MouseEvent e)`

Detectando os botões do mouse

Alguns desses eventos indicam quando um botão do mouse é clicado, pressionado ou liberado. Os únicos métodos que não lidam com botões de mouse são `mouseEntered`, `mouseExited` e `mouseMoved`, pois lidam com a movimentação e a posição do mouse, independente do *status* do botão. Todos os eventos restantes (`mouseClicked`, `mousePressed`, `mouseReleased` e `mouseDragged`) estão relacionados com os botões.

Como você deve ter notado, esses três eventos possuem um único parâmetro chamado `MouseEvent`. Este parâmetro é, na verdade, uma classe e o JRE o completa com informações para cada evento de mouse. Você pode examinar essa classe para obter os valores de botão e posição do mouse. Para os valores de posição X e Y do mouse, você pode utilizar `MouseEvent.getX()` e `MouseEvent.getY()`. O parâmetro normalmente é definido como `(MouseEvent e)`. Assim, na prática, você utilizaria `e.getX()` e `e.getY()` para ler a posição atual do mouse.

Da mesma forma, `MouseEvent` informa que botão foi pressionado. Dentro do `MouseEvent` existe um método chamado `getButton()` que terá um dos seguintes valores, dependendo de qual botão está sendo pressionado:

- `BUTTON1`
- `BUTTON2`
- `BUTTON3`

O método `getButton()` será útil se você estiver apenas interessado em detectar um único pressionamento de botão. Se, por algum motivo, você precisar saber quando dois ou três botões estiverem sendo pressionados simultaneamente, você poderá utilizar um método diferente da classe `MouseEvent` chamado `getModifiers()`. Esta função relatará eventos múltiplos na classe, tais como:

- `BUTTON1_MASK`
- `BUTTON2_MASK`
- `BUTTON3_MASK`

Há muitos outros valores mascarados (ou seja, valores empacotados em bits dentro de uma única variável) na classe `MouseEvent` que você pode analisar usando o método `getModifiers()`. Mas, caso seu interesse seja apenas os eventos comuns de clique com o botão direito e com o botão esquerdo, você pode utilizar o `getButton()`.

Teste de entrada via mouse

Quero lhe apresentar um programa chamado MouseTest para demonstrar todos os eventos de mouse que você acabou de aprender. Para construir esse programa, você deve criar um novo projeto de applet web chamado Mouse -Test e, em seguida, excluir todos os códigos gerados automaticamente para substitui-los pela listagem de códigos a seguir. Esse programa utiliza o método `drawString` da classe `Graphics` e uma porção de variáveis para exibir o *status* de todos os eventos de mouse, individualmente. A **Figura 8.2** mostra como fica a saída do programa. Observe as partes importantes da listagem de código, destacadas em negrito.

A primeira parte do programa inclui a definição de classe de applet (com as interfaces necessárias após a palavra-chave `implements`) e as declarações de variáveis.

```
package mousetest;
import java.awt.*;
import java.awt.event.*;
import java.applet.*;

public class MouseTest extends Applet
        implements MouseListener, MouseMotionListener {

    //declare some mouse event variables
    int clickx, clicky;
    int pressx, pressy;
    int releasex, releasey;
    int enterx, entery;
    int exitx, exity;
    int dragx, dragy;
    int movex, movey;
    int mousebutton;
```

O método de evento `init()` é o primeiro método a ser executado em um applet. Logo, é nele que você inicializará as variáveis e os objetos do seu game e é nele também que você adicionará os *listeners* para qualquer dispositivo de entrada que o programa precise utilizar. Caso seu programa pareça sempre

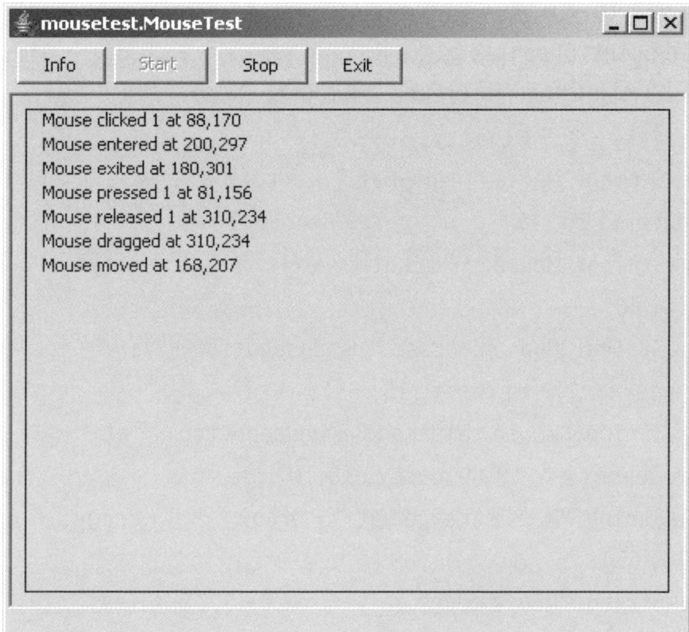

Figura 8.2 Saída do programa MouseTest.

ignorar o teclado ou o mouse, verifique o `init()` para ter certeza de que você adicionou o *listener* apropriado.

```
//initialize the applet
public void init() {
    addMouseListener(this);
    addMouseMotionListener(this);
}
```

O método de evento `paint()` é chamado sempre que o applet precisar atualizar a janela. Como o `paint()` vem com um parâmetro `(Graphics g)`, podemos utilizar este objeto para desenhar na tela. Esse programa utiliza o método `Graphics.drawString()` para exibir o texto na janela do applet.

```
//redraw the applet window
public void paint(Graphics g) {
    g.drawString("Mouse clicked " + mousebutton + " at " +
        clickx + "," + clicky, 10, 10);
    g.drawString("Mouse entered at " + enterx + "," +
        entery, 10, 25);
    g.drawString("Mouse exited at " + exitx + "," + exity,
        10, 40);
    g.drawString("Mouse pressed " + mousebutton + " at " +
        pressx + "," + pressy, 10, 55);
    g.drawString("Mouse released " + mousebutton + " at " +
        releasex + "," + releasey, 10, 70);
    g.drawString("Mouse dragged at " + dragx + "," + dragy,
        10, 85);
    g.drawString("Mouse moved at " + movex + "," + movey,
        10, 100);
}
```

A próxima parte do código inclui o método `checkButton()`, que escrevi para dar suporte ao manipulador de eventos de mouse no programa. O método `checkButton()` verifica o botão que está sendo pressionado e define, para uma variável (`mousebutton`), um valor que representa o botão pressionado.

```
//custom method called by mouse events to report button status
private void checkButton(MouseEvent e) {
    //check the mouse buttons
        switch(e.getButton()) {
    case MouseEvent.BUTTON1:
            mousebutton = 1;
        break;
    case MouseEvent.BUTTON2:
            mousebutton = 2;
        break;
```

```
        case MouseEvent.BUTTON3:
                mousebutton = 3;
            break;
        default:
                mousebutton = 0;
        }
    }
```

O evento `mouseClicked()` é parte da interface `MouseListener`. Ao implementar essa interface, você deverá incluir todos os eventos de mouse definidos nela, senão o compilador gerará erros sobre os eventos ausentes. Esse evento será chamado sempre que você clicar o botão do mouse na janela do applet – nesse caso, o botão deverá ser pressionado e também liberado. Esse evento normalmente não é necessário se você mesmo programar o `mousePressed()` e `mouseReleased()`.

```
public void mouseClicked(MouseEvent e) {
    //save the mouse position values
        clickx = e.getX();
        clicky = e.getY();

    //get an update on buttons
        checkButton(e);

    //refresh the screen (call the paint event)
        repaint();
}
```

Os dois métodos de evento de mouse seguintes, `mouseEntered()` e `mouseExited()`, são chamados sempre que o cursor do mouse entra ou sai da janela do applet. Esses eventos normalmente não são necessários em um game.

```
public void mouseEntered(MouseEvent e) {
        enterx = e.getX();
```

```
        entery = e.getY();
        repaint();
}
public void mouseExited(MouseEvent e) {
        exitx = e.getX();
        exity = e.getY();
        repaint();
}
```

Os métodos de evento `mousePressed()` e `mouseReleased()` são chamados sempre que você clica e libera o botão do mouse, respectivamente. Quando esses eventos ocorrem, você pode obter a posição do mouse bem como o botão que está sendo pressionado ou liberado.

```
public void mousePressed(MouseEvent e) {
    pressx = e.getX();
    pressy = e.getY();
    checkButton(e);
    repaint();
}
public void mouseReleased(MouseEvent e) {
    releasex = e.getX();
    releasey = e.getY();
    checkButton(e);
    repaint();
}
```

A interface `MouseMotionListener` define os dois próximos eventos – `mouseDragged()` e `mouseMoved()`. Esses eventos são úteis quando você só deseja saber quando o mouse se move sobre a janela do applet (e quando ele se move enquanto um botão é pressionado).

```
public void mouseDragged(MouseEvent e) {
    dragx = e.getX();
```

```
            dragy = e.getY();
            repaint();
        }
        public void mouseMoved(MouseEvent e) {
            movex = e.getX();
            movey = e.getY();
            repaint();
        }
}
```

O que você aprendeu

Este capítulo explicou como obter *listeners* de mouse e teclado a fim de adicionar entradas de usuário a seus programas Java.

- Você aprendeu como detectar pressionamentos de teclas
- Você aprendeu sobre códigos de tecla e valores de caracteres
- Você aprendeu como ler os botões e os movimentos do mouse

Questões de revisão

As questões a seguir o ajudarão a determinar o quanto você aprendeu dos tópicos abordados neste capítulo. As respostas são fornecidas no Apêndice A, "Respostas às questões dos capítulos".

1. Qual é o nome do método utilizado para habilitar eventos de teclado em seu programa?
2. Qual é o nome da interface de eventos de teclado?
3. Qual é o código de tecla virtual para a tecla Enter?
4. Que evento de teclado indicará o código de uma tecla pressionada?
5. Que evento de teclado indicará quando uma tecla foi liberada?
6. Que evento de teclado indicará o caractere de uma tecla pressionada?
7. Que método `KeyEvent` retorna um valor de código de tecla?
8. Qual é o nome do método utilizado para habilitar eventos de movimentação de mouse?

9. Qual é o nome da classe utilizada como parâmetro para todos os métodos de evento de mouse?
10. Que evento de mouse informa o movimento do mouse?

Agora é por sua conta

Use os exercícios a seguir para testar seus conhecimentos sobre o material abordado neste capítulo. Você está preparado para o desafio de colocar entradas de teclado e de mouse em um game de verdade? Estes exercícios desafiarão seu entendimento sobre este capítulo.

Exercício 1

Modifique o programa KeyboardTest de forma que, pressionando as teclas numéricas de 1 a 9, seja alterado o tamanho da fonte usada para exibir os valores dos códigos de tecla e dos caracteres. Para isso, utilize a classe `Graphics` no evento `paint`, a qual possui um método chamado `setFont` que pode ser implementado assim:

```
g.setFont(new Font("Ariel", Font.NORMAL, value));
```

Vou dar uma dica: o código de tecla para 1 é 49, de modo que você pode subtrair 40 do código de tecla para chegar a um bom tamanho de fonte.

Exercício 2

Modifique o programa MouseTest de forma que seja desenhado um ponto sempre que o usuário pressionar um botão do mouse. Você pode utilizar o método `fillRect` da classe `Graphics` e as variáveis de posição do mouse. (Basta desenhar um retângulo com quatro vértices, afastados um pixel.) Caso se sinta confiante com suas novas habilidades de programação em Java, tente utilizar o método `setColor` para alterar a cor dos pontos.

Capítulo 9

Música e efeitos sonoros

O Java possui um rico conjunto de recursos para gravação, mixagem e execução de amostras de sons e de sequências MIDI usando uma variedade de classes sobre as quais você aprenderá neste capítulo. Além disso, você aprenderá sobre o rico conjunto de classes Java de suporte a som, para carregar e executar arquivos de áudio em uma variedade de formatos por meio do mixer de sons do Java. Em seguida, sobre arquivos MIDI e como carregá-los e executá-los com o sequenciador MIDI do Java. Aqui está a lista de tópicos-chave deste capítulo:

- Carregamento e reprodução de arquivos digitais
- Carregamento e reprodução de arquivos MIDI
- Escrever algumas classes de áudio reutilizáveis

Reprodução de amostra de arquivos digitais

A API Java Sound fornece um pacote para trabalhar com amostras de arquivos digitais que possuem métodos para carregar uma amostra de arquivo (AIFF, AU ou WAV) e executá-la por meio do mixer de sons. O pacote é chamado de javax.sound.sampled e inclui várias classes, mas a maior parte delas será ignorada por nós. Algumas dessas classes oferecem suporte à gravação de sons e manipulação de amostras, de modo que você possa escrever um programa completo de edição de som em Java que é semelhante aos programas de edição de áudio completos. Um bom exemplo é o Audacity – um editor de sons freeware, de código aberto que está disponível para download em http://audacity.sourceforge.net (veja **Figura 9.1**).

A API Java Sound oferece suporte aos três principais formatos de arquivo usados em aplicativos para web e para desktop:

- AIFF
- AU
- WAV

As amostras de arquivos digitais podem ser de 8 ou 16 bits, com taxas de amostragem de 8 kHz a 48 kHz (que é a qualidade de CD). A API Java Sound inclui um software para mixagem de sons que suporta até 64 canais tanto para efeitos sonoros quanto para fundos musicais para um applet Java.

Figura 9.1 O Audacity é um excelente programa de edição de sons freeware, com muitos recursos avançados.

Dica

Para saber as últimas informações sobre a API Java Sound, visite em seu navegador web o endereço java.sun.com/products/java-media/sound.

Introdução ao Java Sound

O primeiro passo para escrever código de som em Java é incluir o pacote javax.sound.sampled no início de seu programa:

```
import javax.sound.sampled.*;
```

Se você usar o JBuilder, verá um menu suspenso que o ajudará, limitando os nomes das classes às de `javax`, o que pode ser muito didático. Você verá que ao digitar `import.javax.sound.`, o JBuilder mostrará as duas classes disponíveis em `javax.sound.`, que são `sampled` e `midi`. Ao adicionar .* no final da instrução import, você está dizendo ao compilador Java para importar todas as classes contidas em javax.sound.sampled, que são muitas.

Na verdade, ao trabalhar com o sistema de som, você precisará acessar várias classes, portanto, é conveniente importar todos os pacotes associados no início do programa para ficar mais fácil usar essas classes. Por exemplo, sem importar javax.sound.sampled, você precisará criar uma nova variável de amostra de sons usando o caminho completo para a classe, como:

```
javax.sound.sampled.AudioInputStream sample =
javax.sound.sampled.AudioSystem.getAudioInputStream(new File("woohoo.wav"));
```

Você consegue imaginar como ficaria se você tivesse que escrever todo o seu código dessa forma? A maior parte dele ficaria ilegível. Aqui está a aparência do código após você importar javax.sound.sampled.*:

```
AudioInputStream sample = AudioSystem.getAudioInputStream(new
File("woohoo. wav"));
```

As classes `AudioSystem` e `AudioInputStream` estão no pacote javax.sound.sampled e são usadas para carregar e executar uma amostra de áudio em seu applet Java. Mais adiante, neste capítulo, quando eu lhe mostrar como se faz um fundo musical, você pegará o jeito de usar algumas classes em um pacote javax.sound.midi.

Advertência

Você poderá enfrentar problemas com a parte de áudio de seu game, em uma parte de seu código-fonte que parece estar bem escrita, sem bugs, mas ainda assim ter erros incomuns. Uma das fontes mais comuns de problemas, ao se trabalhar com dados de áudio, é o erro de formato de arquivo não suportado. Esse tipo de exceção é chamado de `UnsupportedAudioFileException` e será discutido ainda neste capítulo.

Se a execução de seu programa for para o bloco `UnsupportedAudioFileException` em seu gerenciador de erros (error handler), é possível que o arquivo

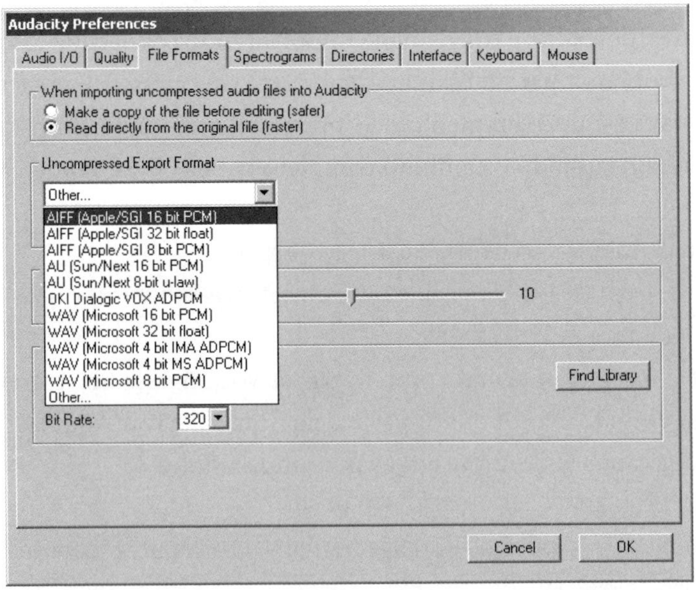

Figura 9.2 Alterando as configurações do formato da amostra digital no Audacity.

de áudio tenha sido codificado como um formato de arquivo não suportado. O outro problema, mais óbvio, é que o próprio arquivo esteja ausente.

Você pode verificar e converter arquivos de áudio com o programa Audacity que mencionei anteriormente. Basta carregar um arquivo de áudio que você suspeite estar codificado em um formato estranho e, em seguida, salvar o arquivo em um novo formato. A **Figura 9.2** mostra a guia File Formats na caixa de diálogos Preferences do Audacity. Aqui você pode alterar o formato-padrão para exportação de arquivos de áudio no menu File. Se você escolher a opção Other na lista suspensa, serão apresentados a você *muitos outros* formatos de áudio, mas vários deles são obsoletos. (Por exemplo, você pode salvar no antigo formato VOC do Creative Labs, que foi popular nos games para MS-DOS há muitos anos.) Alguns dos formatos personalizados exigem o download adicional de um plug-in, próprio para aquele formato de som.

A chave para a programação de sons é uma classe chamada `AudioInputStream`. Esta classe é usada para carregar um arquivo de som (que pode ser um arquivo AIFF, AU ou WAV), seja um arquivo local ou de um servidor web em que o applet esteja localizado, ou de um URL em qualquer lugar da internet. Uma entrada de stream é uma fonte de dados. Você pode criar uma nova instância da classe dessa forma:

```
AudioInputStream sample;
```

Essa instrução é especificada, geralmente, como uma variável global em uma classe, definida no início da classe, antes de qualquer método. Você pode definir esta variável como private, public ou protected. (O padrão, se você não especificar nada, é public.) Em termos de orientação a objetos, *public* especifica que uma variável é visível para outras classes fora da classe atual, *private* significa que a variável está oculta para o mundo exterior e *protected* é parecido com private, exceto pelo fato de as subclasses (através da herança) terem acesso às variáveis ocultas definidas como protected.

O código para carregar um som a partir de um arquivo ou URL é, em geral, chamado a partir do método `init` de um applet. O método usado para carregar um som é o `AudioSystem.getAudioInputStream`. Esse método aceita um objeto `File`, `ImputStream` ou `URL`; além disso, há duas outras formas de se criar um stream de áudio (`AudioFormat` e `Encoding`), mas nenhuma delas será útil para nós.

```
sample = AudioSystem.getAudioInputStream(new File("humbug.wav"));
```

Observe que o valor de retorno desse método é um `AudioInputStream`. Além disso, como o `getAudioInputStream` não oferece uma versão sobrecarregada que aceita apenas um `String` para o nome do arquivo, em vez disso, você deve passar um objeto `File` para ele. Isso é bastante fácil: crie um objeto `new File` e passe o nome do arquivo pelo método construtor de `File`. Se você quiser pegar um arquivo de um URL, seu código deverá se parecer com este:

```
URL url = new URL("http://www.jharbour.com/test.wav");
sample = AudioSystem.getAudioInputStream(url);
```

De qualquer forma, você terá acesso a um arquivo de som que será carregado quando necessário. Entretanto, não se pode usar apenas um `AudioInputStream` para executar um som; como o nome da classe implica, isso é apenas uma fonte de dados de amostra, sem a capacidade de reproduzir a si mesma. Para executar uma amostra, você usa uma outra classe chamada `Clip (javax.sound.sampled.Clip)`. Essa classe é o valor de retorno de um método de `AudioSystem` chamado `getClip`:

```
Clip clip = AudioSystem.getClip();
```

Carregando recursos

O código apresentado aqui carregará corretamente um arquivo de som quando seu programa Java for executado, seja localmente em seu PC ou em um navegador web. Entretanto, precisamos usar um método um pouco diferente para carregar um arquivo de fora de um Java Archive. Este assunto será abordado no Capítulo 16.

Mas quero prepará-lo para distribuir seus programas Java na web agora, de modo que seus programas *já* estejam prontos para a disponibilização. Para tanto, você deve substituir os métodos `new File()` e `new URL()` para carregar um recurso (como um arquivo de imagem ou de som) pelo seguinte código: `this.getClass().getResource()`. O método `getResource()` é encontrado na instância da classe atual, `this.getClass()`. Você o achará mais útil, se usar `this.getClass().getResource()` toda vez que precisar construir um URL. Aqui está um método que escrevi e que atente a esse objetivo:

```
private URL getURL(String filename) {
    URL url = null;
    try {
        url = this.getClass().getResource(filename);
    }
    catch (Exception e) { }
    return url;
}
```

Então, quando chegar ao Capítulo 16, os programas que você tiver escrito estarão prontos para a disponibilização na web em um Java Archive (JAR) compactado! Durante suas explorações pela linguagem Java, enquanto escrever games e outros programas, você encontrará muitos outros métodos úteis como o `getURL()`. Você pode querer armazená-los em um pacote reutilizável com um nome escolhido por você. O pacote raiz poderia se chamar `jharbour` e, então, eu adicionaria subpacotes a ele, tais como `jharbour.graphics`, `jharbour.util` e assim por diante. Como `getURL()` é o único método reutilizável, personalizado e repetidamente usado neste livro, é mais conveniente apenas incluí-lo em todas as classes.

Como não precisamos passar um parâmetro para `getClip`, você pode estar se perguntando como este objeto sabe o que deve tocar. Há, na verdade, mais uma etapa envolvida, pois, neste ponto, tudo o que você tem é um objeto de clipe de som com a *capacidade* de carregar e executar um arquivo de áudio ou stream. Este método realmente retorna um objeto de clipe de som do sistema mixer padrão.

Carregando o clip de som

Neste ponto, você tem um `AudioInputStream` e um `Clip`, portanto, você só precisa abrir o arquivo de áudio e executá-lo. Essas etapas são ambas conduzidas pela classe `Clip`. Primeiro, vamos abrir o arquivo de som:

```
clip.open(sample);
```

Reproduzindo o clipe de som

Em seguida, há duas formas de reproduzir um clipe, usando a classe `Clip`. Você pode usar o método `start()` ou o método `loop()` para executar uma amostra. O método `start()` simplesmente executa o clipe de som.

```
narrator.start();
```

Por outro lado, o método `loop` fornece uma opção que permite especificar quantas vezes o clipe será repetido, com um número definido de repetições ou continuamente. Aqui está a forma de executar um clipe *uma vez* usando o método `loop`:

```
explosion.loop(0);
```

Lembre-se de que o parâmetro especifica o número de vezes que ele se repetirá, e sabe-se que o clipe será executado pelo menos uma vez usando o método `loop`. É assim que se executa um clipe continuamente:

```
thrusters.loop(Clip.LOOP_CONTINUOUSLY);
```

Você deve usar esta opção se tiver uma música que você gostaria que tocasse repetidamente como trilha sonora do game. Tenha em mente, no entanto, que os arquivos de amostras (AIFF, AU e WAV) são grandes. Portanto, você não vai querer que o usuário espere 20 minutos ou mais (especialmente em linha discada) enquanto seu applet faz o download de um arquivo de som.

Isso acontece quando você chama o método `open()`. Assim, se você tentar abrir um arquivo de som gigante, ele forçará o usuário a sentar e esperar por um tempo indeterminado até que seja feito download do clipe. É por isso que recomendo usar uma sequência MIDI em vez de uma trilha sonora mais complexa como fundo musical de seu game.

Dica

MIDI é o acrônimo para *Musical Instrument Digital Interface* (Interface Digital para Instrumentos Musicais). MIDI é um formato de música sintetizada, não um formato de amostra, o que significa que a música MIDI não foi gravada usando um conversor analógico-digital (que está embutido na placa de som de seu computador). Instrumentos musicais profissionais usam o formato MIDI para gravar *notas* em vez de *amostras*.

Você pode preferir usar o método `start()` da classe `Clip` para executar um clipe de som, mas recomendo usar `loop(0)` em seu lugar. Esse tipo de chamada dará o mesmo resultado e será fácil modificar o método de chamada se você quiser repetir esse clipe uma ou várias vezes. Por exemplo, você pode usar essa técnica para economizar na transferência de arquivos da internet. Em vez de fazer o download de um efeito sonoro de explosão de dois segundos, prefira um clipe de meio segundo e repita-o quatro vezes. Tenha sempre a mente aberta para diferentes formas de cumprir uma tarefa e procure maneiras de otimizar o seu game.

Dica

Como você verá no Capítulo 16, o Java Runtime Environment (JRE) fornece uma tela de download de applet atraente, com uma barra de progresso, quando você usa um Java Archive (JAR) para armazenar o applet e todos seus arquivos de mídia.

Parando o clipe de som

A maioria das vezes você simplesmente se esquecerá do clipe de som após ele começar a tocar. Depois disso tudo, com que frequência você precisa parar de executar um efeito sonoro quando há um mixer tomando conta de todos os detalhes para você? Raramente, se muito. Entretanto, se precisar parar um clipe durante a execução, você pode usar o método `stop()`. Acredito que a única vez que você precisará usar este método será quando estiver executando uma amostra em loop.

```
kaboom.stop();
```

Manipulação de erros

Um aspecto interessante no uso de classes de som é que elas *exigem* que os erros sejam detectados. O compilador se recusará a construir um programa que usa algumas das classes de som sem o bloco de manipulação de erros `try...catch` apropriado. Como este é um conceito novo, eu o explicarei rapidamente.

Os erros em Java são gerenciados com um recurso de manipulação de erros chamado bloco `try...catch`. Esse recurso foi simplesmente emprestado da linguagem C++, na qual o Java foi baseado. Aqui está a sintaxe básica de um bloco `try...catch`.

```
try {
    //do something bad
} catch (Exception e) {
}
```

Ao adicionar um gerenciador de erros ao seu programa, você está literalmente "empacotando" seu código com um gerenciador de erros ao colocar um bloco `try...catch` em volta de um trecho de código que precisa ter os erros rastreados. As classes de som Java exigem blocos `try...catch` com tipos específicos de verificação de erros. A classe genérica `Exception` é usada para pegar (catch) a maioria dos erros que não são detectados por um tipo mais específico de gerenciador de erro. Você pode ter muitos blocos catch em seu gerenciador de erros, desde os de natureza mais específica aos mais genéricos.

Dica

Em alguns casos, um manipulador de erros `try...catch` é *necessário* para lidar com erros de exceção que são lançados (intencionalmente) por um método em particular. Nesses casos, o seu programa deve implementar o manipulador de erros apropriado (tal como `IOException`).

Outra versão disponível do manipulador de erros é chamada `try...catch ...finally`. Esse tipo de bloco manipulador de erros permite colocar código na seção `finally` a fim de executar quaisquer limpezas ou fechamentos de arquivos. O código em um bloco `finally` será executado *independente* da ocorrência de um erro. Ele é executado caso *haja* e também caso *não haja* erros.

Por exemplo, se você estiver carregando um arquivo, primeiro verificará se há um `IOException` antes de fornecer um manipulador genérico `Exception`. As classes `AudioSystem`, `AudioInputStream` e `Clip` solicitam os seguintes manipuladores de erros:

- `IOException`
- `LineUnavailableException`
- `UnsupportedAudioFileException`

Deixe-me mostrar como implementar um gerenciador de erros para o código de áudio que você irá escrever para o programa PlaySound. O código a seguir será encontrado no evento `Applet.init()`:

```
public void init() {
    try {
        //source code lines clipped
    } catch (MalformedURLException e) {
    } catch (IOException e) {
    } catch (LineUnavailableException e) {
    } catch (UnsupportedAudioFileException e) {
    }
}
```

Serei a primeira pessoa a admitir que esse código é muito feio. A manipulação de erros é notadamente feia, pois adiciona eventos e métodos de gerenciamento com aparência pouco amistosa em torno do belo código-fonte escrito por você. Entretanto, a manipulação de erros é necessária e evita que seu programa "bata e pegue fogo". Gosto de imaginar o bloco `try...catch` como um limitador de giros que evita que o motor de um carro se funda se um piloto pisa muito fundo em seu acelerador.

Empacotando clipes de som

Como os gerenciadores de erros são um mal necessário, isso reforça o argumento de que você pode querer colocar algum código muito usado em métodos reutilizáveis criados por você. Alguns métodos para carregar e executar um arquivo de música seriam úteis (e aquele código de manipulação de erros poderia ser colocado em um recipiente fora de vista). Seria lógico encapsular os objetos `AudioInputStream` e `Clip` em uma nova classe projetada por você, com seus próprios métodos para carregar e executar URL ou arquivo de som. Mais à frente, neste capítulo, você encontrará o código-fonte para uma classe chamada `SoundClip` que faz exatamente isso.

Reprodução de sons

As classes de sons em Java não são uma solução "pronta" de programação, pois você deve percorrer várias etapas para carregar e executar um arquivo de som. Acredito que seria conveniente escrever uma classe que tenha uma coleção de clipes de som que podem ser carregados e executados a qualquer momento a partir de uma única classe, mas receio "envolver" qualquer código Java em uma outra classe quando se tem uma linguagem fortemente orientada a objetos em primeiro plano. Vamos escrever um exemplo de programa para ver como colocar todo esse código para funcionar. O programa resultante, chamado PlaySound, é mostrado na **Figura 9.3**. O código relevante para este capítulo está destacado em negrito.

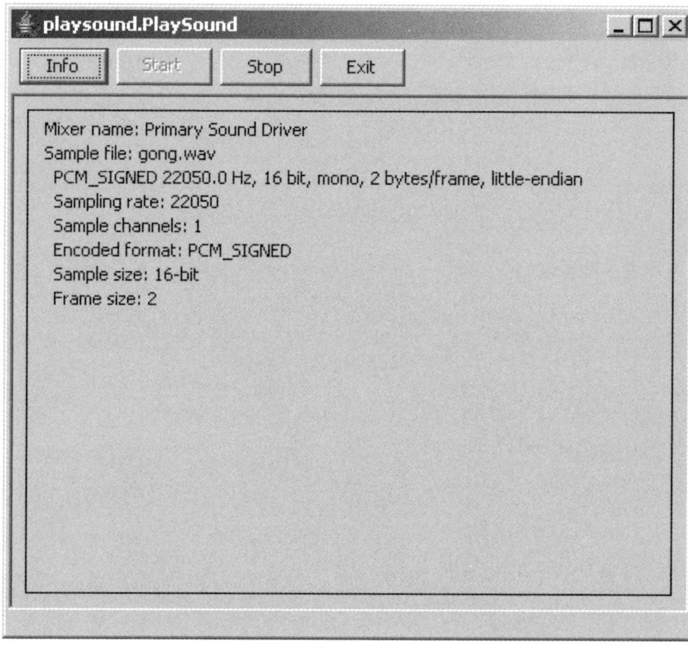

Figura 9.3 O programa PlaySound mostra como carregar e executar um clipe de som.

```
import java.awt.*;
import java.applet.*;
import java.io.*;
import java.net.*;
import javax.sound.sampled.*;

public class PlaySound extends Applet {
    String filename = "gong.wav";
    AudioInputStream sample;

    private URL getURL(String filename) {
        URL url = null;
        try {
            url = this.getClass().getResource(filename);
        }
```

```
        catch (Exception e) { }
        return url;
    }
    //initialize the applet
    public void init() {
        try {
            sample = AudioSystem.getAudioInputStream(getURL(filename));
            //create a sound buffer
            Clip clip = AudioSystem.getClip();
            //load the audio file
            clip.open(sample);
            //play the sound clip
            clip.start();
    } catch (MalformedURLException e) {
        } catch (IOException e) {
        } catch (LineUnavailableException e) {
        } catch (UnsupportedAudioFileException e) {
        } catch (Exception e) { }
    }

    //the paint event handles the screen refresh
    public void paint(Graphics g) {
        int y = 1;
        g.drawString("Sample file: " + filename, 10, 15*y++);
        g.drawString(" " + sample.getFormat().toString(), 10, 15*y++);
        g.drawString(" Sampling rate: " +
            (int)sample.getFormat().getSampleRate(), 10, 15*y++);
        g.drawString(" Sample channels: " +
            sample.getFormat().getChannels(), 10, 15*y++);
        g.drawString(" Encoded format: " +
            sample.getFormat().getEncoding().toString(), 10, 15*y++);
        g.drawString(" Sample size: " +
            sample.getFormat().getSampleSizeInBits() + "-bit", 10, 15*y++);
```

```
        g.drawString(" Frame size: " +
            sample.getFormat().getFrameSize(), 10, 15*y++);
    }
}
```

Reprodução de arquivos de sequência MIDI

Embora o uso de MIDI não seja mais tão popular, quanto costumava ser como trilhas sonoras de fundo musical em games, você tem a oportunidade de liberar muita banda usando arquivos MIDI em fundos musicais de games para web distribuídos como applets Java. Na web, a banda é crucial, uma vez que um game que leva muito tempo para ser carregado pode fazer que um jogador potencial abandone-o e vá a qualquer outro lugar. Por esta razão, gostaria de recomendar o uso de MIDI para as músicas em games quando estes forem disponibilizados na web. O Java oferece suporte a três tipos de formato MIDI:

- MIDI Tipo 1
- MIDI Tipo 2
- Rich Music Format (RMF)

Carregamento de um arquivo MIDI

Carregar um arquivo MIDI em Java é um pouco mais complicado do que carregar um arquivo de amostra digital, porque um arquivo MIDI é executado através de um sequenciador em vez de ser executado diretamente pelo mixer de áudio. A classe `Sequence` é usada para carregar um arquivo MIDI:

```
Sequence song = MidiSystem.getSequence(new File("music.mid"));
```

Embora esse código prepare o arquivo MIDI para ser executado através do sequenciador, na realidade, nós ainda não criamos uma instância do sequenciador, portanto, vamos fazê-lo agora:

```
Sequencer seq = MidiSystem.getSequencer();
```

Observe que a classe `Sequencer` pode ser acessada diretamente pelo `MidiSystem`, mas ele exige menos digitação de código para criar uma variável local que lide com a configuração do sequenciador MIDI. A seguir, vamos dizer à classe `Sequencer` que temos um arquivo MIDI disponível (via classe `Sequence`):

```
seq.setSequence(song);
```

Esta linha de código estabelece uma ligação entre o sequenciador e este arquivo de sequência MIDI, em particular. Agora, tudo o que falta fazer é realmente abrir o arquivo e executá-lo:

```
seq.open();
seq.start();
```

Neste ponto, a sequência MIDI deve iniciar a execução quando a janela do applet surgir.

Reprodução de música

A listagem de programa a seguir demonstra como carregar e executar um arquivo MIDI na janela de um applet Java. O programa PlayMusic é mostrado na **Figura 9.4**. Como pode ser visto, há alguns detalhes menores sobre o arquivo MIDI que são mostrados na janela do applet, que são, basicamente, um modo mais fácil de determinar se o arquivo MIDI foi carregado corretamente. Os trechos mais importantes do código estão destacados em negrito.

```
import java.awt.*;
import java.applet.*;
import java.io.*;
import java.net.*;
import javax.sound.midi.*;

public class PlayMusic extends Applet {
    String filename = "titlemusic.mid";
    Sequence song;
```

```
private URL getURL(String filename) {
    URL url = null;
    try {
        url = this.getClass().getResource(filename);
    }
    catch (Exception e) { }
    return url;
}

//initialize the applet
public void init() {
    try {
        song = MidiSystem.getSequence(getURL(filename));
        Sequencer sequencer = MidiSystem.getSequencer();
        sequencer.setSequence(song);
        sequencer.open();
        sequencer.start();

    } catch (InvalidMidiDataException e) {
    } catch (MidiUnavailableException e) {
    } catch (IOException e) { }
}

//repaint the applet window
public void paint(Graphics g) {
    int x=10, y = 1;
    if (song != null) {
        g.drawString("Midi File: " + filename, x, 15 * y++);
        g.drawString("Resolution: " + song.getResolution(), x,
                15 * y++);
        g.drawString("Tick length: " + song.getTickLength(), x,
                15 * y++);
```

```
            g.drawString("Tracks: " + song.getTracks().length, x,
                         15 * y++);
            g.drawString("Patches: " + song.getPatchList().length, x,
                         15 * y++);
        } else {
            g.drawString("Error loading sequence file " + filename, 10, 15);
        }
    }
}
```

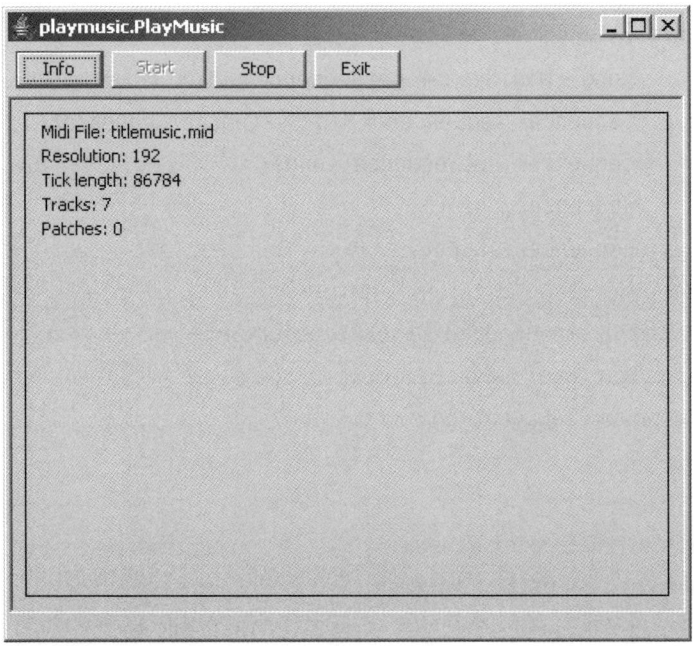

Figura 9.4 **O programa PlayMusic demonstra como carregar e executar uma sequência MIDI.**

Classes reutilizáveis

Agora que você entende como carregar e executar clipes de som e arquivos de sequência, vamos colocar todo esse código útil (mas espalhado) em duas classes reutilizáveis que podem ser facilmente incluídas e usadas em um projeto. Em vez de lidar com todas as classes e pacotes de som do Java, você será capaz de, simplesmente, criar um novo objeto das classes `SoundClip` e `MidiSequence` e, em seguida, carregar e executar a amostra ou a sequência com algumas linhas de código.

Eu deveria negar a utilidade dessas classes, assim você saberia o que esperar. A API Java Sound tem um mixer de som que funciona muito bem, mas não podemos aproveitar o mixer diretamente usando a classe `Clip` que mostrei neste capítulo. Os arquivos de som que você carrega usando a classe `Clip` *suportam mixagem*, mas um único clipe será interrompido se for executado repetidamente. Assim, no caso do Galactic War, quando sua nave dispara uma arma, o som da arma é reiniciado toda vez que é executado. Entretanto, se você tiver outro clipe para explosões (ou qualquer outro som), então ele *será mixado* com qualquer outro clipe de som que estiver sendo executado.

Em outras palavras, um único objeto de `Clip` não pode ser mixado *consigo*, apenas *com outros sons*. Este processo funciona bem se você usa efeitos sonoros curtos, mas pode parecer estranho se seus clipes de som durarem um segundo ou mais. (Eles parecem bons até no máximo meio segundo, que é um valor típico para os efeitos sonoros dos games arcades.) Se você quiser mixar repetidamente um único clipe, há duas opções possíveis (e uma outra opção desaconselhável):

- Carregue o arquivo de som em vários objetos `Clip` (como em um array) e, em seguida, execute-os em ordem. Sempre que você precisar executar este som específico, apenas faça uma iteração no array e localize o clipe que acabou de ser executado, depois comece a executá-lo novamente.
- Carregue o arquivo de som em um único objeto `Clip`, depois copie os bytes da amostra em vários objetos `Clip` em um array e, em seguida, siga a técnica geral descrita na primeira opção de execução. Isso economiza tempo de carregar o clipe várias vezes.
- Escreva uma classe de execução de som em thread que cria um novo thread para cada som que é executado. O thread será finalizado quando o som tiver sido completamente executado. Isso requer

alguma complexidade de código e há muito tempo de processamento envolvido na criação e destruição de um thread para cada som que for executado. Uma forma de fugir desse tempo de processamento é criar um *conjunto de threads* no início do programa e, então, reutilizar os threads desse conjunto. Novamente, isso é um código bastante avançado, mas é assim que um profissional de games em Java lida com execução de sons. Se você escrevesse um bom game em Java adequado para publicação (tal como o Galactic War que você começará neste capítulo e desenvolverá ao longo do livro), eu recomendaria uma das duas primeiras opções como boas escolhas para um game simples. Você não quer lidar com tempo de processamento (ou com pesados requisitos de codificação) de uma solução com threads nem com um array de cinco ou mais duplicatas de um clipe de som que pode ser executado com bom efeito – com mixagem.

A classe SoundClip

A classe `SoundClip` encapsula as classes `AudioSystem`, `AudioInputStream` e `Clip`, o que torna muito mais fácil carregar e executar um arquivo de áudio em seus applets. Em www.cengage.com.br há um projeto chamado SoundClass que demonstra que esta classe simplesmente inclui todo o código que abordado nestas últimas páginas, combinado em uma única entidade. Observe os trechos de código discutidos nesta seção, que estão realçados em negrito.

Dica

Um projeto completo que demonstra esta classe está disponível em www.cengage.com.br na pasta \sources\chapter09\SoundClass.

```
import javax.sound.sampled.*;
import java.io.*;
import java.net.*;
```

```
public class SoundClip {
    //the source for audio data
    private AudioInputStream sample;

    //sound clip property is read-only here
    private Clip clip;
    public Clip getClip() { return clip; }

    //looping property for continuous playback
    private boolean looping = false;
    public void setLooping(boolean _looping) { looping = _looping; }
    public boolean getLooping() { return looping; }

    //repeat property used to play sound multiple times
    private int repeat = 0;
    public void setRepeat(int _repeat) { repeat = _repeat; }
    public int getRepeat() { return repeat; }

    //filename property
    private String filename = "";
    public void setFilename(String _filename) { filename = _filename; }
    public String getFilename() { return filename; }

    //property to verify when sample is ready
    public boolean isLoaded() {
        return (boolean)(sample != null);
    }

    //constructor
    public SoundClip() {
        try {
            //create a sound buffer
            clip = AudioSystem.getClip();
```

```
        } catch (LineUnavailableException e) { }
    }

    //this overloaded constructor takes a sound file as a parameter
    public SoundClip(String audiofile) {
        this(); //call default constructor first
        load(audiofile); //now load the audio file
    }

    private URL getURL(String filename) {
        URL url = null;
        try {
            url = this.getClass().getResource(filename);
        }
        catch (Exception e) { }
        return url;
    }

    //load sound file
    public boolean load(String audiofile) {
        try {

            //prepare the input stream for an audio file
            setFilename(audiofile);
            //set the audio stream source
            sample = AudioSystem.getAudioInputStream(getURL(filename));
            //load the audio file
            clip.open(sample);
            return true;

        } catch (IOException e) {
            return false;
        } catch (UnsupportedAudioFileException e) {
            return false;
```

```
        } catch (LineUnavailableException e) {
            return false;
        }
    }

    public void play() {
        //exit if the sample hasn't been loaded
        if (!isLoaded()) return;

        //reset the sound clip
        clip.setFramePosition(0);

        //play sample with optional looping
        if (looping)
            clip.loop(Clip.LOOP_CONTINUOUSLY);
        else
            clip.loop(repeat);
    }

    public void stop() {
        clip.stop();
    }
}
```

A classe MidiSequence

A classe `MidiSequence` é outra classe personalizada que facilita o trabalho com o código de sons em Java. Essa classe encapsula as classes `MidiSystem`, `Sequencer` e `Sequence`, tornando muito mais fácil carregar e executar um arquivo MIDI com apenas duas linhas de código em vez de muitas. Observe os trechos de código que foram destacados em negrito.

Dica

Um projeto completo que demonstra esta classe está disponível em www.cengage.com.br, na pasta \sources\chapter09\MidiSequence.

```
import java.io.*;
import java.net.*;
import javax.sound.midi.*;

public class MidiSequence {
    //primary midi sequencer object
    private Sequencer sequencer;

    //provide Sequence as a read-only property
    private Sequence song;
    public Sequence getSong() { return song; }

    //filename property is read-only
    private String filename;
    public String getFilename() { return filename; }

    //looping property for looping continuously
    private boolean looping = false;
    public boolean getLooping() { return looping; }
    public void setLooping(boolean _looping) { looping = _looping; }

    //repeat property for looping a fixed number of times
    private int repeat = 0;
    public void setRepeat(int _repeat) { repeat = _repeat; }
    public int getRepeat() { return repeat; }

    //returns whether the sequence is ready for action
    public boolean isLoaded() {
        return (boolean)(sequencer.isOpen());
    }
```

```
//primary constructor
public MidiSequence() {
    try {
        //fire up the sequencer
        sequencer = MidiSystem.getSequencer();
    } catch (MidiUnavailableException e) { }
}
//overloaded constructor accepts midi filename
public MidiSequence(String midifile) {
    this(); //call default constructor first
    load(midifile); //load the midi file
}

private URL getURL(String filename) {
    URL url = null;
    try {
        url = this.getClass().getResource(filename);
    }
    catch (Exception e) { }
    return url;
}

//load a midi file into a sequence
public boolean load(String midifile) {
    try {
        //load the midi file into the sequencer
        filename = midifile;
        song = MidiSystem.getSequence(getURL(filename));
        sequencer.setSequence(song);
        sequencer.open();
        return true;
    } catch (InvalidMidiDataException e) {
        return false;
```

```
        } catch (MidiUnavailableException e) {
            return false;
        } catch (IOException e) {
            return false;
        }
    }

    //play the midi sequence
    public void play() {
        if (!sequencer.isOpen()) return;
        if (looping) {
            sequencer.setLoopCount(Sequencer.LOOP_CONTINUOUSLY);
            sequencer.start();
        } else {
            sequencer.setLoopCount(repeat);
            sequencer.start();
        }
    }

    //stop the midi sequence
    public void stop() {
        sequencer.stop();
    }
}
```

O que você aprendeu

Este capítulo explicou como incorporar clipes de som e sequências MIDI em seus applets Java. Áudio em games é um assunto muito importante porque um game não é nada divertido sem som. Você aprendeu:

- Como carregar e executar um arquivo de som digital
- Como carregar e executar um arquivo de sequência MIDI
- Como encapsular um código reutilizável em uma classe

Questões de revisão

As questões a seguir o ajudarão a determinar o quanto você aprendeu dos tópicos abordados neste capítulo. As respostas são fornecidas no Apêndice A, “Respostas às questões dos capítulos”.

1. Qual o nome da classe do sistema digital de sons do Java?
2. Qual o nome da classe do sistema de músicas MIDI do Java?
3. Que classe Java manipula o carregamento de um arquivo de amostra?
4. Que classe Java manipula o carregamento de um arquivo MIDI?
5. Que tipo de erro de exceção o Java irá gerar quando não puder carregar um arquivo de som?
6. Que método do sistema MIDI retorna um objeto sequenciador?
7. Qual a principal hierarquia de classe Java para a classe do sistema de áudio?
8. Qual a principal hierarquia de classe Java para a classe do sistema MIDI?
9. Quais os três formatos de arquivo de sons digitais suportados pelo Java?
10. Que tipo raro de exceção irá ocorrer quando nenhum sequenciador MIDI estiver disponível?

Agora é por sua conta

Use os exercícios a seguir para testar seus conhecimentos sobre o material abordado neste capítulo. Você já está pronto para colocar som e música para teste em um game de verdade? Estes exercícios desafiarão seu entendimento sobre este capítulo.

Exercício 1

Escreva seu programa gerador de efeitos sonoros para testar uma grande lista de arquivos de som. Você pode conseguir arquivos de som de vários tipos fazendo buscas na web. Faça o programa executar um som específico ao pressionar teclas no teclado.

Exercício 2

Escreva um programa semelhante para executar vários arquivos de sequências de música MIDI pressionando várias teclas no teclado. Para um desafio ainda maior, tente combinar este programa com o que foi feito no Exercício 1, de modo que você possa treinar a execução de música e de efeitos sonoros ao mesmo tempo!

Capítulo 10

Temporização e loop (ciclo) do game

Aprendemos como usar a classe `Graphics2D` para programar a parte gráfica usando formas vetoriais e imagens em bitmap, e você chegou a ver um game quase completo escrito do zero. Você aprendeu como carregar e reproduzir arquivos de som e arquivos de música MIDI e como programar o teclado e o mouse. No fim das contas, você já tem as ferramentas para criar muitos games diferentes. Entretanto, há alguns macetes – segredos da arte – que o ajudarão a fazer seus games se destacarem da multidão e impressionarem. Este capítulo trata do loop de game e de sua vital importância para um game de execução fluente. Você aprenderá sobre threads e temporização e levará o game do estilo *Asteroids* criado no Capítulo 5 a um território completamente novo, pois será amplamente modificado nas próximas páginas.

Os tópicos específicos que você aprenderá são:

- Substituição de métodos-padrão de applet
- Uso de métodos de temporização
- Início e interrupção de um thread
- Uso de um thread para o loop do game
- Criação do game Galactic War

A potência de um loop de game

A chave para a criação de um loop de game para atender a necessidade de um game de alta velocidade é a capacidade de multithread do Java. Os threads são uma parte tão essencial do Java que deixa um thread especial disponível para o seu programa somente para esse fim. Esse thread especial é chamado de `Runnable`, uma classe de interface. No entanto, é totalmente possível escrever um game em Java sem threads, usando apenas um simples loop de game. Pretendo mostrar como fazer isso primeiro, depois vou dar uma olhada nos threads como uma forma ainda melhor de loop de game.

Dica

Uma *classe de interface* é uma classe abstrata com propriedades e métodos que são definidos, mas não implementados. Diz-se que um programa que usa uma classe de interface a *consome* e deve implementar todos os métodos públicos da interface. Exemplos comuns incluem `KeyListener` e `Runnable`.

Um loop simples

A interface `Runnable` dá ao seu programa a sua própria consciência. Percebo que este conceito soa muito como inteligência artificial, mas o termo *consciência* é uma boa descrição da interface `Runnable`. Antes de `Runnable`, os programas Java eram meio simplórios, capazes de processar apenas durante as atualizações de tela. Vamos dar uma olhada em um exemplo. A **Figura 10.1** mostra o programa SimpleLoop. Como você pode ver, esse programa não faz nada em tempo real, ele aguarda até que você pressione uma tecla ou clique o mouse antes de desenhar um retângulo.

```
/*********************************************************
* SimpleLoop program
*********************************************************/
import java.awt.*;
import java.awt.event.*;
```

```
import java.applet.*;
import java.util.*;

public class SimpleLoop extends Applet implements KeyListener, MouseListener {

    Random rand = new Random();

    public void init() {
        addKeyListener(this);
        addMouseListener(this);
    }

    public void paint(Graphics g) {
        Graphics2D g2d = (Graphics2D) g;

        //create a random rectangle
        int w = rand.nextInt(100);
        int h = rand.nextInt(100);
        int x = rand.nextInt(getSize().width - w);
        int y = rand.nextInt(getSize().height - h);
        Rectangle rect = new Rectangle(x,y,w,h);

        //generate a random color
        int red = rand.nextInt(256);
        int green = rand.nextInt(256);
        int blue = rand.nextInt(256);
        g2d.setColor(new Color(red,green,blue));

        //draw the rectangle
        g2d.fill(rect);
    }
```

```
    //handle keyboard events
    public void keyReleased(KeyEvent k) { }
    public void keyTyped(KeyEvent k) { }
    public void keyPressed(KeyEvent k) {
        repaint();
    }

    //handle mouse events
    public void mouseEntered(MouseEvent m) { }
    public void mouseExited(MouseEvent m) { }
    public void mouseReleased(MouseEvent m) { }
    public void mouseClicked(MouseEvent m) { }
    public void mousePressed(MouseEvent m) {
        repaint();
    }
}
```

Figura 10.1 O programa SimpleLoop.

Dica

A classe `Random` está localizada na classe `java.awt.util` com muitas outras classes utilitárias que oferecem as ferramentas que normalmente são necessárias ao seu programa. Para usar `Random` em seu programa, você deve incluir esta classe com a seguinte declaração `import`:

```
import java.awt.util.*;
```

Este programa não tem qualquer tipo de loop, então não consegue processar nada em tempo real – nada de naves espaciais, asteroides, encanadores italianos pulando, comedores de pontos amarelos ou mulheres caçadoras de tesouros portando duas Berettas[1]. A única coisa que esse programa pode fazer é desenhar um retângulo simples.

Há algumas formas de tornar o programa um pouco mais interativo. O único problema com as interfaces listener de mouse e teclado é que você tem de implementar *todas* ou *nenhuma* delas. Isso me lembra de uma famosa frase do Yoda: "É fazer ou não fazer. Não existe 'tentar'". Uma classe de interface é uma proposta tudo ou nada que tende a poluir seu código-fonte, sem contar o trabalho de toda vez ter que digitar todos aqueles métodos de evento de interface! Mas não há de fato como contornar os métodos de eventos não usados.

Nota

Tenho pensando sobre uma forma de usar todas essas classes de interface (como `Runnable` e os *listeners* de entrada), colocando-as em uma classe fora do programa principal. Essa classe de apoio daria ao meu programa principal *eventos* reais quando acontecerem coisas, como pressionamentos de tecla, movimentos de mouse e outros eventos. Será que esse vai ser o nascimento de uma ideia que se tornará um motor de game? Vamos esperar e ver o que nos reserva a Parte III.

[1] Referência à famosa personagem de jogos de ação, Lara Croft. (N.R.T.)

Sobreescrevendo alguns comportamentos-padrão de applet

Há um sério problema com esse programa, porque ele deveria apenas *adicionar* um novo retângulo a cada vez que um usuário pressionasse uma tecla ou botão do mouse, não *redesenhar* toda a janela do applet – com um único retângulo sendo deixado. Há definitivamente algo estranho acontecendo, porque esse programa *deveria ter* funcionado conforme o esperado.

Bem, parece que o Java está bagunçando a tela sem permissão – ou seja, por *padrão*. A classe `Applet`, que é a base do programa SimpleLoop (lembre-se de que ela é uma *extensão de* `Applet`), oferece muitos métodos de eventos-padrão que fazem algumas coisas para você. Você nem precisa implementar `paint()` se não quiser e a classe base `Applet` irá fornecê-lo para o seu programa. Concedido, nada será desenhado na janela como resultado, mas o compilador não retornará um erro. Isso difere de uma classe de interface (como `KeyListener`) que *impõe* que você deve implementar todos os seus métodos abstratos. Então é bem óbvio, por essa diferença em funcionalidade, que `Applet` não é uma classe de interface, mas uma classe totalmente funcional.

O que acontece quando você implementa um método da classe `Applet`, como `init()` ou `paint()`? Esses métodos estão basicamente vazios dentro da classe `Applet`. Eles existem, não são abstratos, mas *não fazem nada*. A classe `Applet` define esses métodos de tal forma que você pode *substitui-los* em seu applet. Por exemplo, no programa SimpleLoop, que é realmente o nome da classe e ela herda de `Applet`. Por isso, esse programa tem a oportunidade de substituir qualquer um dos métodos em `Applet` que queira, incluindo `init()` e `paint()`.

No entanto, há outro método que ainda não usamos chamado `update()`. Não, eu não estava escondendo isso de você – na verdade você já usou esse método antes no projeto de game anterior do Capítulo 3. O método `update()` na verdade *faz* alguma coisa, conforme codificado na classe `Applet` – ele chama `repaint()` para atualizar a janela do applet. (Light-bulb moment.)

Uma vez que o método-padrão `update()` tem atualizado a tela para nossos programas, não temos absolutamente nenhum controle sobre esse processo. Isso explica por que apenas um retângulo estava sendo desenhado por vez no programa SimpleLoop – o `update()` estava atualizando a tela por sua conta. Em certo sentido, o programa Java é um *escravo* da classe-mestre `Applet` até que você substitua a funcionalidade, reescrevendo os métodos dela. É hora de quebrar as barreiras da escravidão orientada a objetos. Vamos adicionar o método `update()` ao programa:

```
public void update(Graphics g) {
    paint(g);
}
```

Como você pode ver, o método `update()` contém uma única linha de código, uma chamada para o método `paint()`. Isso lhe dá completo controle sobre a atualização de tela, pois o `update()` padrão não apenas voltava a pintar a tela, como também a *limpava*. Agora você pode executar o programa SimpleLoop e ver uma série de retângulos como era originalmente esperado, conforme mostrado na **Figura 10.2**.

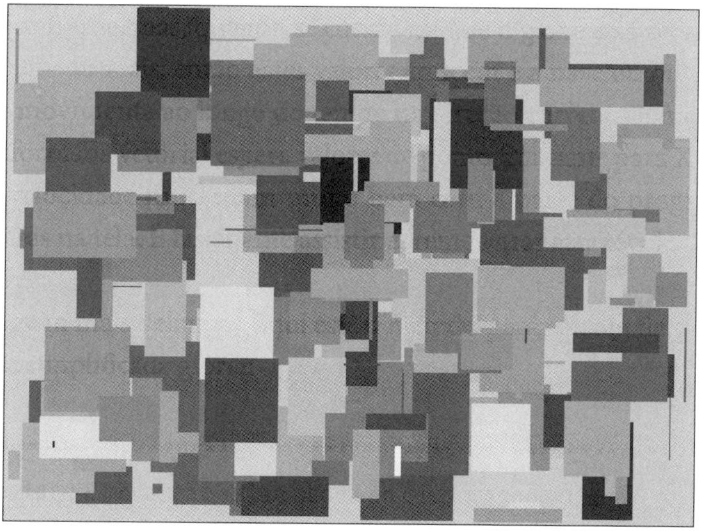

Figura 10.2 O programa SimpleLoop agora desenha muitos retângulos.

Acho que esse exemplo deixa bem claro que qualquer game sério precisará substituir os métodos `update()` e `paint()`. Mas isso realmente não chega ao ponto em questão – e o loop? Eu estava chamando esse programa de SimpleLoop quando nenhum loop estava sendo usado. Vamos chegar nisso agora.

Sentindo-se em loop

Há bem poucos métodos `Applet` disponíveis que ainda não implementamos, além dos métodos-padrão vistos até agora. Vou discorrer sobre os principais métodos `Applet` no final desta seção para você ter conhecimento deles. No momento, gostaria de apresentar a você o próximo método `Applet: start()`. O método `start()` é chamado no seu applet Java pelo navegador exatamente depois de chamar `init()`. Então, você pode usar `init()` para deixar o game pronto para ser usado e depois usar `start()` para fazer as coisas se moverem.

Agora você finalmente tem a oportunidade de adicionar um loop verdadeiro a esse programa. Mas só por diversão, o que você acha que aconteceria se você adicionasse um loop `while()` ao método `init()`? Eu tentei, então tente você também. Fazer isso bloqueará o applet, que nem mesmo será exibido. Por quê? Porque `init()` é chamado antes mesmo que o applet seja trazido pelo navegador ou visualizador de applets, então colocar um loop aqui impede o applet de desenhar. No entanto, esse não é o caso do método `start()`, que é chamado após o applet ter inicializado e estar pronto para uso. O motor já partiu e, neste ponto, está apenas esperando você pisar no acelerador.

Você pode criar este loop de game também. A chamada para pintar novamente a janela é a última etapa em um game. Primeiro você move os objetos do game na tela, faz os testes de colisão e assim por diante. Você pode realizar todas essas etapas no evento `start()`, depois chamar `repaint()` bem no final. Aqui está uma sugestão. *Não* se trata de um código real que você deve adicionar ao programa SimpleLoop – é apenas um exemplo.

```
public void start() {
    //the game loop
    while (true) {
```

```
        //move the game objects
        updateObjects();

        //perform collision testing
        testCollisions();

        //redraw the window
        repaint();
    }
}
```

Recuperação de métodos de applet há muito perdidos

Aprender sobre os eventos `start()` e `update()` foi intrigante. Vamos dar uma olhada em alguns métodos úteis da classe `Applet` que ajudarão bastante.

O método `showStatus()` é usado para escrever um texto na barra de *status* da parte inferior da janela do navegador ou no programa visualizador de applets:

```
showStatus(String msg)
```

O método `isActive()` determina se o applet está ativo, o que é definido exatamente antes da chamada do método de evento `start()`:

```
boolean isActive()
```

O método `start()` é chamado após `init()` e, com frequência, é usado para reiniciar o applet após o usuário ter navegado para outra página e depois voltado para a página do applet.

```
void start()
```

O método `stop()` é chamado pelo navegador web quando a página é alterada, o que significa que o applet está prestes a ser destruído.

```
void stop()
```

O método destroy() é chamado pelo navegador quando o applet está prestes a ser destruído (removido da memória).

```
void destroy()
```

Rumo aos threads

Usamos a classe de interface Runnable para adicionar suporte de thread a um game. Essa interface possui um único método de evento chamado run() que representa a funcionalidade do thread. Podemos criar este método run() em um game e ele atuará como o loop do game. O thread chama run() apenas uma vez, por isso é necessário adicionar um loop while a esse método. O loop while será executado dentro de um thread, que é separado do programa principal. Quando se implementa Runnable, um game se torna multithread. Neste sentido, ele suportará vários processadores ou núcleos de processadores. Por exemplo, se você tiver um Intel Core2 Duo ou outro processador multicore, você deverá ser capaz de ver o applet executando em um thread separado do navegador ou do programa visualizador de applets.

Início e interrupção de threads

Para fazer um thread ser executado em um applet, você tem de criar uma instância de classe Thread, depois iniciá-la usando o evento start() do applet. Primeiro, vamos criar o objeto de thread:

```
Thread thread;
```

Depois, crie o thread no método do evento start():

```
public void start() {
    thread = new Thread(this);
    thread.start();
}
```

Depois, você pode escrever o código do loop do thread no método do evento `run()` (parte de `Runnable`). Nós vamos dar uma olhada dentro de `run()` daqui a pouco. Primeiro vamos dar uma olhada no evento `stop()`. Esse método é fornecido pela classe `Applet` e pode ser substituído. Ele não tem funcionalidade alguma por padrão. Esse é um local conveniente para matar o thread, então vamos fazer isso:

```
public void stop() {
    thread = null;
}
```

O programa ThreadedLoop

Vamos dar uma olhada no projeto inteiro de ThreadedLoop, em seguida vou explicar o loop para o thread dentro do método `run()`. Os trechos mais importantes do código estão destacados em negrito.

```
/*************************************************
* ThreadedLoop program
*************************************************/
import java.awt.*;
import java.lang.*;
import java.applet.*;
import java.util.*;

public class ThreadedLoop extends Applet implements Runnable {
    //random number generator
    Random rand = new Random();

    //the main thread
    Thread thread;

    //count the number of rectangles drawn
    long count = 0;
```

```
//applet init event
public void init() {
    //not needed this time
}

//applet start event
public void start() {
    thread = new Thread(this);
    thread.start();
}

//thread run event
public void run() {
    long start = System.currentTimeMillis();

    //acquire the current thread
    Thread current = Thread.currentThread();

    //here's the new game loop
    while (current == thread) {
        try {
            Thread.sleep(0);
        }
        catch(InterruptedException e) {
            e.printStackTrace();
        }

        //draw something
        repaint();

        //figure out how fast it's running
        if (start + 1000 < System.currentTimeMillis()) {
            start = System.currentTimeMillis();
            showStatus("Rectangles per second: " + count);
```

```
                count = 0;
            }
        }
    }

    //applet stop event
    public void stop() {
        thread = null;
    }

    //applet update event
    public void update(Graphics g) {
        paint(g);
    }

    //applet paint event
    public void paint(Graphics g) {
        Graphics2D g2d = (Graphics2D) g;

        //create a random rectangle
        int w = rand.nextInt(100);
        int h = rand.nextInt(100);
        int x = rand.nextInt(getSize().width - w);
        int y = rand.nextInt(getSize().height - h);
        Rectangle rect = new Rectangle(x,y,w,h);

        //generate a random color
        int red = rand.nextInt(256);
        int green = rand.nextInt(256);
        int blue = rand.nextInt(256);
        g2d.setColor(new Color(red,green,blue));

        //draw the rectangle
        g2d.fill(rect);
```

```
        //add another to the counter
        count++;
    }
}
```

Agora, vamos examinar este evento `run()` que é chamado pela interface `Runnable`. Há muita coisa acontecendo neste método. Primeiro, uma variável chamada `start` pega o tempo atual em milissegundos (`System.currentTimeMillis()`). Esse valor é usado para parar uma vez por segundo para apresentar o número total de retângulos que foram desenhados (veja **Figura 10.3**).

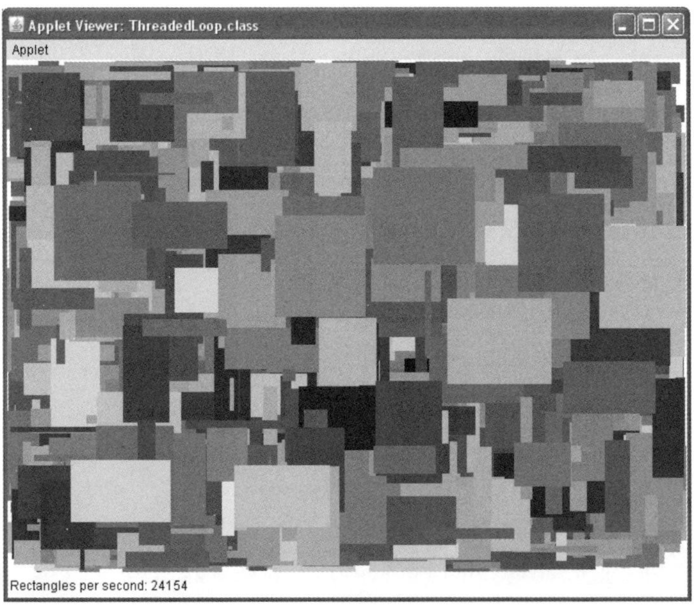

Figura 10.3 O programa ThreadedLoop exibe o número de retângulos desenhados por segundo.

Em seguida, uma variável local é definida para o thread atual e, depois, é criado um loop `while`.

```
Thread current = Thread.currentThread();
```

Esse thread local confirma que o nosso loop só processa eventos de thread destinados ao loop do game, porque você pode usar vários threads em um programa.

```
while (current == thread)
```

O núcleo do loop `thread` inclui uma chamada para `Thread.sleep(0)`, que é um recurso para desacelerar o game a uma taxa de frames consistente. No momento, ele está sendo executado o mais rápido possível porque no método `sleep()` consta o valor 0. Esta única chamada de método requer um manipulador de erros, porque ele dispara um `InterruptedException` se o thread for interrompido alguma vez por outro thread. Trata-se de um assunto mais avançado, que não nos compete. Se o thread for interrompido, não será grande coisa – vamos simplesmente ignorar qualquer erro desse tipo que possa aparecer.

```
try {
    Thread.sleep(0);
}
catch(InterruptedException e) {
    e.printStackTrace();
}
```

Após essa chamada para dormir (que irá desacelerar o game a uma taxa de frames consistente), podemos chamar os métodos relacionados ao game para atualizar objetos da tela, fazer testes de colisão, fazer a lógica do game para interagir com os inimigos e assim por diante. No bloco de código a seguir, você pode ver algumas instruções de temporização dentro de uma declaração `if`. Esse código mostra o número de retângulos que foram desenhados pelo evento `paint()` nos últimos 1.000 milissegundos (o que é igual a 1 segundo).

```
//draw something
repaint();
```

```
//figure out how fast it's running
if (start + 1000 < System.currentTimeMillis()) {
    start = System.currentTimeMillis();
    showStatus("Rectangles per second: " + count);
    count = 0;
}
```

A única chamada para `repaint()` faz este programa *fazer alguma coisa*; todo o resto do código ajuda esta chamada de método a fazer seu trabalho de forma eficaz. Aqui, dentro do evento `run()`, que guarda o novo loop de game com thread, usei um dos novos métodos `Applet`. O método `showStatus()` imprime uma string na barra de *status* da parte inferior do navegador web ou do visualizador de applets.

Examinando multithreading

Além do game de exemplo do Capítulo 3, este programa pode ter sido sua primeira exposição à programação multithread. O Java facilita muito o processo em comparação a outras linguagens. Usei uma biblioteca de threads chamada pthread para adicionar suporte a thread em meus programas C++ em Linux e Windows, e não é de jeito nenhum fácil usar, em comparação ao suporte interno do Java para threads. Vamos continuar a usar threads em todos os próximos capítulos, assim você terá uma boa exposição a esse assunto quando terminar o livro.

Nota

Game Programming All In One, 3. ed. (Thomson Course PTR, 2006) trata da biblioteca pthread e de muitos outros tópicos de programação multiplataforma e está baseado na biblioteca Allegro e na linguagem C++.

O que você aprendeu

Este foi um capítulo "peso-pesado", que tratou de alguns assuntos bem difíceis. Mas a ideia é chegar ao ponto mais difícil de uma colina, assim você vai querer chegar ao pico e depois avistar o outro lado. É isso que este capítulo representa – os últimos poucos passos até o topo. Você aprendeu os aspectos mais difíceis e desafiadores de se escrever um game Java e está pronto para começar a olhar a colina de cima para baixo, de forma mais prazerosa, nos próximos capítulos. Este capítulo explicou:

- Como criar um loop de game com threads
- Como substituir métodos-padrão de applet

Questões de revisão

As questões a seguir o ajudarão a determinar o quanto você aprendeu os assuntos abordados neste capítulo. As respostas são fornecidas no Apêndice A, "Respostas às questões dos capítulos".

1. Qual é o nome da classe de interface que oferece suporte a thread?
2. Qual é o nome do método de execução de thread que você pode usar para executar instruções dentro do thread separado?
3. Qual é o nome da classe que manipula gráficos vetoriais?
4. Que método `Thread` faz que o thread pause a execução por um tempo especificado?
5. Que método `System` retorna o tempo atual em milissegundos?
6. Qual é o nome do método que retorna o diretório que contém o arquivo de applet (ou contêiner de HTML)?
7. Qual é o nome do método que retorna toda a string de URL incluindo o arquivo do applet (ou contêiner de HTML)?

Agora é por sua conta

Os exercícios a seguir testarão sua compreensão dos tópicos abordados neste capítulo, fazendo algumas alterações importantes nos projetos.

Exercício 1

O programa ThreadedLoop é executado a uma velocidade tremenda, sem retardos. Modifique o valor de retardo do thread para ver se você pode desacelerar o número de retângulos que estão sendo desenhados para apenas 1.000 retângulos por segundo.

Exercício 2

O programa ThreadedLoop faz apenas gráficos vetoriais. Modifique o programa para que, em vez disso, ele desenhe sprites animados.

Parte III

O projeto Galactic War

Esta parte final do livro é dedicada ao desenvolvimento de um game completo chamado Galactic War, totalmente construído em Java como um applet web. Quando terminar de ler este livro, você terá aprendido como criar este game a partir do zero e como distribui-lo na web. Os capítulos da Parte III são:

- Capítulo 11: Galactic War: de vetores a bitmaps
- Capítulo 12: Galactic War: sprites e caixas de colisão
- Capítulo 13: Galactic War: entre rochas espaciais
- Capítulo 14: Galactic War: gerenciamento de entidades
- Capítulo 15: Galactic War: finalização do game
- Capítulo 16: Galactic War: distribuição na web

Capítulo 11

Galactic War: de vetores a bitmaps

O projeto Galactic War demonstrará apenas um tipo de game que pode ser criado em Java. Este game é complexo, mas tal complexidade está oculta em uma arquitetura de game que, uma vez escrita, não precisa ser aberta novamente. Você escreverá um applet que herdará da arquitetura de game. Assim, a maior parte do código principal será manipulada de forma transparente. Construiremos o game passo a passo, a partir de uma versão simplificada no estilo *Asteroids* do Capítulo 3, aprimorando-o gradativamente até que ele esteja terminado e pronto para ser colocado em seu website. O primeiro passo para criar o Galactic War é começar a converter o projeto original de um game totalmente vetorial para um game em bitmap. Começaremos com uma conversão parcial, mantendo algumas formas vetoriais, mas substituiremos a nave do jogador por um bitmap.

Os tópicos-chave são:

- Aprimoramento do game
- Generalização de classes vetoriais

Aprimoramento do game

O Capítulo 3 apresentou um exemplo de um game semicompleto no estilo *Asteroids* para mostrar o que seria abordado nos capítulos seguintes. Você já aprendeu o suficiente sobre programação de games Java para melhorá-lo bastante. O game original apresentava uma classe chamada `BaseVectorShape`, que continha todas as propriedades necessárias para manipular os objetos do game na tela (os asteroides, os tiros e a nave). Neste capítulo, faremos algumas pequenas alterações para adicionar suporte a sprites e, no próximo capítulo, vamos alterar totalmente o game para bitmaps.

Ao aprimorar a espaçonave para uma imagem, livrando-se da nave vetorial (que era pouco mais do que um triângulo preenchido), o game estará realmente começando a parecer mais jogável. Não há substitutos para os gráficos bitmap. No entanto, um dos objetivos que estabeleci para este game é adicionar a capacidade de utilizar uma imagem em vez de uma forma, ainda mantendo os recursos de transformação existentes (principalmente, a rotação em tempo real).

Você pode abrir o projeto a partir do Capítulo 5 e continuar utilizando-o ou apenas copiar os arquivos .java do projeto antigo para o projeto novo. Os arquivos de código-fonte que você precisará trazer dos capítulos anteriores para o novo game são:

- BaseVectorShape.java
- Asteroid.java
- Bullet.java
- Ship.java
- SoundClip.java
- MidiSequence.java

Observe que não incluímos o arquivo de código-fonte principal, Asteroids. java. São necessárias algumas alterações para adicionar suporte de imagem ao game. Então, fornecerei a listagem completa de códigos-fonte para o arquivo principal, agora denominado GalacticWar.java.

Generalização de classes vetoriais

No projeto *Asteroids*, do Capítulo 3, havia várias classes para manipular a nave, os asteroides e os tiros no game. Vamos generalizar essas três classes e torná-las mais genéricas, uma vez que há uma série de códigos compartilhados entre elas. A classe `Ship` será totalmente substituída por uma `ImageEntity` (abordada anteriormente no Capítulo 6). Deixe-me mostrar o que faremos com as classes `Asteroid` e `Bullet`.

Crie um novo arquivo chamado VectorEntity.java. Esta classe é muito simples, como o código a seguir sugere. Observe que essa classe herda de `BaseGameEntity`!

Nota

As classes `BaseGameEntity` e `ImageEntity` foram criadas anteriormente no Capítulo 6.

```
/*********************************************************
* Vector class for handling game entities
*********************************************************/
import java.awt.*;

public class VectorEntity extends BaseGameEntity {
    //variables
    private Shape shape;

    //accessor methods
    public Shape getShape() { return shape; }

    //mutator methods
    public void setShape(Shape shape) { this.shape = shape; }

    //default constructor
```

```
    VectorEntity() {
        setShape(null);
    }
}
```

A nova classe Asteroid

A classe `Asteroid` será modificada, utilizando agora a classe `VectorEntity` como classe de base. Isso elimina uma série de códigos que foram duplicados anteriormente na classe `Asteroid` e em outras classes. A classe `Asteroid` herda de `VectorEntity` que, por sua vez, herda de `BaseGameEntity`. Você pode abrir o arquivo Asteroid.java que copiou do projeto do Capítulo 3 ou pode simplesmente adicioná-lo como uma nova classe no projeto Galactic War.

```
/*******************************************************
* Asteroid class derives from BaseVectorShape
*******************************************************/
import java.awt.*;

public class Asteroid extends VectorEntity {

    //define the asteroid polygon shape
    private int[] astx = {-20,-13, 0,20,22, 20, 12,  2,-10,-22,-16};
    private int[] asty = { 20, 23,17,20,16,-20,-22,-14,-17,-20, -5};

    //rotation speed
    protected double rotVel;
    public double getRotationVelocity() { return rotVel; }
    public void setRotationVelocity(double v) { rotVel = v; }

    //bounding rectangle
    public Rectangle getBounds() {
        Rectangle r;
```

```
        r = new Rectangle((int)getX() - 20, (int) getY() - 20, 40, 40);
        return r;
    }

    //default constructor
    Asteroid() {
        setShape(new Polygon(astx, asty, astx.length));
        setAlive(true);
        setRotationVelocity(0.0);
    }
}
```

A nova classe Bullet

Boa parte do código da antiga classe `Bullet` agora também foi movido para `VectorEntity`. Logo, podemos reescrever esta classe e fornecer as informações específicas relevantes para um objeto de tiro (mais precisamente que o método `getBounds()` retorna um retângulo que tem um pixel de largura e um pixel de altura).

```
/*********************************************************
* Bullet class derives from BaseVectorShape
**********************************************************/
import java.awt.*;

public class Bullet extends VectorEntity {

    //bounding rectangle
    public Rectangle getBounds() {
        Rectangle r;
        r = new Rectangle((int)getX(), (int) getY(), 1, 1);
        return r;
    }
```

```
    Bullet() {
        //create the bullet shape
        setShape(new Rectangle(0, 0, 1, 1));
        setAlive(false);
    }
}
```

O arquivo do código-fonte principal: GalacticWar.java

A jogabilidade real não mudou muito nesta nova versão. A **Figura 11.1** mostra o game com uma nova imagem em bitmap utilizada pela espaçonave do jogador. No entanto, aprimoramos significativamente as classes-núcleo nesta atualização, que será muito útil no próximo capítulo, em que `ImageEntity` será muito mais utilizada.

A classe `ImageEntity`, que você viu no Capítulo 6, fornece um método `getBounds()` para realizar testes de colisão. Você ainda pode alternar os retân-

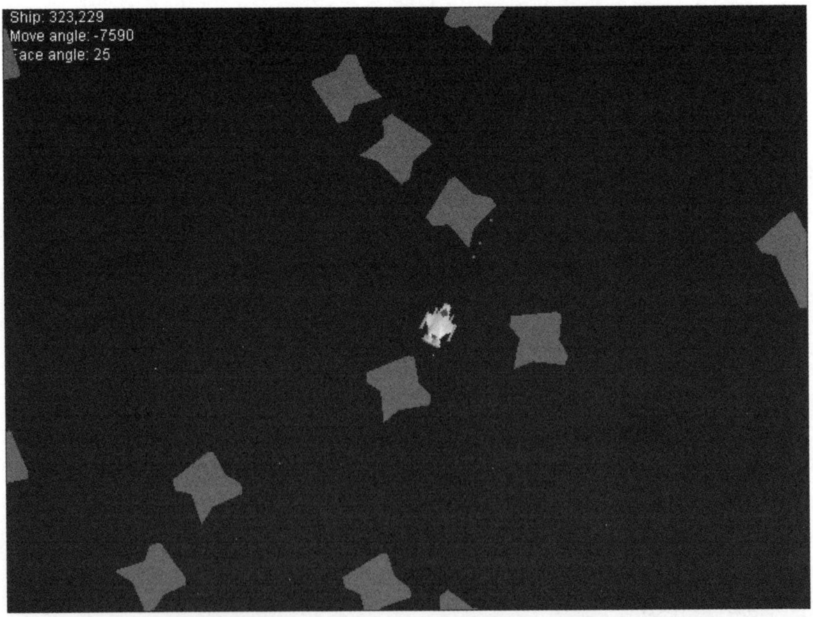

Figura 11.1 A espaçonave do jogador agora é uma imagem bitmap em vez de um polígono.

gulos delimitadores entre ativados e desativados ao pressionar a tecla B. A **Figura 11.2** mostra o retângulo em torno da nave do jogador. O código de colisão é um pouco exigente demais para um jogo verdadeiramente divertido, pois os retângulos limitadores são ligeiramente maiores. Corrigiremos isso fazendo um ajuste fino no código de colisão nos próximos dois capítulos.

A maior parte do código permanece inalterada em relação ao arquivo Asteroids.java do Capítulo 3. Então, você pode abrir o arquivo e modificá-lo conforme indicado. Mas listarei o programa inteiro novamente, já que faz muito tempo que passamos por esse código. Destaquei em negrito todas as linhas de códigos que foram alteradas. Caso o código-fonte de um método particular não tenha mudado em nada, simplesmente comentei o código e inseri a frase `//no changes needed`. Então, preste atenção neste comentário e reutilize o código a partir do projeto do Capítulo 3. É uma beleza fazer programação orientada a objetos, pois poucas alterações são necessárias para este arquivo de código-fonte!

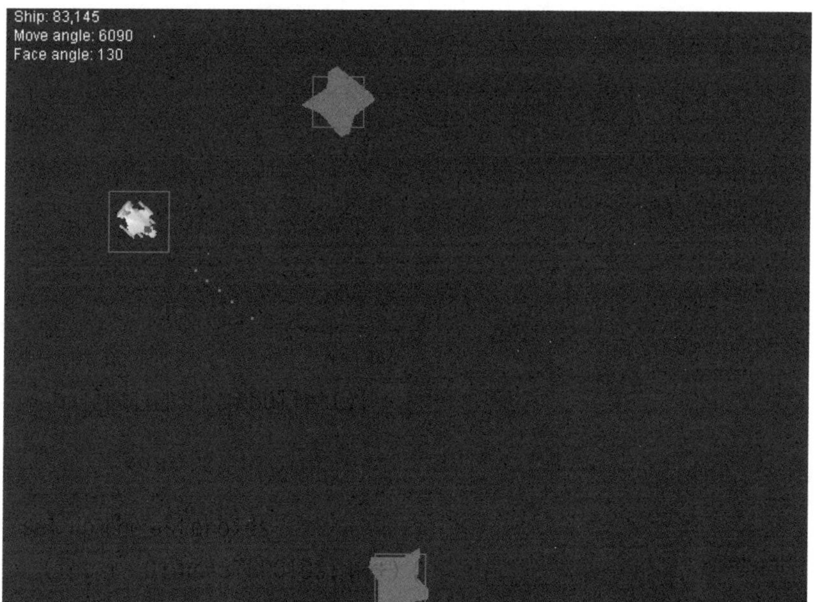

Figura 11.2 Os retângulos delimitadores são utilizados no teste de colisão.

```
/*****************************************************
* GALACTIC WAR, Capítulo 11
*****************************************************/
import java.applet.*;
import java.awt.*;
import java.awt.event.*;
import java.awt.geom.*;
import java.awt.image.*;
import java.util.*;

/*****************************************************
* Primary class for the game
*****************************************************/
public class GalacticWar extends Applet implements Runnable, KeyListener {
    //the main thread becomes the game loop
    Thread gameloop;
    //use this as a double buffer
    BufferedImage backbuffer;
    //the main drawing object for the back buffer
    Graphics2D g2d;
    //toggle for drawing bounding boxes
    boolean showBounds = false;

    //create the asteroid array
    int ASTEROIDS = 20;
    Asteroid[] ast = new Asteroid[ASTEROIDS];

    //create the bullet array
    int BULLETS = 10;
    Bullet[] bullet = new Bullet[BULLETS];
    int currentBullet = 0;

    //the player's ship
    ImageEntity ship = new ImageEntity(this);
```

```
    //create the identity transform
    AffineTransform identity = new AffineTransform();

    //create a random number generator
    Random rand = new Random();

    //load sound effects
    SoundClip shoot;
    SoundClip explode;

/**************************************************
* applet init event
**************************************************/
public void init() {
    //create the back buffer for smooth graphics
    backbuffer = new BufferedImage(640, 480, BufferedImage.TYPE_INT_RGB);
    g2d = backbuffer.createGraphics();

    //set up the ship
    ship.setX(320);
    ship.setY(240);
    ship.load("spaceship1.png");
    ship.setGraphics(g2d);

    //set up the bullets
    for (int n = 0; n<BULLETS; n++) {
        bullet[n] = new Bullet();
    }

    //set up the asteroids
    for (int n = 0; n<ASTEROIDS; n++) {
        ast[n] = new Asteroid();
        ast[n].setRotationVelocity(rand.nextInt(3)+1);
        ast[n].setX((double)rand.nextInt(600)+20);
```

```
        ast[n].setY((double)rand.nextInt(440)+20);
        ast[n].setMoveAngle(rand.nextInt(360));
        double ang = ast[n].getMoveAngle() - 90;
        ast[n].setVelX(calcAngleMoveX(ang));
        ast[n].setVelY(calcAngleMoveY(ang));
    }

    //load sound files
    shoot = new SoundClip("shoot.wav");
    explode = new SoundClip("explode.wav");

    //start the user input listener
    addKeyListener(this);
}

/***************************************************
* applet update event to redraw the screen
***************************************************/
public void update(Graphics g) {
    //NO CHANGES HERE
}

/***************************************************
* drawShip called by applet update event
***************************************************/
public void drawShip() {
    //transform and draw the ship
    ship.transform();
    ship.draw();

    //draw bounding rectangle around ship
    if (showBounds) {
        g2d.setTransform(identity);
```

```
        g2d.setColor(Color.BLUE);
        g2d.draw(ship.getBounds());
    }
}
```

Não há alterações deste ponto em diante. Por favor, verifique novamente a listagem do código-fonte em seu novo projeto Galactic War para garantir que todos os métodos após este ponto estão inclusos (a partir do projeto do Capítulo 3). Se preferir, você pode abrir o projeto finalizado através do download do arquivo em www.cengage.com.br, na pasta \sources\ chapter11\GalacticWar.

```
/*****************************************************
* drawBullets called by applet update event
*****************************************************/
public void drawBullets() {
    //NO CHANGES HERE
}

/*****************************************************
* drawAsteroids called by applet update event
*****************************************************/
public void drawAsteroids() {
    //NO CHANGES HERE
}

/*****************************************************
* applet window repaint event--draw the back buffer
*****************************************************/
public void paint(Graphics g) {
    //NO CHANGES HERE
}

/*****************************************************
* thread start event - start the game loop running
*****************************************************/
```

```
public void start() {
    //NO CHANGES HERE
}

/*****************************************************
* thread run event (game loop)
*****************************************************/
public void run() {
    //NO CHANGES HERE
}

/*****************************************************
* thread stop event
*****************************************************/
public void stop() {
    //NO CHANGES HERE
}

/*****************************************************
* move and animate the objects in the game
*****************************************************/
private void gameUpdate() {
    //NO CHANGES HERE
}

/*****************************************************
* Update the ship position based on velocity
*****************************************************/
public void updateShip() {
    //NO CHANGES HERE
}

/*****************************************************
* Update the bullets based on velocity
*****************************************************/
```

```
public void updateBullets() {
    //NO CHANGES HERE
}

/*****************************************************
* Update the asteroids based on velocity
*****************************************************/
public void updateAsteroids() {
    //NO CHANGES HERE
}

/*****************************************************
* Test asteroids for collisions with ship or bullets
*****************************************************/
public void checkCollisions() {
    //NO CHANGES HERE
}

/*****************************************************
* key listener events
*****************************************************/
public void keyReleased(KeyEvent k) { }
public void keyTyped(KeyEvent k) { }
public void keyPressed(KeyEvent k) {
    //NO CHANGES HERE
}

/*****************************************************
* calculate X movement value based on direction angle
*****************************************************/
public double calcAngleMoveX(double angle) {
    //NO CHANGES HERE
}
```

```
    /*****************************************************************
     * calculate Y movement value based on direction angle
     *****************************************************************/
    public double calcAngleMoveY(double angle) {
        //NO CHANGES HERE
    }
}
```

O que você aprendeu

Este foi um capítulo "peso-pesado", que tratou de alguns assuntos bem difíceis. Mas a ideia é chegar ao ponto mais difícil de uma colina, assim você vai querer chegar ao pico e depois avistar o outro lado. É isso que este capítulo representa – os últimos passos até o topo. Você acabou de aprender os aspectos mais difíceis e desafiadores de se escrever um game Java e está pronto para começar a olhar a colina de cima para baixo, de forma mais prazerosa, nos próximos capítulos. Este capítulo explicou

- Como adicionar bitmaps ao Galactic War

Questões de revisão

As questões a seguir o ajudarão a determinar o quanto você aprendeu dos tópicos abordados neste capítulo. As respostas são fornecidas no Apêndice A, "Respostas às questões dos capítulos".

1. Qual é o nome da classe que manipula bitmaps?
2. Que classe no Galactic War detecta quando os tiros acertam os asteroides?
3. Qual é o número máximo de sprites que podem ser suportados pelo game?
4. Que método na classe Graphics2D desenha a imagem de um sprite?
5. Qual é o nome do método `Applet` que redesenha a janela?

6. Quantos pressionamentos de tecla o game pode detectar de uma só vez?
7. Qual método você utiliza para rastrear o movimento do mouse?
8. Que tipo de entidade gráfica o game utiliza para os asteroides?
9. Dependendo da rotação da nave, por quantos ângulos a nave pode ser girada?
10. Qual método fornece um game com suporte para detecção de colisão?

Agora é por sua conta

Os exercícios a seguir testarão sua compreensão dos tópicos abordados neste capítulo, fazendo algumas alterações importantes nos projetos.

O game Galactic War tem uma jogabilidade muito mais simples do que tinha no Capítulo 3, graças, em partes, ao novo manipulador de teclado. Mas estamos esquecendo completamente de um substituto perfeitamente válido para o teclado – seu fiel mouse. Invente uma maneira de adicionar um suporte de mouse ao game. Você pode girar a nave quando o mouse for movido para a esquerda ou para a direita, impulsionar a nave quando a roda do mouse for utilizada e atirar quando o botão for pressionado.

Capítulo 12

Galactic War: sprites e caixas de colisão

O objetivo deste capítulo é desenvolver uma forma de manusear os objetos de jogo, movendo-os na tela, e aprimorar o jogo Galactic War com algumas novas características de jogabilidade significativas usando sprites em vez de apenas imagens e vetores. Os tópicos específicos que você aprenderá são:

- A evolução do Galactic War para um game baseado em sprites
- Adição de novos gráficos ao game
- Adição de novas funcionalidades à jogabilidade

Criação do projeto

O game Galactic War tem tanto potencial que estou ansioso para implementá-lo. Mas ele tropeçou um pouco até este ponto em decorrência de sua limitação – primeiro nos vetores e depois nos bitmaps simples. Agora que temos esta nova e útil classe `Sprite` disponível, com algumas funcionalidades importantes incluídas nela, o game começará a se assemelhar com o que estou prevendo para ele.

A primeira coisa a fazer é aumentar a janela do applet para 800 X 600. Imagino que 640 X 480 oferece melhor suporte para usuários de PCs limitados, mas a verdade é que a maioria dos usuários trabalham em 1024 X 768, enquanto uma porcentagem equivalentemente grande utiliza 1280 X 960 ou 1280 X 1024. Apenas uma pequena minoria de usuários executa o sistema em resoluções menores. Uma resolução de 800 X 600 dará ao game mais espaço para respirar devido ao tamanho maior dos asteroides.

Como você pode ver na **Figura 12.1**, o game foi completamente convertido para gráficos bitmap, eliminando finalmente os vestígios de seus ancestrais vetoriais.

Os bitmaps do Galactic War

Agora há uma série de bitmaps de alta qualidade no jogo, dando-lhe uma aparência mais moderna e atraente. A primeira e mais significativa alteração no game é que ele agora utiliza um bitmap de plano de fundo em vez de um fundo preto e vazio. A imagem de plano de fundo bluespace.png foi criada por Reiner Prokein e é mostrada na **Figura 12.2**. Este é um exemplo dos diversos planos de fundo, sprites e faixas que você pode encontrar na coleção Reiner's Tileset, no site www.reinerstileset.de.

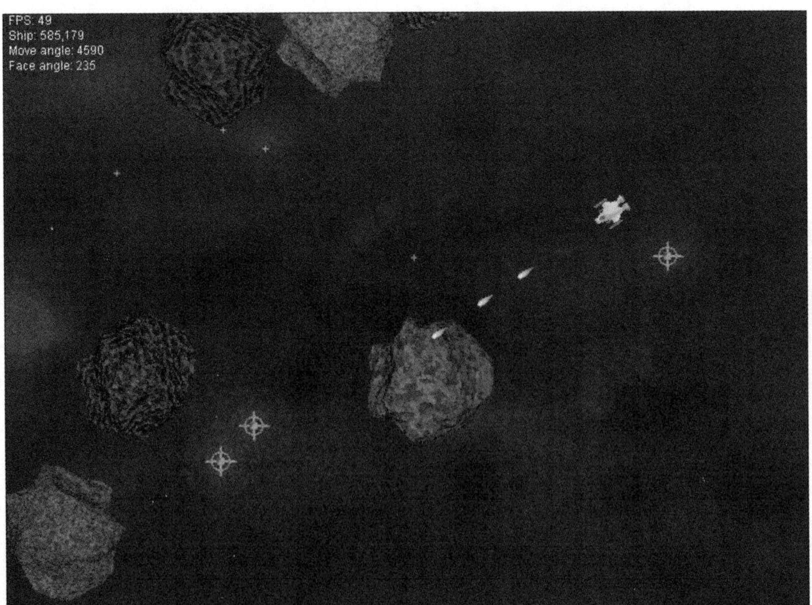

Figura 12.1 A nova versão do Galactic War.

Figura 12.2 A imagem de plano de fundo utilizada no Galactic War.

Há cinco tipos diferentes de asteroides de *ampla* variedade nesta iteração do Galactic War. Estas rochas gigantes serão explodidas em pequenos pedaços nas iterações finais do game; por enquanto, atirar em uma delas simplesmente a fará desaparecer. No começo, queria utilizar asteroides bem grandes para deixar o game mais interessante ao quebrá-los em várias rochas menores. Os asteroides mostrados na **Figura 12.3** foram renderizados por um talentoso artista de 3D chamado Edgar Ibarra, que criou esses modelos de asteroides para um projeto em que eu estava trabalhando há muitos anos. Converti os bitmaps

Figura 12.3 Os únicos cinco asteroides apresentados no game.

dos asteroides para o formato .png usando o Paint Shop Pro e apliquei uma máscara de transparência no processo.

A espaçonave também foi aprimorada significativamente a partir da versão apresentada no capítulo anterior. A espaçonave foi baseada em um desenho de Reiner Prokein e bastante modificada para dar um visual mais interessante com uma pseudoaparência 3D. (Observe as quatro armas, em cima e embaixo.) A **Figura 12.4** mostra o sprite da nave. Particularmente, acho que esta nave está muito bem feita. Eu queria adicionar uma pequena animação de fogo saindo dos bocais do motor quando fosse pressionada a seta para cima para aplicar impulso (melhorias futuras!).

O código-fonte novo e aprimorado

Há uma *série* de códigos-fonte aqui para a nova versão do game. Isso é necessário porque o jogo agora está tomando forma com uma série de funcionali-

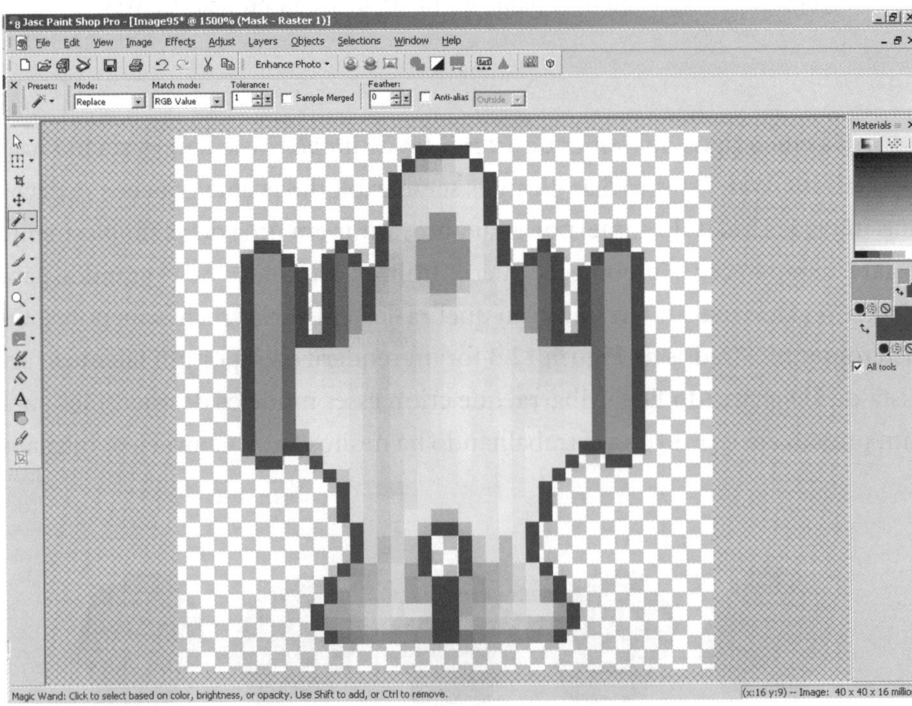

Figura 12.4 A espaçonave do jogador usada no Galactic War.

dades, e há espaço para novas características nos capítulos seguintes. Os capítulos futuros envolverão alterações e complementos para o trabalho monumental feito *neste* capítulo, que agora é a nova versão de referência do game. A primeira coisa que gostaria de apontar é que o Galactic War não utiliza mais a classe `VectorShape`, portanto, pode ser excluída do projeto. Não fiz qualquer alteração em `BaseGameEntity` ou em `ImageEntity`, assim, podem permanecer no projeto. (A `ImageEntity` é utilizada pela classe `Sprite` internamente.) Você pode ver o estado atual do projeto conferindo a lista de arquivos agora necessários ao projeto:

- BaseGameEntity.java
- GalacticWar.java
- ImageEntity.java
- Point2D.java
- Sprite.java

Dica

Duas omissões evidentemente importantes do game até o momento foram efeitos sonoros e música. Adicionaremos sons ao game no Capítulo 15. Galactic War: finalização do game.

Esta primeira listagem de instruções inclui a definição da classe principal para o game com as variáveis globais. Destaquei em negrito as principais alterações do game.

```
/*****************************************************
* Galactic War, Chapter 12
*****************************************************/
import java.awt.*;
import java.awt.*;
import java.awt.event.*;
import java.awt.image.*;
import java.util.*;
import java.lang.System;
```

```
/***************************************************
* Primary class for the game
***************************************************/
public class GalacticWar extends Applet implements Runnable, KeyListener {
    //global constants
    static int SCREENWIDTH = 800;
    static int SCREENHEIGHT = 600;
    static int CENTERX = SCREENWIDTH / 2;
    static int CENTERY = SCREENHEIGHT / 2;
    static int ASTEROIDS = 10;
    static int BULLETS = 10;
    static int BULLET_SPEED = 4;
    static double ACCELERATION = 0.05;

    //sprite state values
    static int SPRITE_NORMAL = 0;
    static int SPRITE_COLLIDED = 1;

    //the main thread becomes the game loop
    Thread gameloop;

    //double buffer objects
    BufferedImage backbuffer;
    Graphics2D g2d;

    //various toggles
    boolean showBounds = true;
    boolean collisionTesting = true;

    //define the game objects
    ImageEntity background;
    Sprite ship;
    Sprite[] ast = new Sprite[ASTEROIDS];
```

```
Sprite[] bullet = new Sprite[BULLETS];
int currentBullet = 0;

//create a random number generator
Random rand = new Random();

//define the sound effects objects
SoundClip shoot;
SoundClip explode;

//simple way to handle multiple keypresses
boolean keyDown, keyUp, keyLeft, keyRight, keyFire;

//frame rate counter
int frameCount = 0, frameRate = 0;
long startTime = System.currentTimeMillis();
```

As variáveis `showBounds` e `collisionTesting` são utilizadas para apresentar algumas informações importantes na tela, que são imprescindíveis quando se desenvolve um game complexo. A **Figura 12.5** mostra o game com retângulos delimitadores e testes de colisão ativados. Quando ocorre uma colisão, os retângulos delimitadores dos dois objetos são desenhados em vermelho em vez de azul. Você pode desativar o teste de colisão completamente, se for necessário para o teste.

Isso ressalta um ponto importante sobre o estado atual do game. Há uma série de novas características nele, o que o deixa muito parecido com a forma final do Galactic War – exceto por faltar um plano de fundo deslizante e mais alguns pequenos detalhes. O game realmente não executa nenhuma ação até este ponto com base em uma colisão. Em vez disso, as colisões são detectadas e as informações de estado são disponibilizadas para o game através da propriedade `state` do sprite (que é suficientemente genérica para ser usada onde você achar adequado). Revisaremos o processo de resposta a colisões no próximo capítulo.

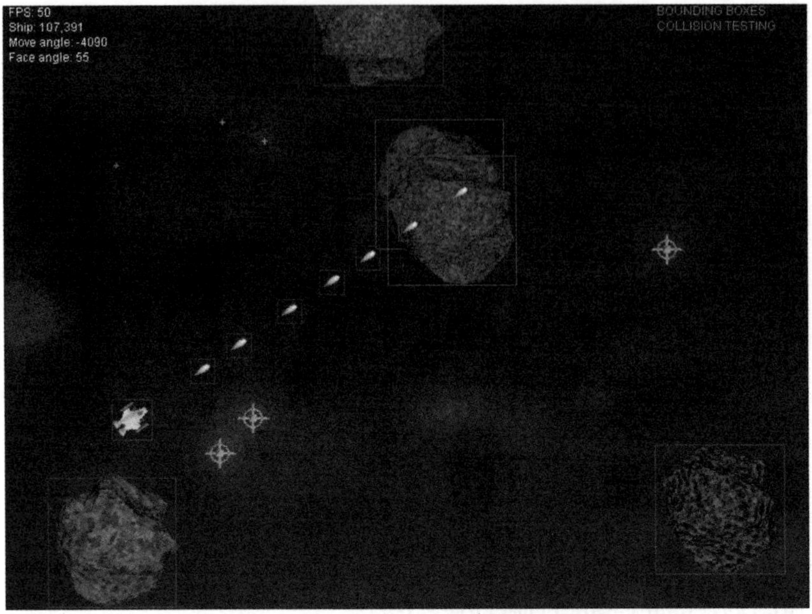

Figura 12.5 Os retângulos delimitadores e as colisões são ativadas com as teclas B e C.

A seguir, é descrito o método de evento `init()` do applet.

```
/*****************************************************
* applet init event
*****************************************************/
public void init() {
    //create the back buffer for smooth graphics
    backbuffer = new BufferedImage(SCREENWIDTH, SCREENHEIGHT,
        BufferedImage.TYPE_INT_RGB);
    g2d = backbuffer.createGraphics();

    //load the background image
    background = new ImageEntity(this);
    background.load("bluespace.png");
```

```
//set up the ship
ship = new Sprite(this, g2d);
ship.load("spaceship.png");
ship.setPosition(new Point2D(CENTERX, CENTERY));
ship.setAlive(true);

//set up the bullets
for (int n = 0; n<BULLETS; n++) {
    bullet[n] = new Sprite(this, g2d);
    bullet[n].load("plasmashot.png");
}

//set up the asteroids
for (int n = 0; n<ASTEROIDS; n++) {
    ast[n] = new Sprite(this, g2d);
    ast[n].setAlive(true);
    //load the asteroid image
    int i = rand.nextInt(5)+1;
    ast[n].load("asteroid" + i + ".png");
    //set to a random position on the screen
    int x = rand.nextInt(SCREENWIDTH);
    int y = rand.nextInt(SCREENHEIGHT);
    ast[n].setPosition(new Point2D(x, y));
    //set rotation angles to a random value
    ast[n].setFaceAngle(rand.nextInt(360));
    ast[n].setMoveAngle(rand.nextInt(360));
    ast[n].setRotationRate(rand.nextDouble());
    //set velocity based on movement direction
    double ang = ast[n].moveAngle() - 90;
    double velx = calcAngleMoveX(ang);
    double vely = calcAngleMoveY(ang);
    ast[n].setVelocity(new Point2D(velx, vely));
}
```

```
    //start the user input listener
    addKeyListener(this);
}
```

A próxima seção de código representa a principal porção de atualização do game, incluindo o evento `update()` do applet, o evento `paint()` e três métodos para desenhar objetos de game: `drawShip()`, `drawBullets()` e `drawAsteroids()`.

```
/*****************************************************
* applet update event to redraw the screen
*****************************************************/
    public void update(Graphics g) {
        //calculate frame rate
        frameCount++;
        if (System.currentTimeMillis() > startTime + 1000) {
            startTime = System.currentTimeMillis();
            frameRate = frameCount;
            frameCount = 0;
        }

        //draw the background
        g2d.drawImage(background.getImage(),0,0,SCREENWIDTH-1,
        SCREENHEIGHT-1,this);

        //draw the game graphics
        drawAsteroids();
        drawShip();
        drawBullets();

        //print status information on the screen
        g2d.setColor(Color.WHITE);
        g2d.drawString("FPS: " + frameRate, 5, 10);
        long x = Math.round(ship.position().X());
        long y = Math.round(ship.position().Y());
```

```
    g2d.drawString("Ship: " + x + "," + y , 5, 25);
    g2d.drawString("Move angle: " + Math.round(
        ship.moveAngle())+90, 5, 40);
    g2d.drawString("Face angle: " + Math.round(
        ship.faceAngle()), 5, 55);

    if (showBounds) {
        g2d.setColor(Color.GREEN);
        g2d.drawString("BOUNDING BOXES", SCREENWIDTH-150, 10);
    }

    if (collisionTesting) {
        g2d.setColor(Color.GREEN);
        g2d.drawString("COLLISION TESTING", SCREENWIDTH-150, 25);
    }

    //repaint the applet window
    paint(g);
}

/*****************************************************
* drawShip called by applet update event
*****************************************************/
public void drawShip() {
    // set the transform for the image
    ship.transform();
    ship.draw();
    if (showBounds) {
        if (ship.state() == SPRITE_COLLIDED)
            ship.drawBounds(Color.RED);
        else
            ship.drawBounds(Color.BLUE);
    }
}
```

```
/*************************************************
* drawBullets called by applet update event
*************************************************/
public void drawBullets() {
    for (int n = 0; n < BULLETS; n++) {
        if (bullet[n].alive()) {
            //draw the bullet
            bullet[n].transform();
            bullet[n].draw();
            if (showBounds) {
                if (bullet[n].state() == SPRITE_COLLIDED)
                    bullet[n].drawBounds(Color.RED);
                else
                    bullet[n].drawBounds(Color.BLUE);
            }
        }
    }
}

/*************************************************
* drawAsteroids called by applet update event
*************************************************/
public void drawAsteroids() {
    for (int n = 0; n < ASTEROIDS; n++) {
        if (ast[n].alive()) {
            //draw the asteroid
            ast[n].transform();
            ast[n].draw();
            if (showBounds) {
                if (ast[n].state() == SPRITE_COLLIDED)
                    ast[n].drawBounds(Color.RED);
                else
                    ast[n].drawBounds(Color.BLUE);
            }
```

```
            }
        }
    }

    /**************************************************** *
    applet window repaint event-draw the back buffer
    ****************************************************/
    public void paint(Graphics g) {
        g.drawImage(backbuffer, 0, 0, this);
    }
```

A próxima seção de código atualiza o game pelo thread `gameloop`, que chama o `gameUpdate()`. Esse método, por sua vez, chama outros métodos para processar as entradas de usuário, atualizar a nave, os tiros e os asteroides, e realizar testes de colisão.

```
/**************************************************** *
thread start event - start the game loop running
****************************************************/
    public void start() {
        gameloop = new Thread(this);
        gameloop.start();
    }

    /**************************************************** *
    thread run event (game loop)
    ****************************************************/
    public void run() {
        //acquire the current thread
        Thread t = Thread.currentThread();
        //keep going as long as the thread is alive
        while (t == gameloop) {
            try {
                Thread.sleep(20);
```

```
            }
            catch(InterruptedException e) {
                e.printStackTrace();
            }
            //update the game loop
            gameUpdate();
            repaint();
        }
    }

    /*****************************************************
     * thread stop event
     *****************************************************/
    public void stop() {
        gameloop = null;
    }

    /*****************************************************
     * move and animate the objects in the game
     *****************************************************/
    private void gameUpdate() {
        checkInput();
        updateShip();
        updateBullets();
        updateAsteroids();
        if (collisionTesting) checkCollisions();
    }

    /*****************************************************
     * Update the ship position based on velocity
     *****************************************************/
    public void updateShip() {
        ship.updatePosition();
        double newx = ship.position().X();
```

```
        double newy = ship.position().Y();

        //wrap around left/right
        if (ship.position().X() < -10)
            newx = SCREENWIDTH + 10;
        else if (ship.position().X() > SCREENWIDTH + 10)
            newx = -10;

        //wrap around top/bottom
        if (ship.position().Y() < -10)
            newy = SCREENHEIGHT + 10;
        else if (ship.position().Y() > SCREENHEIGHT + 10)
            newy = -10;

        ship.setPosition(new Point2D(newx, newy));
        ship.setState(SPRITE_NORMAL);
    }

    /*****************************************************
    * Update the bullets based on velocity
    *****************************************************/
    public void updateBullets() {
        //move the bullets
        for (int n = 0; n < BULLETS; n++) {
            if (bullet[n].alive()) {

                //update bullet's x position
                bullet[n].updatePosition();

                //bullet disappears at left/right edge
                if (bullet[n].position().X() < 0 ||
                    bullet[n].position().X() > SCREENWIDTH) {
```

```
                bullet[n].setAlive(false);
            }

            //update bullet's y position
            bullet[n].updatePosition();

            //bullet disappears at top/bottom edge
            if (bullet[n].position().Y() < 0 ||
                bullet[n].position().Y() > SCREENHEIGHT) {
                bullet[n].setAlive(false);
            }

            bullet[n].setState(SPRITE_NORMAL);
            }
        }
    }

    /*****************************************************
    * Update the asteroids based on velocity
    *****************************************************/
    public void updateAsteroids() {
        //move and rotate the asteroids
        for (int n = 0; n < ASTEROIDS; n++) {
            if (ast[n].alive()) {
                //update the asteroid's position and rotation
                ast[n].updatePosition();
                ast[n].updateRotation();

                int w = ast[n].imageWidth()-1;
                int h = ast[n].imageHeight()-1;
                double newx = ast[n].position().X();
                double newy = ast[n].position().Y();
```

```
                //wrap the asteroid around the screen edges
                if (ast[n].position().X() < -w)
                    newx = SCREENWIDTH + w;
                else if (ast[n].position().X() > SCREENWIDTH + w)
                    newx = -w;
                if (ast[n].position().Y() < -h)
                    newy = SCREENHEIGHT + h;
                else if (ast[n].position().Y() > SCREENHEIGHT + h)
                    newy = -h;
                ast[n].setPosition(new Point2D(newx,newy));
                ast[n].setState(SPRITE_NORMAL);
            }
        }
    }

/*****************************************************
* Test asteroids for collisions with ship or bullets
*****************************************************/
public void checkCollisions() {
    //check for collision between asteroids and bullets
    for (int m = 0; m<ASTEROIDS; m++) {
        if (ast[m].alive()) {
            //iterate through the bullets
            for (int n = 0; n < BULLETS; n++) {
                if (bullet[n].alive()) {
                    //collision?
                    if (ast[m].collidesWith(bullet[n])) {
                        bullet[n].setState(SPRITE_COLLIDED);
                        ast[m].setState(SPRITE_COLLIDED);
                        explode.play();
                    }
                }
            }
```

```
            }
        }

        //check for collision asteroids and ship
        for (int m = 0; m<ASTEROIDS; m++) {
            if (ast[m].alive()) {
                if (ship.collidesWith(ast[m])) {
                    ast[m].setState(SPRITE_COLLIDED);
                    ship.setState(SPRITE_COLLIDED);
                    explode.play();
                }
            }
        }
    }
```

A próxima seção de código processa entradas de teclado. O game evoluiu até um ponto em que as entradas simples de teclado dos capítulos anteriores tornaram-se insuficientes. Então, adicionei suporte ao jogo para pressionamentos múltiplos de teclas. Isso funciona por meio do uso de diversas variáveis globais: `keyLeft`, `keyRight` e assim por diante. Essas variáveis `booleanas` são definidas como verdadeiro durante o método de evento `keyPressed()` e falso durante o método de evento `keyReleased()`. Elas oferecem suporte a várias teclas ao mesmo tempo em um dado frame do loop de game. Há um limite prático para o número de teclas que você poderá pressionar ao mesmo tempo, mas este código torna o game mais fluido e a entrada de comandos é mais suave do que a entrada de comandos desajeitada do último capítulo.

```
/**************************************************
* process keys that have been pressed
**************************************************/
    public void checkInput() {
        if (keyLeft) {
        //left arrow rotates ship left 5 degrees
        ship.setFaceAngle(ship.faceAngle() - 5);
```

```
            if (ship.faceAngle() < 0) ship.setFaceAngle(360 - 5);
        }
        else if (keyRight) {
            //right arrow rotates ship right 5 degrees
            ship.setFaceAngle(ship.faceAngle() + 5);
            if (ship.faceAngle() > 360) ship.setFaceAngle(5);
        }
        if (keyUp) {
            //up arrow applies thrust to ship
            applyThrust();
        }
    }

    /*****************************************************
    * key listener events
    *****************************************************/
    public void keyTyped(KeyEvent k) { }
    public void keyPressed(KeyEvent k) {
        switch (k.getKeyCode()) {
        case KeyEvent.VK_LEFT:
            keyLeft = true;
            break;
        case KeyEvent.VK_RIGHT:
            keyRight = true;
            break;
        case KeyEvent.VK_UP:
            keyUp = true;
            break;
        case KeyEvent.VK_CONTROL:
            keyFire = true;
            break;
        case KeyEvent.VK_B:
            //toggle bounding rectangles
            showBounds = !showBounds;
```

```
            break;
        case KeyEvent.VK_C:
            //toggle collision testing
            collisionTesting = !collisionTesting;
            break;
        }
}

public void keyReleased(KeyEvent k) {
        switch (k.getKeyCode()) {
        case KeyEvent.VK_LEFT:
            keyLeft = false;
            break;
        case KeyEvent.VK_RIGHT:
            keyRight = false;
            break;
        case KeyEvent.VK_UP:
            keyUp = false;
            break;
        case KeyEvent.VK_CONTROL:
            keyFire = false;
            fireBullet();
            break;
        }
}

public void applyThrust() {
        //up arrow adds thrust to ship (1/10 normal speed)
        ship.setMoveAngle(ship.faceAngle() - 90);

        //calculate the X and Y velocity based on angle
        double velx = ship.velocity().X();
        velx += calcAngleMoveX(ship.moveAngle()) * ACCELERATION;
        double vely = ship.velocity().Y();
```

```
        vely += calcAngleMoveY(ship.moveAngle()) * ACCELERATION;
        ship.setVelocity(new Point2D(velx, vely));
    }
    public void fireBullet() {
        //fire a bullet
        currentBullet++;
        if (currentBullet > BULLETS - 1) currentBullet = 0;
        bullet[currentBullet].setAlive(true);

        //set bullet's starting point
        int w = bullet[currentBullet].imageWidth();
        int h = bullet[currentBullet].imageHeight();
        double x = ship.center().X() - w/2;
        double y = ship.center().Y() - h/2;
        bullet[currentBullet].setPosition(new Point2D(x,y));

        //point bullet in same direction ship is facing
        bullet[currentBullet].setFaceAngle(ship.faceAngle());
        bullet[currentBullet].setMoveAngle(ship.faceAngle() - 90);

        //fire bullet at angle of the ship
        double angle = bullet[currentBullet].moveAngle();
        double svx = calcAngleMoveX(angle) * BULLET_SPEED;
        double svy = calcAngleMoveY(angle) * BULLET_SPEED;
        bullet[currentBullet].setVelocity(new Point2D(svx, svy));

        //play shoot sound
        shoot.play();
    }
```

A última seção de código conclui a principal listagem de instruções para esta nova versão de Galactic War, implementando os métodos `calcAngleMoveX()` e `calcAngleMoveY()`, agora familiares.

```
/*************************************************
* Angular motion for X and Y is calculated
*************************************************/
    public double calcAngleMoveX(double angle) {
        double movex = Math.cos(angle * Math.PI / 180);
        return movex;
    }
    public double calcAngleMoveY(double angle) {
        double movey = Math.sin(angle * Math.PI / 180);
        return movey;
    }
}
```

O que você aprendeu

Este significativo capítulo produziu uma nova versão monumental de Galactic War que é base para os capítulos seguintes. Os vestígios finais das raízes do game vetorial foram descartados e agora o game está totalmente implementado com bitmaps. Neste capítulo, você aprendeu:

- Como as entidades de game podem se tornar não gerenciáveis sem um manipulador (como a classe `Sprite`)
- Como o uso da classe sprite limpa significativamente o código-fonte do game

Questões de revisão

As questões a seguir o ajudarão a determinar o quanto você aprendeu dos tópicos abordados neste capítulo. As respostas são fornecidas no Apêndice A, "Respostas às questões dos capítulos".

1. Que classe de suporte ajuda a gerenciar a posição e a velocidade dos sprites?

2. Durante qual evento de teclado você deve desabilitar a variável de pressionamento de tecla, quando forem detectados múltiplos pressionamentos de tecla com variáveis globais?
3. Qual é o nome da rotina de detecção de colisão de sprites utilizada no Galactic War?
4. Que método da classe `Applet` oferece uma forma de carregar imagens a partir de um arquivo .jar?
5. Que pacote Java você precisa importar para utilizar a classe `Graphics2D`?
6. Que tipo de dado numérico a classe `Point2D` (criada neste capítulo) utiliza para armazenamento interno dos valores de X e Y?
7. Como o uso de uma classe como a `Point2D` aprimora o código-fonte de um game, em comparação às variáveis simples?
8. Que propriedade da classe `Sprite` determina o ângulo para o qual o sprite se moverá?
9. Que propriedade da classe `Sprite` determina o ângulo para o qual o sprite será apontado?
10. Quantos milissegundos o game deve usar como atraso a fim de alcançar uma taxa de quadros de 60 frames por segundos?

Agora é por sua conta

O game Galactic War está em transição neste ponto, após ter sido aprimorado significativamente a partir dos gráficos vetoriais. No momento, ele não realiza nenhuma ação a partir das colisões, além de relatar que uma colisão ocorreu. Queremos separar o código de *teste de colisão* do código de *resposta de colisão*. Adicione um método chamado pelo `gameUpdate()` que mostra a posição (x,y) de qualquer objeto que tenha se colidido com outro objeto, para fins de depuração. Você pode fazer isso consultando a propriedade `state` do sprite.

Capítulo 13

Galactic War: entre rochas espaciais

Proporcionaremos uma pequena melhoria ao Galactic War neste capítulo, adicionando suporte a uma explosão animada. Para facilitar, teremos que escrever alguns novos códigos para manipular as propriedades de tempo e estado de cada sprite. O objetivo deste capítulo é adicionar um manipulador para responder às colisões entre a nave e os asteroides. Quando houver uma colisão, o game deverá reproduzir uma animação de explosão sobre a nave e depois colocar a nave em um modo de invulnerabilidade temporária para que o jogador possa retomar o controle antes que ocorra outra colisão. Os tópicos-chave são:

- Exame das possíveis interações entre as entidades do game
- Adição da detecção de colisão entre a nave do jogador e os asteroides

Noções básicas sobre colisões

Responder às colisões de modo organizado é o primeiro passo para se adicionar realismo a qualquer game. O próximo passo é incluir uma noção de tempo ao código de resposta. Colocaremos as explosões para aparecer quando o jogador é atingido por um asteroide! A nova explosão animada no game é uma sequência de 16 frames, mostrada na **Figura 13.1**.

Quando o código da explosão for adicionado ao game, a nave literalmente explodirá ao colidir com um asteroide (veja **Figura 13.2**).

Vamos observar as alterações necessárias para atualizar o game para suportar explosões. O que temos aqui é mais do que apenas carregar a animação e desenhá-la, pois temos que contabilizar os valores de estado do sprite e a temporização. A primeira alteração é feita na seção `global` no início da classe – observe as alterações em negrito.

Dica

A palavra-chave `static` define uma variável que não é alterada[1].

```
public class GalacticWar extends Applet implements Runnable, KeyListener {
    //global constants
    static int SCREENWIDTH = 800;
    static int SCREENHEIGHT = 600;
    static int CENTERX = SCREENWIDTH / 2;
```

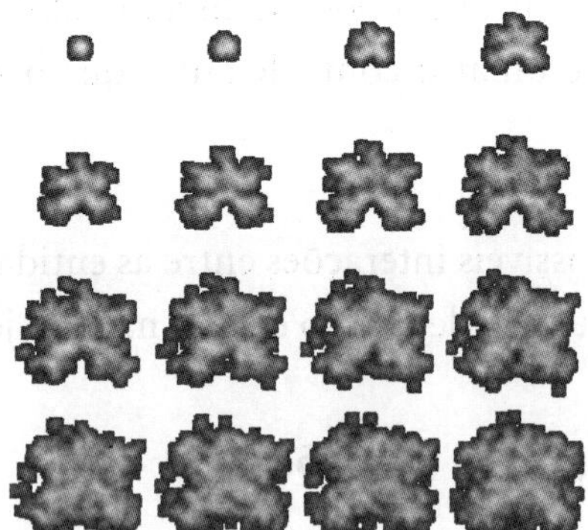

Figura 13.1 A explosão animada de 16 frames (cortesia de Reiner Prokein).

[1] Também chamada de "constante" em algumas linguagens de programação. (N.R.T.)

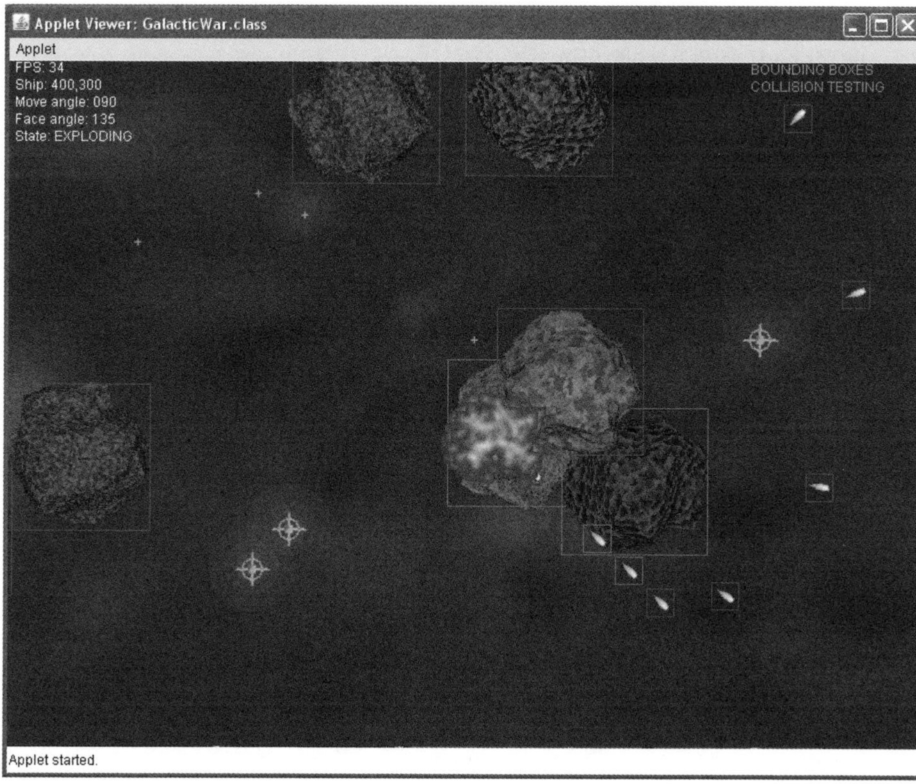

Figura 13.2 **A nova explosão animada agora faz parte do game.**

```
static int CENTERY = SCREENHEIGHT / 2;
static int ASTEROIDS = 10;
static int BULLETS = 10; static int BULLET_SPEED = 4;
static double ACCELERATION = 0.05;

//sprite state values
static int STATE_NORMAL = 0;
static int STATE_COLLIDED = 1;
static int STATE_EXPLODING = 2;

//the main thread becomes the game loop
Thread gameloop;
```

```
//double buffer objects
BufferedImage backbuffer;
Graphics2D g2d;

//various toggles
boolean showBounds = true;
boolean collisionTesting = true;
long collisionTimer = 0;

//define the game objects
ImageEntity background;
Sprite ship;
Sprite[] ast = new Sprite[ASTEROIDS];
Sprite[] bullet = new Sprite[BULLETS];
int currentBullet = 0;
AnimatedSprite explosion;

//create a random number generator
Random rand = new Random();

//sound effects
SoundClip shoot;
SoundClip explode;

//simple way to handle multiple keypresses
boolean keyDown, keyUp, keyLeft, keyRight, keyFire;

//frame rate counters and other timing variables
int frameCount = 0, frameRate = 0;
long startTime = System.currentTimeMillis();
```

Faça as alterações a seguir perto do início do método de evento `init()` para mudar o objeto de pano de fundo de um `Image` para um `ImageEntity`.

```
public void init() {
    //create the back buffer for smooth graphics
    backbuffer = new BufferedImage(SCREENWIDTH, SCREENHEIGHT,
        BufferedImage.TYPE_INT_RGB);
    g2d = backbuffer.createGraphics();

    //load the background image
    background = new ImageEntity(this);
    background.load("bluespace.png");
```

Em seguida, desça mais um pouco dentro do método de evento `init()` até encontrar a chamada para `addKeyListener(this)` e insira o seguinte código em negrito. Este código carrega uma animação de explosão de 16 frames.

```
//load the explosion
explosion = new AnimatedSprite(this, g2d);
explosion.load("explosion96x96x16.png", 4, 4, 96, 96);
explosion.setFrameDelay(2);
explosion.setAlive(false);

//start the user input listener
addKeyListener(this);
```

A seguir, vá ao evento `update()` e procure a linha de código que desenha o pano de fundo e faça a alteração em negrito. Depois, algumas linhas abaixo, adicione a nova linha de código em negrito.

```
//draw the background
g2d.drawImage(background.getImage(),0,0,SCREENWIDTH-1,SCREENHEIGHT-1,
this);

    //draw the game graphics drawAsteroids();
    drawShip();
    drawBullets();
    drawExplosions();
```

Agora, enquanto você ainda está no método `update()`, desça algumas linhas até a parte do método que desenha as informações de *status* na tela e adicione o código a seguir para exibir o estado atual da nave.

```
if (ship.state()==STATE_NORMAL)
    g2d.drawString("State: NORMAL", 5, 70);
else if (ship.state()==STATE_COLLIDED)
    g2d.drawString("State: COLLIDED", 5, 70);
else if (ship.state()==STATE_EXPLODING)
    g2d.drawString("State: EXPLODING", 5, 70);
```

Agora, desça até depois dos três métodos `draw` e adicione o seguinte método após `drawAsteroids()`. Esta é somente a primeira versão do código de explosão e ela apenas desenha uma única explosão animada. Depois, o game precisará suportar várias explosões ao mesmo tempo.

```
public void drawExplosions() {
    //explosions don't need separate update method
    if (explosion.alive()) {
        explosion.updateAnimation();
        if (explosion.currentFrame() == explosion.totalFrames()-1) {
            explosion.setCurrentFrame(0);
            explosion.setAlive(false);
        }
        else {
            explosion.draw();
        }
    }
}
```

Em seguida, desça mais um pouco até o método `gameUpdate()`. Modifique-o com as linhas de código adicionais mostradas em negrito.

```
private void gameUpdate() {
    checkInput();
    updateShip();
    updateBullets();
    updateAsteroids();
    if (collisionTesting) {
        checkCollisions();
        handleShipCollisions();
        handleBulletCollisions();
        handleAsteroidCollisions();
    }
}
```

Desça até o método `checkCollisions()` e adicione os novos métodos seguintes. As duas rotinas do manipulador de colisão para asteroides e tiros ainda não foram implementadas, uma vez que o objetivo é conseguir primeiro uma resposta para colisões entre a nave e os asteroides junto com uma explosão animada. O método `handleShipCollisions()` utiliza a propriedade `state` do sprite da nave com frequência para monitorar o atual estado de uma colisão e isso adiciona um atraso de três segundos após a colisão para que o jogador possa recuperar o controle antes que comecem a ocorrer colisões novamente.

```
public void handleShipCollisions() {
    if (ship.state() == STATE_COLLIDED) {
        collisionTimer = System.currentTimeMillis();
        ship.setVelocity(new Point2D(0,0));
        ship.setState(STATE_EXPLODING);
        startExplosion(ship);
    }
    else if (ship.state() == STATE_EXPLODING) {
        if (collisionTimer + 3000 < System.currentTimeMillis()) {
            ship.setState(STATE_NORMAL);
        }
```

```
        }
    }

    public void startExplosion(Sprite sprite) {
        if (!explosion.alive()) {
            double x = sprite.position().X() -
                sprite.getBounds().width / 2;
            double y = sprite.position().Y() -
                sprite.getBounds().height / 2;
            explosion.setPosition(new Point2D(x, y));
            explosion.setCurrentFrame(0);
            explosion.setAlive(true);
        }
    }

    public void handleBulletCollisions() {
        for (int n = 0; n<BULLETS; n++) {
            if (bullet[n].state() == STATE_COLLIDED) {
                //nothing to do yet
            }
        }
    }

    public void handleAsteroidCollisions() {
        for (int n = 0; n<ASTEROIDS; n++) {
            if (ast[n].state() == STATE_COLLIDED) {
                //nothing to do yet
            }
        }
    }
```

O que você aprendeu

Este capítulo abordou a difícil detecção de colisões. Adicionar suporte para teste de colisão não é uma tarefa fácil, mas este capítulo ofereceu a você o conhecimento necessário e explicou o código de colisão nas classes principais que possibilitam tal suporte. Agora você pode desenhar dois ou mais sprites na tela e determinar *com muita facilidade* quando eles se cruzaram ou colidiram entre si e, então, responder a tais eventos.

Questões de revisão

As questões a seguir o ajudarão a determinar o quanto você aprendeu dos tópicos abordados neste capítulo. As respostas são fornecidas no Apêndice A, "Respostas às questões dos capítulos".

1. Qual o nome do método que torna possível a detecção de colisões?
2. Quantas colisões o game consegue detectar em uma única atualização do loop de game?
3. O que aconteceria se a nave estivesse para atirar um projétil que desse a volta na tela, saindo de um lado da tela e aparecendo no outro e depois atingisse a nave? Ocorreria uma colisão? Sim ou não? Por quê?
4. O que deveria acontecer com a nave do jogador depois de ter sido destruída por uma colisão com um asteroide? Descreva uma forma de se "recriar" a nave, melhor do que a atualmente feita.
5. Que tipo de transformação você deveria aplicar à explosão do sprite para alterar seu tamanho?
6. Como a velocidade da nave afeta o resultado de uma colisão quando a nave é destruída? A nave deveria continuar ganhando impulso mesmo durante a explosão?
7. Como a rotina de colisão pode ser melhorada para que as colisões sejam mais precisas?
8. Qual o nome da constante aplicada à nave após ocorrer uma colisão?
9. Qual o nome do método que atualiza uma sequência de animação de sprite?
10. Qual o nome do método que manipula o loop de game do Galactic War?

Agora é por sua conta

Uma vez que melhoramos constantemente o game a cada capítulo, há pouca coisa que você possa fazer e que não será abordada no próximo capítulo. No entanto, algumas melhorias podem ser feitas agora e não serão adicionadas nos capítulos futuros. Aqui está um exemplo: adicione outra explosão ao Galactic War para que os asteroides explodam como a nave do jogador quando colidirem com a nave.

Capítulo 14

Galactic War: gerenciamento de entidades

Você aprendeu os conceitos básicos de programação de games para web nos capítulos anteriores e construiu o game Galactic War na Parte III deste livro. O código-fonte de um game baseado em applet está se tornando um pouco tedioso. Agora que você sabe como escrever um game básico em Java, já deu para notar que há vários códigos que não mudam muito de um game para outro. Você não está ficando cansado de ver os manipuladores de mouse e teclado em cada listagem de código? Aposto que sim! Não quero forçar muito a estrutura para seus próprios projetos, mas acho que pode ser útil organizar um pouco o código.

Há uma série de eventos e métodos que devem ser chamados e monitorados regularmente e, já que esse código não muda muito (se mudar), daria para limpar consideravelmente o código-fonte se pudéssemos mover o código reutilizável para uma classe separada. Este capítulo mostra como criar uma classe de base para um framework baseado em applet ou, mais exatamente, um engine de game. Você será capaz de escrever um game com muito mais facilidade, herdando da nova classe `Game` e seu game não precisará mais implementar as interfaces (como a `Runnable`). Em vez disso, você será capaz de focar na jogabilidade e no design de alto nível do game. Os tópicos específicos que você aprenderá são:

- Programação de game orientada a eventos
- Criar um engine de game Java baseado em applet
- Internalizando o manipulador de sprites
- Adaptar o Galactic War ao novo engine de game

Ajuste da programação orientada a evento

O maior obstáculo para a adoção de um framework, ou engine de game, é que você deve abrir mão de um controle direto (ativo) do game e aceitar uma metodologia de programação indireta (passiva). Adaptar o Galactic War de um game direto para um game passivo foi muito desafiador e eu gostaria de compartilhar minha experiência com você para que não tenha que passar pela mesma dor de desenvolver seu próprio engine de game do jeito mais difícil. Eu poderia ter terminado o game duas ou três vezes mais rápido com o tempo que gastei construindo a classe `Game` neste capítulo, mas o resultado final é um engine poderoso para criar games adicionais para disponibilização na web.

Explorando a biblioteca de classes

Vamos dar uma olhada na biblioteca de classes como ela se encontra neste momento, após as alterações feitas no capítulo anterior. A **Figura 14.1** mostra um diagrama das quatro principais classes que desenvolvemos até agora. O diagrama não mostra a classe `VectorEntity` porque ela não é mais utilizada.

Primeiro, a classe `BaseGameEntity` contém as variáveis básicas de orientação e de movimento que são passadas para a classe `ImageEntity`. Esta classe adiciona a capacidade de movimentar, girar e desenhar imagens bitmap e é a classe principal.

A partir deste ponto, foi desenvolvida uma nova classe chamada `Sprite`. Agora, a classe `Sprite` não herda de `ImageEntity`, mas utiliza esta classe principal para armazenar sua imagem interna adotada para desenhar sprites. Por isso a ligação da classe `ImageEntity` com a `Sprite` é feita com linha pontilhada. Em seguida, temos a classe `AnimatedSprite`, que é o núcleo do engine de game devido ao suporte para animação.

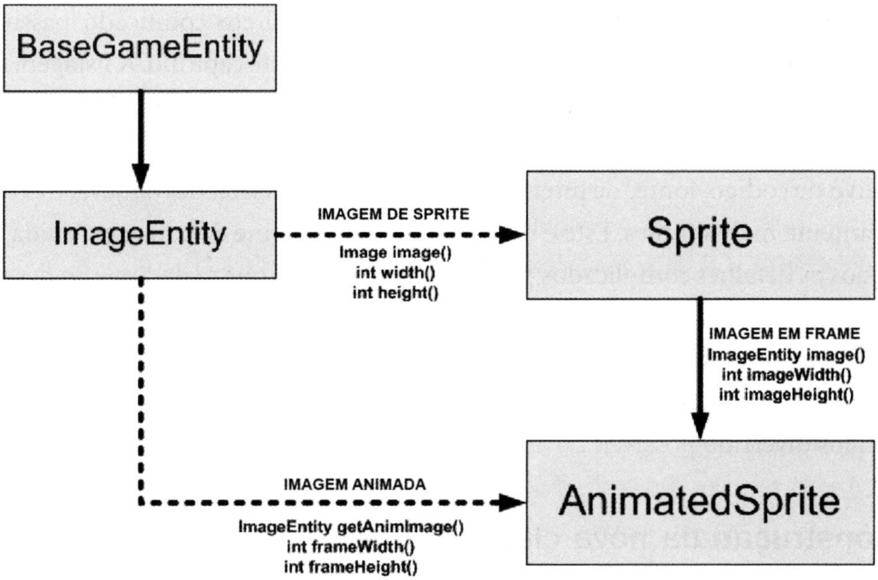

Figura 14.1 **As quatro classes-chave Java para trabalhar com imagens de game.**

Quando você olha para este diagrama e faz as conexões na direção contrária, descobre que a classe `AnimatedSprite` herda diversas propriedades-chave da classe `Sprite`: imagem, largura e altura. A classe `AnimatedSprite` também utiliza uma `ImageEntity` para manipular as imagens maiores que contêm frames de animação. A classe `Sprite`, fazendo o caminho contrário da mesma forma, consome imagem e suas propriedades de largura e altura. Você pode usar este diagrama sempre que se sentir ameaçado enquanto passa o olho pelo código-fonte do Galactic War nestes capítulos finais, porque o game está ficando mais consistente. Quando uma `AnimatedSprite` carrega seu bitmap-fonte, este passa para uma "superclasse" ou "classe-mãe" (`Sprite`), que manipula a imagem. Esta é a herança na prática, porque a classe `AnimatedSprite`, na verdade, não precisa mesmo manipular sua imagem.

Usamos a palavra "consistente" para descrever uma situação em que o código-fonte não fica lotado, como acontece muitas vezes quando um game se torna mais avançado. Em vez disso, o Galactic War evoluirá de um modelo direto codificado ativamente para um modelo indireto codificado passivamente, utilizando o engine de game desenvolvido neste capítulo. A listagem do código-fonte deste game é quase do mesmo tamanho da anterior, mas o game foi completamente reescrito. A classe `Game` é bastante complexa, porém o arquivo de código-fonte "de interface" ou "do usuário", GalacticWar.java, é extremamente mais simples. Este é o benefício de um engine de game: ele cuida de todos os detalhes complicados para você, permitindo que se dedique ao desenvolvimento de jogabilidade. Do ponto de vista do engine, "Você é muito habilidoso para ser incomodado com detalhes menores, como o gerenciamento de sprites. Deixe-me cuidar disso para você, enquanto se dedica a fazer este game o mais divertido possível!".

Construção da nova classe *Game*

O objetivo do engine de game é encapsular o código da plataforma sobre o qual o game é desenvolvido. Neste caso, estamos falando de um applet Java que é executado em um navegador web. Então, o objetivo deste capítulo é construir um engine de game que simplifique a construção de games para web com Java. O primeiro passo é criar uma nova classe. Abri o projeto Galactic War a partir do último capítulo e comecei a modificá-lo. Primeiro, criei uma nova classe chamada `Game`. A classe `Game` estende (ou herda) a classe `Applet`, como aconteceu em nossos programas nos últimos 13 capítulos. Esta nova classe precisará implementar as interfaces *listener* de mouse e de teclado. Ela também precisará manipular o thread do loop de game sozinha para que o game derivado não precise se incomodar com tais detalhes (mais especificamente com logística, já que estamos tentando gerenciar a logística de um applet).

Encapsulamento de um Applet Java Padrão

Aqui estão os principais eventos que você está acostumado a ver em um programa baseado em applet Java até este momento. Incluo eventos de mouse porque eles farão parte do engine, mesmo que não os tenhamos utilizado muito no Galactic War. Fique à vontade para adicionar um suporte para mouse, se desejar. No entanto, acredito que não será fácil controlar a nave com um mouse.

```
public void init()
public void update(Graphics g)
public void paint(Graphics g)
public void start()
public void run()
public void stop()
public void keyTyped(KeyEvent k)
public void keyPressed(KeyEvent k)
public void keyReleased(KeyEvent k)
public void mousePressed(MouseEvent e)
public void mouseReleased(MouseEvent e)
public void mouseMoved(MouseEvent e)
public void mouseDragged(MouseEvent e)
public void mouseEntered(MouseEvent e)
public void mouseExited(MouseEvent e)
public void mouseClicked(MouseEvent e)
```

Mesmo que você ignore os eventos do *listener* de mouse, há uma série de eventos primários nesta listagem que todo game baseado em applet deve, no mínimo, implementar. Quanto a fatores como eventos de tecla, queremos substituir completamente os eventos armazenados por um manipulador de teclado que suporte múltiplos pressionamentos e liberações de teclas. Experimentei várias maneiras de fazer isso e encontrei uma solução versátil, mas não totalmente interna para a classe `Game`. Os eventos de tecla são passados para o game, que pode então utilizar algumas variáveis `boolean` globais para manter o controle das teclas necessárias para o game. Os eventos de mouse são divididos, e são disponibilizadas diversas propriedades de mouse para fornecer informações de movimento e de ações dos botões de mouse para o seu game.

Eventos de game customizados

No lugar dos eventos-padrão de applet, quero que esta classe envie eventos que estejam diretamente relacionados a questões de jogabilidade, como colisão de sprites e atualização de tela. Os métodos mais cruciais da classe `Game` utilizam a classe `AnimatedSprite`. A classe `Game` possui as seguintes características:

- Trabalha com buffer duplo automaticamente
- Mantém uma taxa de frames consistente
- Controla os *listeners* de entrada
- Gerencia a thread do loop de game
- Mantém uma lista interna ligada para sprites
- Realiza cálculo automático de taxa de frames
- Move e desenha automaticamente todos os sprites ativos
- Realiza teste de colisão em todos os sprites ativos
- Passa eventos importantes para o game

Essa é uma lista importante de objetivos para qualquer engine de game baseado em sprites. Este engine permite que você construa jogos muito mais complexos do que seria possível com os vetores simples que utilizamos nos capítulos anteriores. A chave para o manipulador de sprites é a classe `java.util.LinkedList`. Utilizando uma lista encadeada que contenha objetos `AnimatedSprite`, você pode adicionar e remover sprites dinamicamente sem afetar negativamente o desempenho. Consegui colocar 300 sprites na tela de uma vez, com teste de colisão total, e o game ainda continuou sendo executado na taxa de frames desejada. Tenha em mente que a plataforma-alvo aqui é um navegador web! Sempre que você adicionar algum novo processamento ao sistema, você inevitavelmente introduzirá alguma queda de desempenho.

Há uma negociação entre a velocidade simples e a desejada para se ter um game complexo e atraente com muitas imagens na tela. Prefiro poder adicionar uma explosão ao game a qualquer momento sem ter que me preocupar com essa explosão depois que ela terminar a animação. A `AnimatedSprite` possui uma série de propriedades e métodos que tornam isso possível (como as variáveis `lifetime` e `lifeage` que a classe `Game` utiliza para terminar um sprite quando seu tempo de vida acabou). Quero dizer ao engine de game: "Ei, a nave do jogador acabou de explodir aqui [forneça a posição X,Y]. Por favor, mostre uma explosão aqui".

O engine de game deve não apenas animar a explosão naquele local mas também cuidar da temporização e, em seguida, remover a explosão da lista encadeada automaticamente.

Dica

A lista encadeada que controla os sprites no engine de game é uma variável global de classe chamada sprites(). Você pode acessar este objeto em qualquer lugar do seu programa quando ele herdar de `Game`.

Aqui estão os novos eventos introduzidos no engine de sprite. Estes eventos são declarados como abstratos porque a classe de herança deve implementá-los. Eles não contêm nenhum código-fonte na classe `Game`, embora a classe `Game` os chame. É isso que dá ao engine de sprite a capacidade de passar eventos para o game enquanto ainda cuida de todo o trabalho nos bastidores.

```
void gameStartup()
void gameTimedUpdate()
void gameRefreshScreen()
void gameShutdown()
void gameKeyDown(int keyCode) void gameKeyUp(int keyCode)
void gameMouseDown()
void gameMouseUp()
void gameMouseMove()
void spriteUpdate(AnimatedSprite sprite)
void spriteDraw(AnimatedSprite sprite)
void spriteDying(AnimatedSprite sprite)
void spriteCollision(AnimatedSprite spr1, AnimatedSprite spr2)
```

Sabe o que é melhor nesses eventos? Eles descrevem exatamente o que você precisa saber. O que significa `spriteDying`? Isso é chamado imediatamente antes de um sprite ser removido da lista encadeada! E quanto a `spriteUpdate` e `spriteDraw`? Esses dois trabalham lado a lado para dar ao código a oportunidade de monitorar um sprite enquanto é atualizado e desenhado (ambos são manipulados por você). Por exemplo, você utiliza `spriteDraw` para desenhar a caixa de colisão em torno de um sprite se você ativar a opção de exibição de caixas de colisão (tecla B). Os sprites já estão desenhados quando a `spriteDraw` é chamada. Isso lhe dá o aviso de que o sprite foi desenhado e que você pode fazer o que quiser com ele. Da mesma forma, quando a `spriteUpdate` for chamada, o sprite já terá se movido (com base na velocidade). Cabe a você evitar que o sprite saia dos limites da tela ou incluir quaisquer outros comportamentos que queira.

O código-fonte da classe Game

Aqui está a listagem completa do código-fonte para a classe `Game` que descrevi até o momento. Muito desse código deve ser familiar a você porque o utilizamos bastante nos capítulos anteriores. Destacarei em negrito o código crucial que não está relacionado diretamente ao applet. Enquanto passamos o olho no código-fonte da classe `Game`, preste muita atenção a todas as linhas em negrito e analise o resto do código. Isso deve ajudá-lo a entender exatamente o que esta classe faz.

```
/**************************************************
* Applet Game Framework class
**************************************************/
import java.applet.*;
import java.awt.*;
import java.awt.event.*;
import java.awt.image.*;
import java.lang.System; import java.util.*;

abstract class Game extends Applet implements Runnable, KeyListener,
    MouseListener, MouseMotionListener {

    //the main game loop thread
    private Thread gameloop;
```

```
//internal list of sprites
private LinkedList _sprites;
public LinkedList sprites() { return _sprites; }

//screen and double buffer related variables
private BufferedImage backbuffer;
private Graphics2D g2d;
private int screenWidth, screenHeight;

//keep track of mouse position and buttons
 private Point2D mousePos = new Point2D(0,0);
private boolean mouseButtons[] = new boolean[4];

//frame rate counters and other timing variables
private int _frameCount = 0;
private int _frameRate = 0;
private int desiredRate;
private long startTime = System.currentTimeMillis();

//local applet object
public Applet applet() { return this; }

//game pause state
private boolean _gamePaused = false;
public boolean gamePaused() { return _gamePaused; }
public void pauseGame() { _gamePaused = true; }
public void resumeGame() { _gamePaused = false; }

//declare the game event methods that sub-class must implement
abstract void gameStartup();
abstract void gameTimedUpdate();
abstract void gameRefreshScreen();
abstract void gameShutdown();
abstract void gameKeyDown(int keyCode);
```

```
abstract void gameKeyUp(int keyCode);
abstract void gameMouseDown();
abstract void gameMouseUp();
abstract void gameMouseMove();
abstract void spriteUpdate(AnimatedSprite sprite);
abstract void spriteDraw(AnimatedSprite sprite);
abstract void spriteDying(AnimatedSprite sprite);
abstract void spriteCollision(AnimatedSprite spr1, AnimatedSprite spr2);

/*****************************************************
* constructor
*****************************************************/
public Game(int frameRate, int width, int height) {
    desiredRate = frameRate;
    screenWidth = width;
    screenHeight = height;
}

//return g2d object so sub-class can draw things
public Graphics2D graphics() { return g2d; }

//current frame rate
public int frameRate() { return _frameRate; }

//mouse buttons and movement
public boolean mouseButton(int btn) { return mouseButtons[btn]; }
public Point2D mousePosition() { return mousePos; }

/*****************************************************
* applet init event method
*****************************************************/
public void init() {
    //create the back buffer and drawing surface
    backbuffer = new BufferedImage(screenWidth, screenHeight,
```

```
        BufferedImage.TYPE_INT_RGB);
    g2d = backbuffer.createGraphics();

    //create the internal sprite list
    _sprites = new LinkedList<AnimatedSprite>();

    //start the input listeners
    addKeyListener(this);
    addMouseListener(this);
    addMouseMotionListener(this);

    //this method implemented by sub-class
    gameStartup();
}

/**************************************************
* applet update event method
**************************************************/
public void update(Graphics g) {
    //calculate frame rate
    _frameCount++;
    if (System.currentTimeMillis() > startTime + 1000) {
        startTime = System.currentTimeMillis();
        _frameRate = _frameCount;
        _frameCount = 0;

        //once every second all dead sprites are deleted
        purgeSprites();
    }
    //this method implemented by sub-class
    gameRefreshScreen();

    //draw the internal list of sprites
```

```
    if (!gamePaused()) {
        drawSprites();
    }

    //redraw the screen
    paint(g);
}

/*****************************************************
* applet window paint event method
*****************************************************/
public void paint(Graphics g) {
    g.drawImage(backbuffer, 0, 0, this);
}

/*****************************************************
* thread start event - start the game loop running
*****************************************************/
public void start() {
    gameloop = new Thread(this);
    gameloop.start();
}
/*****************************************************
* thread run event (game loop)
*****************************************************/
public void run() {
    //acquire the current thread
    Thread t = Thread.currentThread();

    //process the main game loop thread
    while (t == gameloop) {
        try {
            //set a consistent frame rate
```

```
            Thread.sleep(1000 / desiredRate);
        }
        catch(InterruptedException e) {
            e.printStackTrace();
        }

        //update the internal list of sprites
        if (!gamePaused()) {
            updateSprites();
            testCollisions();
        }

        //allow main game to update if needed
        gameTimedUpdate();

        //refresh the screen
        repaint();
    }
}

/*****************************************************
* thread stop event
*****************************************************/
public void stop() {
    //kill the game loop
    gameloop = null;

    //this method implemented by sub-class
    gameShutdown();
}

/*****************************************************
* key listener events
*****************************************************/
```

```
public void keyTyped(KeyEvent k) { }
public void keyPressed(KeyEvent k) {
    gameKeyDown(k.getKeyCode());
}
public void keyReleased(KeyEvent k) {
    gameKeyUp(k.getKeyCode());
}

/*****************************************************
* checkButtons stores the state of the mouse buttons
*****************************************************/
private void checkButtons(MouseEvent e) {
    switch(e.getButton()) {
    case MouseEvent.BUTTON1:
        mouseButtons[1] = true;
        mouseButtons[2] = false;
        mouseButtons[3] = false;
        break;
    case MouseEvent.BUTTON2:
        mouseButtons[1] = false;
        mouseButtons[2] = true;
        mouseButtons[3] = false;
        break;
    case MouseEvent.BUTTON3:
        mouseButtons[1] = false;
        mouseButtons[2] = false;
        mouseButtons[3] = true;
        break;
    }
}

/*****************************************************
* mouse listener events
*****************************************************/
```

```
public void mousePressed(MouseEvent e) {
    checkButtons(e);
    mousePos.setX(e.getX());
    mousePos.setY(e.getY());
    gameMouseDown();
}
public void mouseReleased(MouseEvent e) {
    checkButtons(e);
    mousePos.setX(e.getX());
    mousePos.setY(e.getY());
    gameMouseUp();
}
public void mouseMoved(MouseEvent e) {
    checkButtons(e);
    mousePos.setX(e.getX());
    mousePos.setY(e.getY());
    gameMouseMove();
}
public void mouseDragged(MouseEvent e) {
    checkButtons(e);
    mousePos.setX(e.getX());
    mousePos.setY(e.getY());
    gameMouseDown();
    gameMouseMove();
}
public void mouseEntered(MouseEvent e) {
    mousePos.setX(e.getX());
    mousePos.setY(e.getY());
    gameMouseMove();
}
public void mouseExited(MouseEvent e) {
    mousePos.setX(e.getX());
    mousePos.setY(e.getY());
```

```
        gameMouseMove();
    }
    //this event is not needed
    public void mouseClicked(MouseEvent e) { }

    /*****************************************************
     * X and Y velocity calculation functions
     *****************************************************/
    protected double calcAngleMoveX(double angle) {
        return (double)(Math.cos(angle * Math.PI / 180));
    }
    protected double calcAngleMoveY(double angle) {
        return (double) (Math.sin(angle * Math.PI / 180));
    }

    /*****************************************************
     * update the sprite list from the game loop thread
     *****************************************************/
    protected void updateSprites() {
        for (int n=0; n < _sprites.size(); n++) {
            AnimatedSprite spr = (AnimatedSprite) _sprites.get(n);
            if (spr.alive()) {
                spr.updatePosition();
                spr.updateRotation();
                spr.updateAnimation();
                spriteUpdate(spr);
                spr.updateLifetime();
                if (!spr.alive()) {
                    spriteDying(spr);
                }
            }
        }
    }
```

```
/***********************************************************
* perform collision testing of all active sprites
***********************************************************/
protected void testCollisions() {
    //iterate through the sprite list, test each sprite against
    //every other sprite in the list
    for (int first=0; first < _sprites.size(); first++) {

        //get the first sprite to test for collision
        AnimatedSprite spr1 = (AnimatedSprite) _sprites.get(first);
        if (spr1.alive()) {

            //look through all sprites again for collisions
            for (int second = 0; second < _sprites.size(); second++) {

                //make sure this isn't the same sprite
                if (first != second) {

                    //get the second sprite to test for collision
                    AnimatedSprite spr2 = (AnimatedSprite)
                        _sprites.get(second);
                    if (spr2.alive()) {
                        if (spr2.collidesWith(spr1)) {
                            spriteCollision(spr1, spr2);
                            break;
                        }
                        else
                        spr1.setCollided(false);
                    }
                }
            }
        }
    }
}
```

```
/************************************************
 *   draw all active sprites in the sprite list
 *   sprites lower in the list are drawn on top
 ************************************************/
protected void drawSprites() {
    //draw sprites in reverse order (reverse priority)
    for (int n=0; n<_sprites.size(); n++) {
        AnimatedSprite spr = (AnimatedSprite) _sprites.get(n);
        if (spr.alive()) {
            spr.updateFrame();
            spr.transform();
            spr.draw();
            spriteDraw(spr);    //notify player
        }
    }
}

/************************************************
 *   once every second during the frame update, this method
 *   is called to remove all dead sprites from the linked list
 ************************************************/
private void purgeSprites() {
    for (int n=0; n < _sprites.size(); n++) {
        AnimatedSprite spr = (AnimatedSprite) _sprites.get(n);
            if (!spr.alive()) {
                _sprites.remove(n);
            }
    }
}
}
```

Aperfeiçoando o Galactic War

Você se surpreenderá ao perceber que o código-fonte do Galactic War foi mantido quase inalterado em tamanho, embora o game seja drasticamente mais complexo, com novos e importantes recursos de jogabilidade. Estamos apenas a alguns passos da conclusão do game, e meu objetivo no próximo capítulo será adicionar mais recursos de jogabilidade (como powerups). Jogue o game apenas por alguns minutos e você perceberá imediatamente a necessidade de powerups! Este jogo é difícil! Se você puder evitar destruir alguns dos asteroides maiores enquanto cuida dos menores, pode ter uma chance; mas uma vez que você começa a atirar e os asteroides começam a quebrar em pedaços menores, você tem de ser rápido nas manobras para não virar poeira espacial (como acaba de acontecer comigo – veja **Figura 14.2**).

Explorando o novo código-fonte do Galactic War

Em vez de descrever o código-fonte apenas por um ponto de vista funcional, vou levá-lo a um *tour* pelo código com telas capturadas de aspectos-chave do

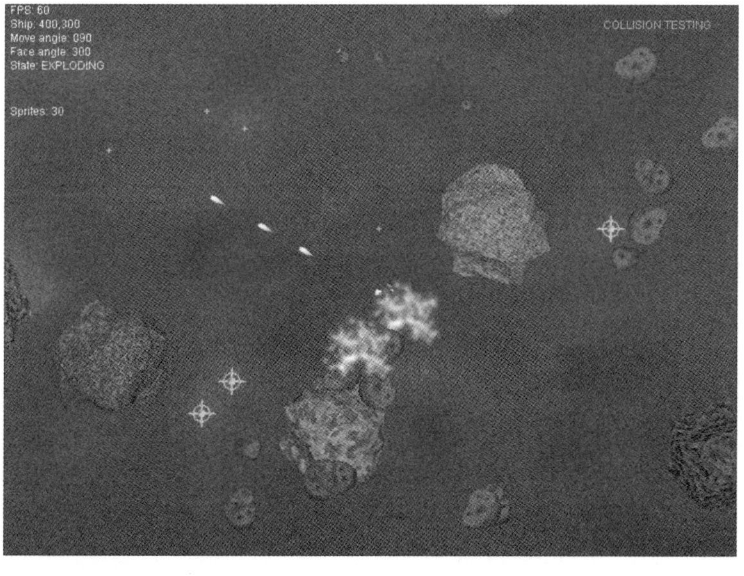

Figura 14.2 Minha nave acaba de ser despedaçada por três asteroides de tamanho médio.

game que são afetados por seções específicas do código-fonte. Para um game dessa complexidade, cerca de 630 linhas de código é surpreendente (sem contar as classes de suporte). Destacamos todas as linhas principais do código em negrito para você identificá-las com facilidade. Se prestar bastante atenção nas linhas do código em negrito, as listagens de códigos deverão fazer mais sentido para você.

Vamos começar com os créditos de abertura do game, nos quais são definidos todos os objetos e as variáveis iniciais. A parte mais significativa deste código é a pequena definição de classe! A classe `GalacticWar` estende a classe `Game`... e é só isso! Além disso, a inicialização dos gráficos do game é toda feita aqui. As imagens definidas e carregadas no começo são utilizadas sempre que um novo sprite precisa ser adicionado à lista interna de sprites.

```
/*****************************************************
* GALACTIC WAR, Chapter 14
*****************************************************/
import java.awt.*;
import java.util.*;
import java.lang.System;
import java.awt.event.*;

public class GalacticWar extends Game {
    //these must be static because they are passed to a constructor
    static int FRAMERATE = 60;
    static int SCREENWIDTH = 800;
    static int SCREENHEIGHT = 600;

    //misc global constants
    final int ASTEROIDS = 10;
    final int BULLET_SPEED = 4;
    final double ACCELERATION = 0.05;
    final double SHIPROTATION = 5.0;
```

```
//sprite state values
final int STATE_NORMAL = 0;
final int STATE_COLLIDED = 1;
final int STATE_EXPLODING = 2;

//sprite types
final int SPRITE_SHIP = 1;
final int SPRITE_ASTEROID_BIG = 10;
final int SPRITE_ASTEROID_MEDIUM = 11;
final int SPRITE_ASTEROID_SMALL = 12;
final int SPRITE_ASTEROID_TINY = 13;
final int SPRITE_BULLET = 100;
final int SPRITE_EXPLOSION = 200;

//various toggles
boolean showBounds = false;
boolean collisionTesting = true;

//define the images used in the game
ImageEntity background;
ImageEntity bulletImage;
ImageEntity[] bigAsteroids = new ImageEntity[5];
ImageEntity[] medAsteroids = new ImageEntity[2];
ImageEntity[] smlAsteroids = new ImageEntity[3];
ImageEntity[] tnyAsteroids = new ImageEntity[4];
ImageEntity[] explosions = new ImageEntity[2];
ImageEntity[] shipImage = new ImageEntity[2];

//create a random number generator
Random rand = new Random();

//used to make ship temporarily invulnerable
long collisionTimer = 0;
```

```
//some key input tracking variables
boolean keyLeft, keyRight, keyUp, keyFire, keyB, keyC;

/*****************************************************
* constructor
*****************************************************/
public GalacticWar() {
    //call base Game class' constructor
    super(FRAMERATE, SCREENWIDTH, SCREENHEIGHT);
}

/*****************************************************
* gameStartup event passed by game engine
*****************************************************/
void gameStartup() {
    //load the background image
    background = new ImageEntity(this);
    background.load("bluespace.png");

    //create the ship sprite-first in the sprite list
    shipImage[0] = new ImageEntity(this);
    shipImage[0].load("spaceship.png");
    shipImage[1] = new ImageEntity(this);
    shipImage[1].load("ship_thrust.png");

    AnimatedSprite ship = new AnimatedSprite(this, graphics());
    ship.setSpriteType(SPRITE_SHIP);
    ship.setImage(shipImage[0].getImage());
    ship.setFrameWidth(ship.imageWidth());
    ship.setFrameHeight(ship.imageHeight());
    ship.setPosition(new Point2D(SCREENWIDTH/2, SCREENHEIGHT/2));
    ship.setAlive(true);
    ship.setState(STATE_NORMAL);
    sprites().add(ship);
```

```
//load the bullet sprite image
bulletImage = new ImageEntity(this);
bulletImage.load("plasmashot.png");

//load the explosion sprite image
explosions[0] = new ImageEntity(this);
explosions[0].load("explosion.png");
explosions[1] = new ImageEntity(this);
explosions[1].load("explosion2.png");

//load the big asteroid images (5 total)
for (int n = 0; n<5; n++) {
    bigAsteroids[n] = new ImageEntity(this);
    String fn = "asteroid" + (n+1) + ".png";
    bigAsteroids[n].load(fn);
}

//load the medium asteroid images (2 total)
for (int n = 0; n<2; n++) {
    medAsteroids[n] = new ImageEntity(this);
    String fn = "medium" + (n+1) + ".png";
    medAsteroids[n].load(fn);
}

//load the small asteroid images (3 total)
for (int n = 0; n<3; n++) {
    smlAsteroids[n] = new ImageEntity(this);
    String fn = "small" + (n+1) + ".png";
    smlAsteroids[n].load(fn);
}
//load the tiny asteroid images (4 total)
for (int n = 0; n<4; n++) {
    tnyAsteroids[n] = new ImageEntity(this);
    String fn = "tiny" + (n+1) + ".png";
```

```
            tnyAsteroids[n].load(fn);
        }

        //create the random asteroid sprites
        for (int n = 0; n<ASTEROIDS; n++) {
            createAsteroid();
        }
    }
}
```

Atualização de tela e do loop de game

Agora vamos observar alguns eventos-chave passados aqui pela classe `Game`. Lembre-se de que esses métodos foram definidos como abstratos na `Game` para que fossem implementados aqui no arquivo de código-fonte derivado. O método `gameTimedUpdate()` é chamado dentro do thread temporizado de loop de game. O método `gameRefreshScreen()` é chamado a partir do evento `update()` do applet. Não estou utilizando o método `gameShutdown()` no momento, mas ele está disponível se você precisar limpar a tela antes de o programa terminar.

Vamos agora observar a **Figura 14.3**, que mostra o game bem no começo da execução.

Ainda estão disponíveis no game os mecanismos de ativar e desativar os testes de colisão e a exibição ou não das caixas colisão. Há quatro tipos de asteroide:

- Asteroides grandes, detalhados
- Pedaços médios de asteroides
- Pedaços pequenos de asteroides
- Asteroides minúsculos

Não deixe os asteroides minúsculos enganarem você: eles também danificam sua nave e podem ser destruídos por suas armas. Falando em dano, o game seria mais divertido se a quantidade de danos da nave fosse exibida em algum lugar da tela – um bom recurso a ser adicionado no próximo capítulo.

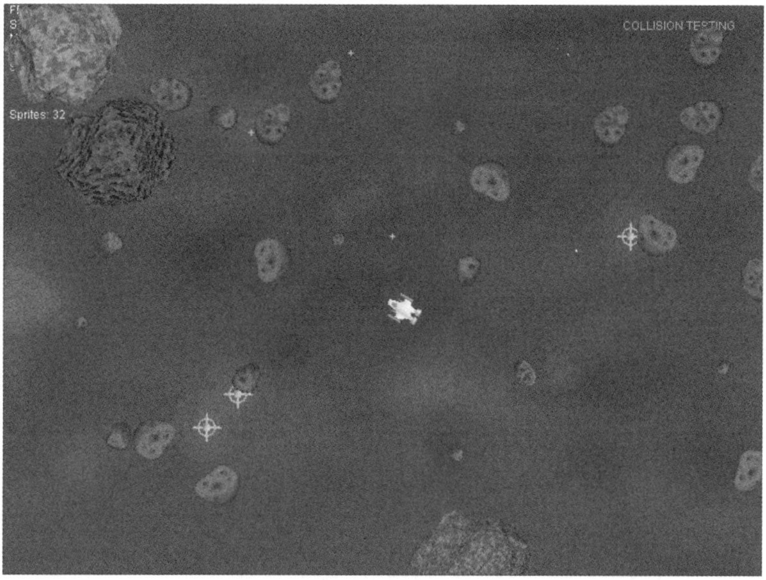

Figura 14.3 Os asteroides maiores dividem-se em menores quando colidem com sua nave ou quando você atira um raio de plasma.

```
/**************************************************
* gameTimedUpdate event passed by game engine
 **************************************************/
void gameTimedUpdate() {
    checkInput();
}

/**************************************************
* gameRefreshScreen event passed by game engine
**************************************************/
void gameRefreshScreen() {
    Graphics2D g2d = graphics();

    //the ship is always the first sprite in the linked list
    AnimatedSprite ship = (AnimatedSprite)sprites().get(0);
```

```
    //draw the background
    g2d.drawImage(background.getImage(),0,0,SCREENWIDTH-1,
        SCREENHEIGHT-1,this);

    //print status information on the screen
    g2d.setColor(Color.WHITE);
    g2d.drawString("FPS: " + frameRate(), 5, 10);
    long x = Math.round(ship.position().X());
    long y = Math.round(ship.position().Y());
    g2d.drawString("Ship: " + x + "," + y , 5, 25);
    g2d.drawString("Move angle: " +
        Math.round(ship.moveAngle())+90, 5, 40);
    g2d.drawString("Face angle: " +
        Math.round(ship.faceAngle()), 5, 55);
    if (ship.state()==STATE_NORMAL)
        g2d.drawString("State: NORMAL", 5, 70);
    else if (ship.state()==STATE_COLLIDED)
        g2d.drawString("State: COLLIDED", 5, 70);
    else if (ship.state()==STATE_EXPLODING)
        g2d.drawString("State: EXPLODING", 5, 70);

    //display the number of sprites currently in use
    g2d.drawString("Sprites: " + sprites().size(), 5, 120);

    if (showBounds) {
        g2d.setColor(Color.GREEN);
        g2d.drawString("BOUNDING BOXES", SCREENWIDTH-150, 10);
    }
    if (collisionTesting) {
        g2d.setColor(Color.GREEN);
        g2d.drawString("COLLISION TESTING", SCREENWIDTH-150, 25);
    }
}
```

```
/*****************************************************
* gameShutdown event passed by game engine
*****************************************************/
void gameShutdown() {
    //oh well, let the garbage collector have at it..
}
```

Atualização e desenho de Sprites

A seguir, vamos observar os eventos `spriteUpdate()` e `spriteDraw()`, que são passados pela classe `Game`. O evento `spriteDying()` também está disponível aqui, mas atualmente não é utilizado. Você utilizaria este evento para manter um sprite vivo se quisesse mantê-lo ainda no game, definindo `alive` novamente como verdadeiro (true).

O engine de game processa todos os sprites da lista encadeada automaticamente (pela thread do loop de game). Após a atualização de cada sprite, o controle é enviado para o método `spriteUpdate()` para lhe dar chance de brincar com o sprite se precisar. (Ele é passado como um parâmetro.) Você pode fazer qualquer alteração que quiser ao sprite e essas alterações serão armazenadas na lista encadeada porque você trabalha com uma referência de objeto – o objeto real da lista encadeada, não apenas uma cópia.

É aqui que o engine de sprite mostra realmente seu poder. Você pode atirar com quantas armas quiser e elas atingirão um número desconhecido de sprites, que explodirão um a um em uma explosão animada – e a lista encadeada mantém o controle de todos esses detalhes para você. Tudo o que temos de fazer efetivamente é juntar um novo sprite temporário, atribuir a ele uma de nossas imagens globais e tirá-lo da lista de sprites. Este sprite então vai se mover automaticamente na tela, girar (se a rotação estiver habilitada) e ser animado (se houver frames). Este novo sprite também será incluído no teste de colisão. O engine permite que você determine se uma colisão "permanece", dando a você o controle no ponto-chave em que a colisão ocorreu, passando os dois sprites para a sua implementação do evento `spriteCollision()`.

Quando desenvolvi o engine pela primeira vez, pensei que seria muito limitado mover todos os sprites para a lista.

Mantive a nave fora da lista por um tempo e depois percebi que, para fazer o manipulador interno de sprites funcionar efetivamente do jeito que se espera, você precisa fornecer a ele todos os sprites necessários para atualização, desenho e teste de colisão. Quando você se cansar de um sprite, apenas mude a propriedade `alive` para falso e o engine de game irá excluí-lo da lista poucos segundos depois! Além disso, como aprendeu no capítulo anterior, você pode utilizar os recursos da classe `AnimatedSprite` para limitar o tempo de vida de um sprite. Configurando o tempo de vida de um sprite, você pode fazer que ele desapareça automaticamente após determinado número de execuções do loop de game. Por exemplo, para os projéteis de "plasma flamejante" disparados pela nave há um tempo de vida de 200 loops. O engine detecta quando o tempo está além do limite e então finaliza o sprite automaticamente!

A **Figura 14.4** mostra o game após todos os asteroides grandes terem sido quebrados em pedaços menores. O game fica realmente louco neste ponto, com quase 100 asteroides pequenos flutuando em volta de sua nave em várias

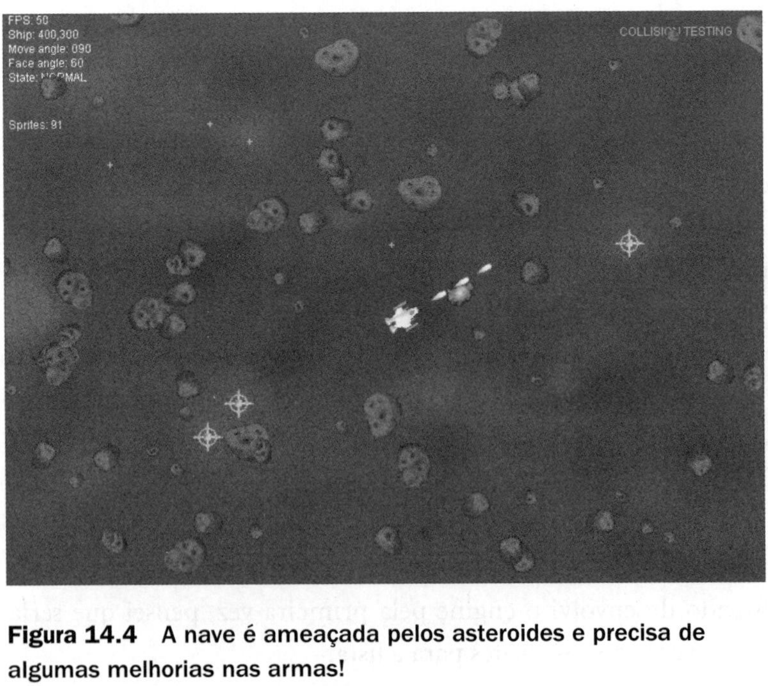

Figura 14.4 A nave é ameaçada pelos asteroides e precisa de algumas melhorias nas armas!

trajetórias aleatórias! É muito difícil girar e atirar desesperadamente, relaxe e deixe a nave se mover sozinha. Eu tive até mesmo que criar um artifício para evitar que a nave seja explodida repetidamente! (Compartilharei o truque com você na próxima parada dessa viagem pelo código-fonte.)

```
/************************************************
* spriteUpdate event passed by game engine
************************************************/
public void spriteUpdate(AnimatedSprite sprite) {
    switch(sprite.spriteType()) {
    case SPRITE_SHIP:
        warp(sprite);
        break;

    case SPRITE_BULLET:
        warp(sprite);
        break;

    case SPRITE_EXPLOSION:0
        if (sprite.currentFrame() == sprite.totalFrames()-1) {
            sprite.setAlive(false);
        }
        break;

    case SPRITE_ASTEROID_BIG:
    case SPRITE_ASTEROID_MEDIUM:
    case SPRITE_ASTEROID_SMALL:
    case SPRITE_ASTEROID_TINY:
        warp(sprite);
        break;
    }
}
```

```
/*************************************************
* spriteDraw event passed by game engine
* called by the game class after each sprite is drawn
* to give you a chance to manipulate the sprite
*************************************************/
public void spriteDraw(AnimatedSprite sprite) {
    if (showBounds) {
        if (sprite.collided())
            sprite.drawBounds(Color.RED);
        else
            sprite.drawBounds(Color.BLUE);
    }
}

/*************************************************
* spriteDying event passed by game engine
* called after a sprite's age reaches its lifespan
* at which point it will be killed off, and then removed from
* the linked list. you can cancel the purging process here.
*************************************************/
public void spriteDying(AnimatedSprite sprite) {
    //currently no need to revive any sprites
}
```

Controlando as colisões de sprites

Provavelmente, o evento mais importante neste game é o evento `spriteCollision()`, que é passado do engine para seu código-fonte automaticamente. O engine percorre a lista de sprites ativos (onde a propriedade `alive` é verdadeira) e testa cada um quanto a colisão com todos os outros sprites da lista (exceto com ele mesmo: não queremos objetos explodindo sozinhos à toa!).

Observe a **Figura 14.5**, que mostra a nave disparando diversos feixes de raios de plasma flamejante na direção dos asteroides.

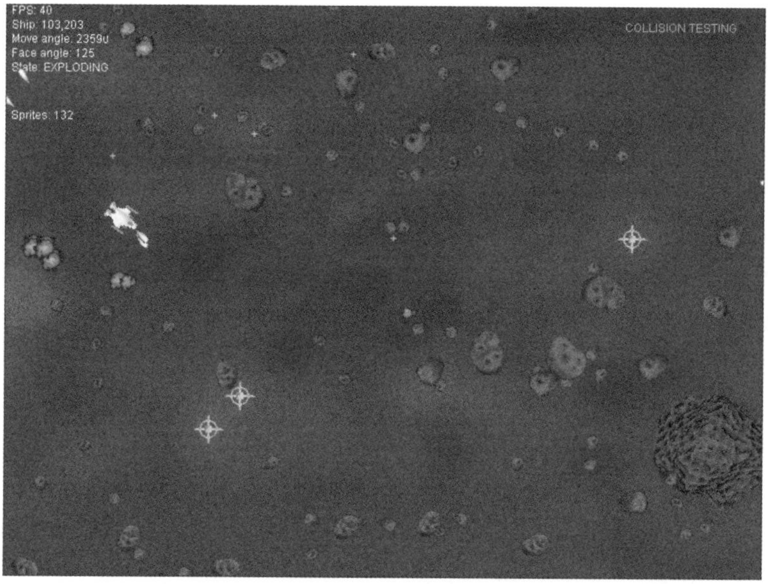

Figura 14.5 Os projéteis disparados pela nave, eventualmente, passam pelo evento spriteCollision() quando colidem com os asteroides.

Há vários raios saindo da nave em diversos ângulos e várias explosões que estão sendo animadas na tela. A **Figura 14.5** mostra o teste de colisão de sprites em andamento. O engine, conforme implementado na classe `Game` e herdado pela `GalacticWar`, percorre os sprites e testa-os quanto a colisão – e isso é tudo o que ele faz! Veja o contador de sprites nesta figura: 132 sprites! Este número inclui a nave, os tiros, os asteroides e as explosões, e o número aumenta e diminui dinamicamente durante o game. (O engine limpa os sprites não utilizados que "morreram" uma vez por segundo quando a taxa de frames é calculada.)

Não há mais nenhuma lógica ocorrendo nos bastidores além do próprio teste de colisão. O engine simplesmente passa os sprites que interagiram entre si para o método `spriteCollision()`. Nesse momento, cabe apenas a você decidir o que fazer com os sprites em conflito. Você pode destrui-los, afastá-los uns dos outros ou tomar qualquer outra decisão. Então tudo o que você tem a fazer é identificar que tipo de sprites foi passado para você por meio do evento `spriteCollision()`. Você pode fazer isso com suas próprias constantes predefinidas (definidas como um static `int` \ em Java). Por exemplo: defini `SPRITE_EXPLOSION` para todas as explosões. Sim, são feitos teste de colisão com os sprites de explosão como tudo mais – mas eles simplesmente são ignorados, mantidos ativos e então desaparecem. O valor de cada constante não é importante enquanto cada uma for diferente. Como defini cada um dos quatro tipos de asteroides com uma constante separada, tive que escrever um método de auxílio chamado `isAsteroid()` para tratá-los da mesma forma de quando eles passaram pelos tratadores de evento.

Agora, que tal o truque que prometi? Quando chego a um ponto complicado do game, eu seguro a seta para a direita ou para a esquerda para girar enquanto atiro com os dois botões de tiro (as teclas Ctrl). Isso dispara duas vezes mais feixes de raios de plasma, conforme mostrado na **Figura 14.6**.

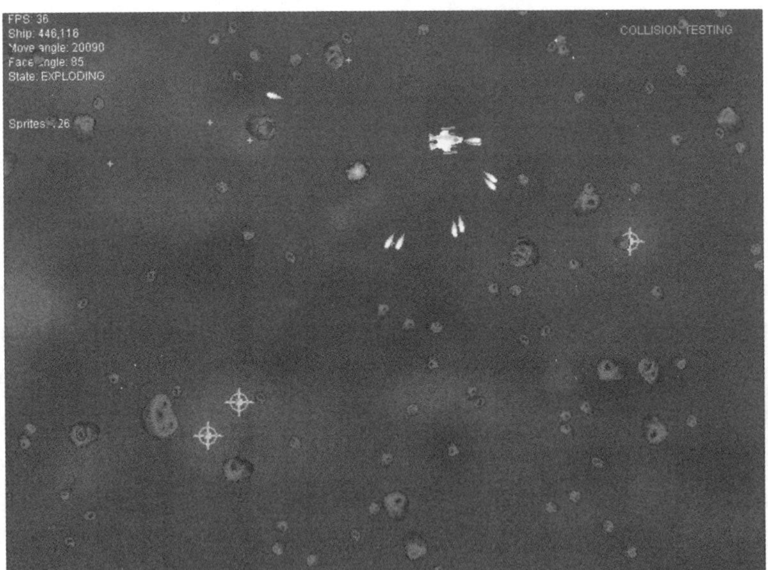

Figura 14.6 **Você pode atirar duas vezes mais raios usando as *duas* teclas Ctrl!**

```
/**************************************************
* spriteCollision event passed by game engine
**************************************************/
public void spriteCollision(AnimatedSprite spr1, AnimatedSprite spr2) {
    //jump out quickly if collisions are off
    if (!collisionTesting) return;

    //figure out what type of sprite has collided
    switch(spr1.spriteType()) {
    case SPRITE_BULLET:
        //did bullet hit an asteroid?
        if (isAsteroid(spr2.spriteType())) {
            spr1.setAlive(false);
            spr2.setAlive(false);
            breakAsteroid(spr2);
        }
        break;
    case SPRITE_SHIP:
        //did asteroid crash into the ship?
        if (isAsteroid(spr2.spriteType())) {
            if (spr1.state() == STATE_NORMAL) {
                collisionTimer = System.currentTimeMillis();
                spr1.setVelocity(new Point2D(0, 0));
                double x = spr1.position().X() - 10;
                double y = spr1.position().Y() - 10;
                startBigExplosion(new Point2D(x, y));
                spr1.setState(STATE_EXPLODING);
                spr2.setAlive(false);
                breakAsteroid(spr2);
            }
            //make ship temporarily invulnerable
            else if (spr1.state() == STATE_EXPLODING) {
                if (collisionTimer + 3000 <
                System.currentTimeMillis()) {
```

```
                    spr1.setState(STATE_NORMAL);
                }
            }
        }
        break;
    }
}
```

Eventos de teclado e mouse

Os manipuladores de mouse e de teclado nem sempre são utilizados, mas você ainda deve implementá-los em seu programa. Você deve pensar então: por que isso é melhor do que usar os *listeners* diretamente no arquivo do código-fonte do game? Boa pergunta! Basicamente, queremos homogeneizar os eventos o máximo possível. Observe que os eventos de teclado não passam nada além do código de tecla e os eventos de mouse não passam nada – você deve acessar as informações de mouse através das variáveis `mousePos` e `mouseButtons` (com seus métodos accessor associados). Saber simplesmente sobre um evento de mouse ou de teclado é o suficiente; não precisamos de todas as informações a mais que o Java envia para o programa.

```
/**************************************************
* gameKeyDown event passed by game engine
**************************************************/
public void gameKeyDown(int keyCode) {
    switch(keyCode) {
    case KeyEvent.VK_LEFT:
        keyLeft = true;
        break;
    case KeyEvent.VK_RIGHT:
        keyRight = true;
        break;
    case KeyEvent.VK_UP:
        keyUp = true;
```

```
        break;
    case KeyEvent.VK_CONTROL:
        keyFire = true;
        break;
    case KeyEvent.VK_B:
        //toggle bounding rectangles
        showBounds = !showBounds;
        break;
    case KeyEvent.VK_C:
        //toggle collision testing
        collisionTesting = !collisionTesting;
        break;
    }
}

/*****************************************************
* gameKeyUp event passed by game engine
*****************************************************/
public void gameKeyUp(int keyCode) {
    switch(keyCode) {
    case KeyEvent.VK_LEFT:
        keyLeft = false;
        break;
    case KeyEvent.VK_RIGHT:
        keyRight = false;
        break;
    case KeyEvent.VK_UP:
        keyUp = false;
        break;
    case KeyEvent.VK_CONTROL:
        keyFire = false;
        fireBullet();
        break;
    }
}
```

```
/*****************************************************
* mouse events passed by game engine
* the game is not currently using mouse input
*****************************************************/
public void gameMouseDown() { }
public void gameMouseUp() { }
public void gameMouseMove() { }
```

Métodos de manipulação de asteroides

Os asteroides são a parte mais complicada do Galactic War. Primeiro, há quatro tipos de asteroides no game, cada um com várias imagens diferentes disponíveis (que são escolhidas aleatoriamente quando um novo asteroide é criado).

Escrevi diversos métodos para trabalhar com asteroides, chamados principalmente a partir dos eventos de colisão que ocorrem. Os asteroides maiores são destruídos e substituídos por asteroides menores, enquanto uma explosão é animada sobre o asteroide anterior.

A **Figura 14.7** mostra o game com caixas de colisão ativadas para que você possa ver as dimensões de cada sprite. Observe como mesmo as explosões possuem uma caixa de colisão – elas também estão incluídas no teste de colisão, embora o game as ignore. Todos os asteroides originais foram destruídos e substituídos por vários outros cada vez menores. Se quiser colocar alguns powerups (algo que será adicionado no próximo capítulo), você deverá tomar cuidado para não destruir todos os asteroides maiores – será quase impossível desviar dos menores e sua nave será fuzilada por eles em questão de segundos se deixar suas armas descontroladas. Como resultado deste fator de jogabilidade, o game envolve um pouco de estratégia.

Esta seção de instruções marca o fim dos eventos do engine de game. Deste ponto em diante, todos os métodos serão programados de forma personalizada e fornecerão a verdadeira jogabilidade do Galactic War.

```
/*****************************************************
* break up an asteroid into smaller pieces
*****************************************************/
private void breakAsteroid(AnimatedSprite sprite) {
```

```
    switch(sprite.spriteType()) {
    case SPRITE_ASTEROID_BIG:
        //spawn medium asteroids over the old one
        spawnAsteroid(sprite);
        spawnAsteroid(sprite);
        spawnAsteroid(sprite);
        //draw big explosion
        startBigExplosion(sprite.position());
        break;
    case SPRITE_ASTEROID_MEDIUM:
        //spawn small asteroids over the old one
        spawnAsteroid(sprite);
        spawnAsteroid(sprite);
        spawnAsteroid(sprite);
        //draw small explosion
        startSmallExplosion(sprite.position());
        break;
    case SPRITE_ASTEROID_SMALL:
        //spawn tiny asteroids over the old one
        spawnAsteroid(sprite);
        spawnAsteroid(sprite);
        spawnAsteroid(sprite);
        //draw small explosion
        startSmallExplosion(sprite.position());
        break;
    case SPRITE_ASTEROID_TINY:
        //spawn a random powerup
        spawnPowerup(sprite);
        //draw small explosion
        startSmallExplosion(sprite.position());
        break;
    }
}
```

```
/***************************************************
* spawn a smaller asteroid based on passed sprite
***************************************************/
private void spawnAsteroid(AnimatedSprite sprite) {
    //create a new asteroid sprite
    AnimatedSprite ast = new AnimatedSprite(this, graphics());
    ast.setAlive(true);

    //set pseudo-random position around source sprite
    int w = sprite.getBounds().width;
    int h = sprite.getBounds().height;
    double x = sprite.position().X() + w/2 + rand.nextInt(20)-40;
    double y = sprite.position().Y() + h/2 + rand.nextInt(20)-40;
    ast.setPosition(new Point2D(x,y));

    //set rotation and direction angles
    ast.setFaceAngle(rand.nextInt(360));
    ast.setMoveAngle(rand.nextInt(360));
    ast.setRotationRate(rand.nextDouble());

    //set velocity based on movement direction
    double ang = ast.moveAngle() - 90;
    double velx = calcAngleMoveX(ang);
    double vely = calcAngleMoveY(ang);
    ast.setVelocity(new Point2D(velx, vely));

    //set some size-specific properties
    switch(sprite.spriteType()) {
    case SPRITE_ASTEROID_BIG:
        ast.setSpriteType(SPRITE_ASTEROID_MEDIUM);

        //pick one of the random asteroid images
        int i = rand.nextInt(2);
        ast.setImage(medAsteroids[i].getImage());
```

```
            ast.setFrameWidth(medAsteroids[i].width());
            ast.setFrameHeight(medAsteroids[i].height());

            break;
        case SPRITE_ASTEROID_MEDIUM:
            ast.setSpriteType(SPRITE_ASTEROID_SMALL);

            //pick one of the random asteroid images
            i = rand.nextInt(3);
            ast.setImage(smlAsteroids[i].getImage());
            ast.setFrameWidth(smlAsteroids[i].width());
            ast.setFrameHeight(smlAsteroids[i].height());
            break;
        case SPRITE_ASTEROID_SMALL:
            ast.setSp   riteType(SPRITE_ASTEROID_TINY);

            //pick one of the random asteroid images
            i = rand.nextInt(4);
            ast.setImage(tnyAsteroids[i].getImage());
            ast.setFrameWidth(tnyAsteroids[i].width());
            ast.setFrameHeight(tnyAsteroids[i].height());
            break;
        }

        //add the new asteroid to the sprite list
        sprites().add(ast);
    }

/*****************************************************
* create a random powerup at the supplied sprite location
* (this will be implemented in the next chapter)
*****************************************************/
private void spawnPowerup(AnimatedSprite sprite) {
}
```

```
/*************************************************
* create a random "big" asteroid
*************************************************/
public void createAsteroid() {
//create a new asteroid sprite
    AnimatedSprite ast = new AnimatedSprite(this, graphics());
    ast.setAlive(true);
    ast.setSpriteType(SPRITE_ASTEROID_BIG);

    //pick one of the random asteroid images
    int i = rand.nextInt(5);
    ast.setImage(bigAsteroids[i].getImage());
    ast.setFrameWidth(bigAsteroids[i].width());
    ast.setFrameHeight(bigAsteroids[i].height());

    //set to a random position on the screen
    int x = rand.nextInt(SCREENWIDTH-128);
    int y = rand.nextInt(SCREENHEIGHT-128);
    ast.setPosition(new Point2D(x, y));

    //set rotation and direction angles
    ast.setFaceAngle(rand.nextInt(360));
    ast.setMoveAngle(rand.nextInt(360));
    ast.setRotationRate(rand.nextDouble());

    //set velocity based on movement direction
    double ang = ast.moveAngle() - 90;
    double velx = calcAngleMoveX(ang);
    double vely = calcAngleMoveY(ang);
    ast.setVelocity(new Point2D(velx, vely));

    //add the new asteroid to the sprite list
    sprites().add(ast);
}
```

```
/************************************************
* returns true if passed sprite type is an asteroid type
************************************************/
    private boolean isAsteroid(int spriteType) {
    switch(spriteType) {
    case SPRITE_ASTEROID_BIG:
    case SPRITE_ASTEROID_MEDIUM:
    case SPRITE_ASTEROID_SMALL:
    case SPRITE_ASTEROID_TINY:
        return true;
    default:
        return false;
    }
}
```

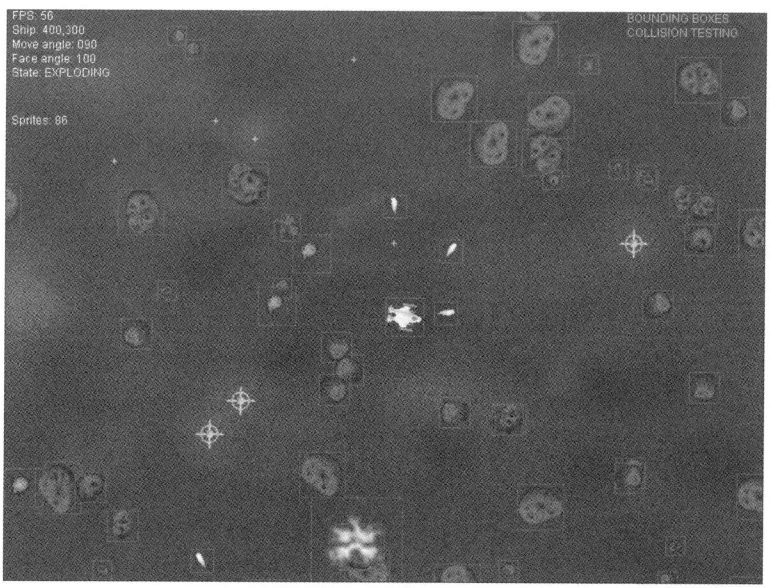

Figura 14.7 As caixas de colisão e o teste de colisão podem ser ativados ou desativados no game.

Controlando pressionamentos múltiplos de teclas

Levamos bastante tempo tentando incorporar um sistema de pressionamento múltiplo de teclas para o próprio engine de game, mas isso se mostrou muito complicado. Como resultado, o game principal mantém o controle dos pressionamentos e liberações de teclas utilizando variáveis `boolean` globais. Como apenas algumas teclas são utilizadas em um game ao estilo arcade como este, não é necessária uma forma mais complexa de manipulador de teclas. Como ele é implementado aqui, o engine chama alguns eventos e passa o código da tecla quando uma tecla é pressionada ou solta para que você não tenha que se preocupar em decodificar a classe `KeyEvent`, `MouseEvent` ou `MouseMotionEvent`.

```
/*****************************************************
* process keys that have been pressed
*****************************************************/
public void checkInput() {
    //the ship is always the first sprite in the linked list
    AnimatedSprite ship = (AnimatedSprite)sprites().get(0);
    if (keyLeft) {
        //left arrow rotates ship left 5 degrees
        ship.setFaceAngle(ship.faceAngle() - SHIPROTATION);
            if (ship.faceAngle() < 0)
                ship.setFaceAngle(360 - SHIPROTATION);
    }
    else if (keyRight) {
        //right arrow rotates ship right 5 degrees
        ship.setFaceAngle(ship.faceAngle() + SHIPROTATION);
        if (ship.faceAngle() > 360)
            ship.setFaceAngle(SHIPROTATION);
    }

    if (keyUp) {
        //up arrow applies thrust to ship
```

```
            ship.setImage(shipImage[1].getImage());
            applyThrust();
        }
        else
            //set ship image to normal non-thrust image
            ship.setImage(shipImage[0].getImage());
}
```

Movendo a espaçonave

A espaçonave no Galactic War é girada utilizando-se a seta para a direita ou para a esquerda e a aceleração é aplicada pressionando-se a seta para cima. O método `applyThrust()` controla a aceleração da nave enquanto a mantém dentro do limite de velocidade aceitável.

```
/*****************************************************
* increase the thrust of the ship based on facing angle
*****************************************************/
public void applyThrust() {
    //the ship is always the first sprite in the linked list
    AnimatedSprite ship = (AnimatedSprite)sprites().get(0);

    //up arrow adds thrust to ship (1/10 normal speed)
    ship.setMoveAngle(ship.faceAngle() - 90);

    //calculate the X and Y velocity based on angle
    double velx = ship.velocity().X();
    velx += calcAngleMoveX(ship.moveAngle()) * ACCELERATION;
    if (velx < -10) velx = -10;
    else if (velx > 10) velx = 10;
    double vely = ship.velocity().Y();
    vely += calcAngleMoveY(ship.moveAngle()) * ACCELERATION;
    if (vely < -10) vely = -10;
```

```
    else if (vely > 10) vely = 10;
    ship.setVelocity(new Point2D(velx, vely));
}
```

Disparando as armas

A área de melhoria mais significativa para este game está no departamento de armas. Então, passaremos algum tempo no próximo capítulo adicionando powerups ao game. Você será capaz de colocar ícones de powerup que serão lançados ao explodir asteroides e que aperfeiçoarão a nave em vários aspectos. A versão atual do game não tem alteração em relação ao capítulo anterior, exceto por agora funcionar com o engine de game. A tecla Ctrl é utilizada para disparar armas, mas você pode alterá-la para outra tecla, se desejar, analisando os controladores de tecla.

```
/***************************************************
* fire a bullet from the ship's position and orientation
 ***************************************************/
public void fireBullet() {
    //the ship is always the first sprite in the linked list
    AnimatedSprite ship = (AnimatedSprite)sprites().get(0);

    //create the new bullet sprite
    AnimatedSprite bullet = new AnimatedSprite(this,graphics());
    bullet.setImage(bulletImage.getImage());
    bullet.setFrameWidth(bulletImage.width());
    bullet.setFrameHeight(bulletImage.height());
    bullet.setSpriteType(SPRITE_BULLET);
    bullet.setAlive(true);
    bullet.setLifespan(200);
    bullet.setFaceAngle(ship.faceAngle());
    bullet.setMoveAngle(ship.faceAngle() - 90);

    //set the bullet's starting position
    double x = ship.center().X() - bullet.imageWidth()/2;
```

```
        double y = ship.center().Y() - bullet.imageHeight()/2;
        bullet.setPosition(new Point2D(x,y));

        //set the bullet's velocity
        double angle = bullet.moveAngle();
        double svx = calcAngleMoveX(angle) * BULLET_SPEED;
        double svy = calcAngleMoveY(angle) * BULLET_SPEED;
        bullet.setVelocity(new Point2D(svx, svy));

        //add bullet to the sprite list
        sprites().add(bullet);
}
```

Quero algo para explodir!

Há dois métodos principais para começar as explosões. Eu poderia mostrar um método mais elaborado de fazer isso, mas decidi escrever apenas dois métodos semelhantes: um para iniciar explosões grandes e outro para explosões menores. Eles utilizam imagens armazenadas no vetor de explosões (de objetos `ImageEntity`). Atualmente, há apenas duas animações de explosão. A explosão grande é utilizada quando você atinge um asteroide grande. A explosão pequena é desenhada quando você acerta asteroides menores. Acho que o resultado está muito bom.

Como há uma série de asteroides pequenos e tiros voando em todas as direções, você não quer que uma explosão complicada acabe com os recursos do game quando poderia haver uma dezena de explosões sendo animadas ao mesmo tempo. Observe a **Figura 14.8**.

Os frames da explosão grande têm 96 X 96 pixels de tamanho e 16 frames de animação; a explosão pequena tem 8 frames e cada um tem apenas 40 X 40 pixels de tamanho. A explosão grande é utilizada com a nave e com os asteroides grandes. Isso deve ser usado equilibradamente por causa do grande tamanho da imagem.

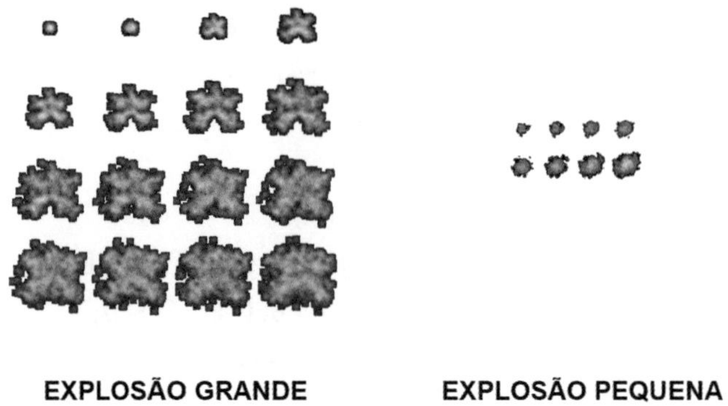

Figura 14.8 As duas animações de explosão comparadas lado a lado.

```
/*****************************************************
* launch a big explosion at the passed location
*****************************************************/
public void startBigExplosion(Point2D point) {
    //create a new explosion at the passed location
    AnimatedSprite expl = new AnimatedSprite(this,graphics());
    expl.setSpriteType(SPRITE_EXPLOSION);
    expl.setAlive(true);
    expl.setAnimImage(explosions[0].getImage());
    expl.setTotalFrames(16);
    expl.setColumns(4); expl.setFrameWidth(96);
    expl.setFrameHeight(96); expl.setFrameDelay(2);
    expl.setPosition(point);

    //add the new explosion to the sprite list
    sprites().add(expl);
}

/*****************************************************
* launch a small explosion at the passed location
*****************************************************/
```

```
public void startSmallExplosion(Point2D point) {
    //create a new explosion at the passed location
    AnimatedSprite expl = new AnimatedSprite(this,graphics());
    expl.setSpriteType(SPRITE_EXPLOSION);
    expl.setAlive(true);
    expl.setAnimImage(explosions[1].getImage());
    expl.setTotalFrames(8);
    expl.setColumns(4);
    expl.setFrameWidth(40);
    expl.setFrameHeight(40);
    expl.setFrameDelay(2);
    expl.setPosition(point);

    //add the new explosion to the sprite list
    sprites().add(expl);
}
```

Lógica adicional para o game

O último método do game é chamado `warp()` e ele tem o dever de fazer os sprites passarem de um lado para outro da tela (direito, esquerdo, superior e inferior). Este é um tipo de ocorrência estranha se você pensar, mas diversos games utilizam essa técnica. A ideia é que ele faça que um campo pequeno do jogo pareça contraditoriamente maior, pois os objetos podem viajar por uma dimensão paralela atrás do monitor e ressurgir magicamente do outro lado, inalcançável de outra forma. Isso ajuda a manter a jogabilidade quando o movimento do mundo não é um dos objetivos do game.

```
/*****************************************************
* cause sprite to warp around the edges of the screen
*****************************************************/
public void warp(AnimatedSprite spr) {
    //create some shortcut variables
    int w = spr.frameWidth()-1;
```

```
        int h = spr.frameHeight()-1;

        //wrap the sprite around the screen edges
        if (spr.position().X() < 0-w)
            spr.position().setX(SCREENWIDTH);
        else if (spr.position().X() > SCREENWIDTH)
            spr.position().setX(0-w);
        if (spr.position().Y() < 0-h)
            spr.position().setY(SCREENHEIGHT);
        else if (spr.position().Y() > SCREENHEIGHT)
            spr.position().setY(0-h);
        }
}
```

O que você aprendeu

Este foi um capítulo pesado com relação a programação, que envolveu alterações significativas no modelo de codificação que tínhamos seguido em cada capítulo até o momento. Agora que o Galactic War é orientado a eventos e utiliza um engine de sprite, o game tem muito mais possibilidades de aperfeiçoamento do que antes (quando cada novo sprite tinha de ser implementado a partir do zero). Seguem os tópicos-chave que você aprendeu:

- Como criar um engine de game orientado a eventos
- Como usar a nova classe `Game`
- Como controlar todos os sprites de forma uniforme, independentemente do tipo
- Como adaptar o Galactic War para um game orientado a eventos

Questões de revisão

As questões a seguir o ajudarão a determinar o quanto você aprendeu dos tópicos abordados neste capítulo. As respostas são fornecidas no Apêndice A, “Respostas às questões dos capítulos”.

1. Qual é o nome da nova classe de engine de game desenvolvida neste capítulo?
2. Quantos sprites o novo engine pode controlar na tela simultaneamente?
3. Qual das quatro classes principais do engine de game controla o carregamento de imagem?
4. Quantos tamanhos diferentes de asteroides o game utiliza?
5. Verdadeiro ou falso: as colisões podem ser controladas dentro do engine de game.
6. Que tipo de objeto é o `animImage`, uma variável privada na classe `AnimatedSprite`?
7. Qual classe é responsável por renderizar um frame único de uma animação na classe `AnimatedSprite`?
8. Qual é o valor máximo de velocidade para a espaçonave do jogador?
9. Que classe o engine do game/sprite passa em algum de seus eventos?
10. Qual é o nome do método de suporte na `AnimatedSprite` que transforma uma URL propriamente formada em um arquivo a ser carregado?

Agora é por sua conta

O exercício a seguir irá ajudá-lo a ver o quanto você agregou do novo material deste capítulo com seu conhecimento já existente em programação de games Java.

Atualmente, há dois métodos utilizados para iniciar uma explosão: um método personalizado para explosões grandes e outro para explosões pequenas. Esses métodos executam a mesma ação, mas utilizam propriedades diferentes. Como você poderia revisar um deles para controlar os dois casos, de explosão grande e pequena, com um único método?

Capítulo 15

Galactic War: finalização do game

Todas as coisas que você aprendeu neste livro culminam neste último capítulo sobre o Galactic War. O game será aprimorado, modelado e preparado para um ambiente de produção ao final deste capítulo. Tudo o que resta a fazer é compactar o game inteiro, com os recursos e tudo mais em um arquivo .jar para distribuição em rede (o que será abordado no próximo e último capítulo deste livro). Os tópicos-chave de interesse neste capítulo são:

- Adicionar powerups ao game
- Implementar um estado global de game com uma tela de início e de fim
- Polir o game e prepará-lo para produção

Vamos falar sobre powerups

Sejamos realistas: o Galactic War é um game difícil. É quase impossível eliminar todos os asteroides com a arma que utilizamos até o momento: quase uma arma de espoleta, na maior parte do game. Quero aprimorar totalmente o game neste capítulo e deixá-lo pronto para a hora final: a distribuição na web.

Para atingir esse objetivo pretensioso, há uma série de assuntos a serem abordados neste capítulo. Listarei em tópicos o que eu gostaria de cumprir:

- Adicionar powerups para aprimorar o sistema de armas da nave
- Adicionar powerups para restaurar a saúde e blindagens
- Adicionar powerups para ganhar pontuação extra

A **Figura 15.1** mostra os seis powerups que serão adicionados ao game neste capítulo.

Dica

A versão completa do game está disponível em meu site. Como continuou o desenvolvimento, ele pode estar um pouco diferente desta no momento em que você está lendo o livro. Acesse: www.jharbour.com/BeginningJava.

Powerups de naves e de bônus de pontuação

Há três powerups diferentes que simplesmente aumentam sua pontuação em 250, 500 e 1.000 pontos. Esses powerups são lançados aleatoriamente quando

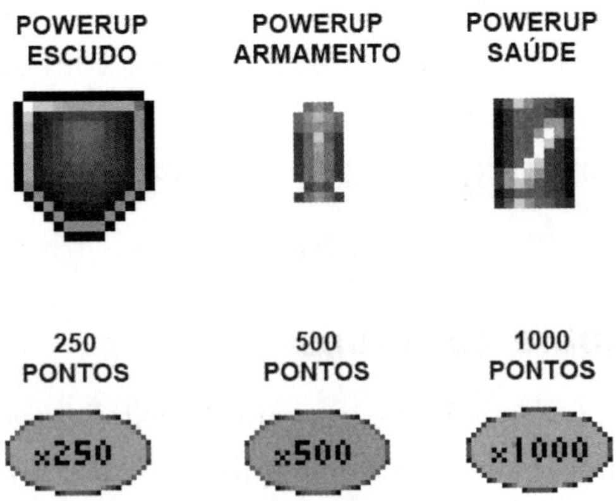

Figura 15.1 O Galactic War possui seis powerups diferentes que melhoram a nave e aumentam a pontuação.

você destrói um asteroide minúsculo – a última fase de deterioração do asteroide, depois das fases grande, média e pequena.

O powerup de escudo aumentará a força de seu escudo em 1/4 (não é a renovação completa que você estava esperando?). Da mesma forma, a latinha de refrigerante pode aumentar a saúde da sua nave em 1/4 até o valor máximo exibido na barra de saúde no topo da tela. A **Figura 15.2** mostra os três estados que a nave pode assumir durante o jogo. Espere! A nave não tem escudo algum! Ah, é verdade. Esse é mais um recurso que vamos adicionar ao game neste capítulo.

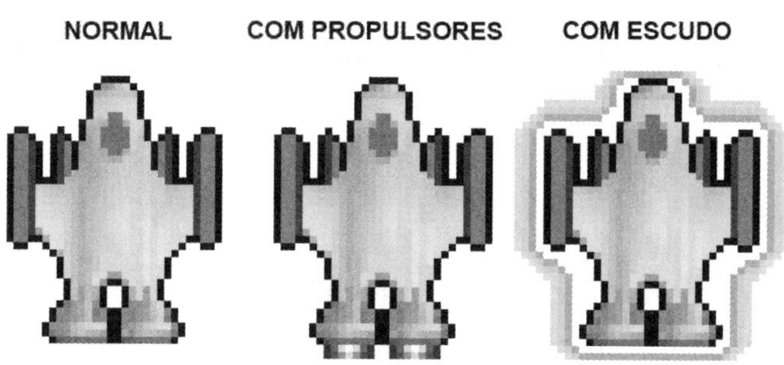

Figura 15.2 Agora temos três modos para a nave: normal, com propulsores e com escudo.

Melhorias no armamento

O powerup de melhorias no armamento é de longe o novo recurso mais interessante e será muito bem aceito, visto que é difícil permanecer vivo neste game! Você pode aumentar até cinco níveis de melhoria no armamento.

Meu filho, Jeremiah, me ajudou a desenhar os padrões da arma para cada nível de melhoria e o resultado é mostrado na **Figura 15.3**.

As melhorias foram implementadas de forma um pouco diferente da mostrada no desenho, mas o resultado é indiscutível. A maior diferença é a melhoria de nível cinco: em vez de atirar para os lados, os dois tiros adicionais seguem para cima, com um pequeno ângulo. Fiz este ajuste enquanto jo-

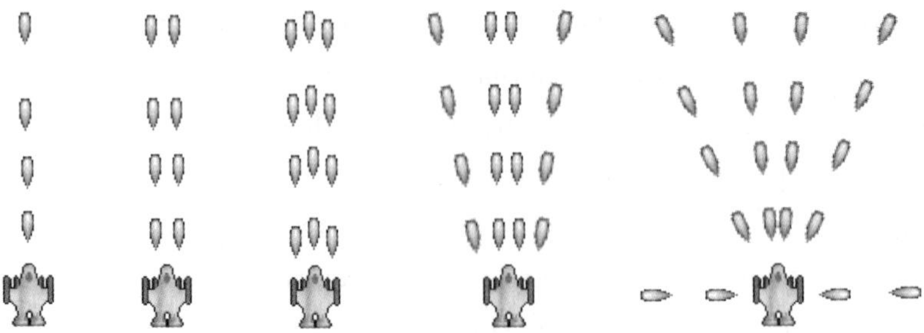

Figura 15.3 Os cinco níveis de melhoria no armamento para a sua nave.

gava, pois parecia mais eficaz do que atirar a ângulos de 90º. Confira as cinco melhorias de armamento.

Arma Padrão

A arma padrão é mostrada em ação na **Figura 15.4**. Observe o único ícone de tiro no canto superior direito da tela, mostrando o nível atual do armamento.

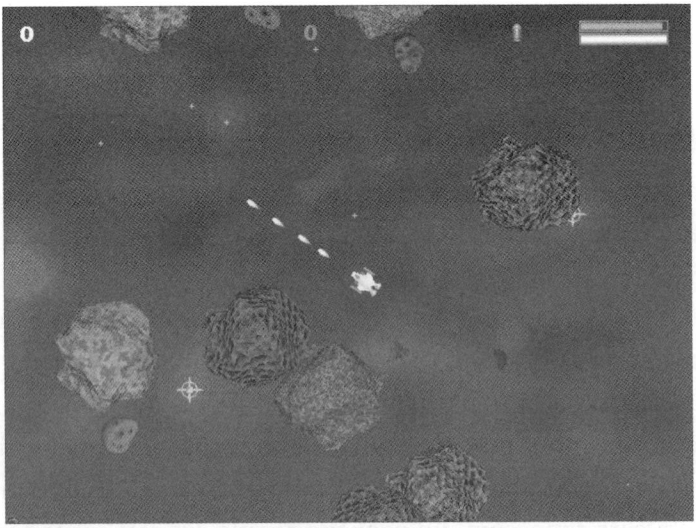

Figura 15.4 A arma padrão tem um único tiro.

Arma Nível Dois

A primeira melhoria de armamento permite que a nave dispare dois tiros ao mesmo tempo, como mostrado na **Figura 15.5**. Agora há dois ícones de tiro no canto superior direito.

Depois de testar o game por algum tempo, decidi fazer deste o nível inicial de armamento. Se não tomar cuidado, você ainda pode perdê-lo sendo atingido e, então, regredir para a arma padrão.

Arma Nível Três

A melhoria de armamento de nível três permite que a nave dispare três tiros ao mesmo tempo, conforme mostrado na **Figura 15.6**. Agora há três ícones de tiro no canto superior direito.

Arma Nível Quatro

A quarta melhoria de armamento fornece quatro tiros ao mesmo tempo, espalhando-os em ângulos ligeiramente mais abertos do que no nível anterior

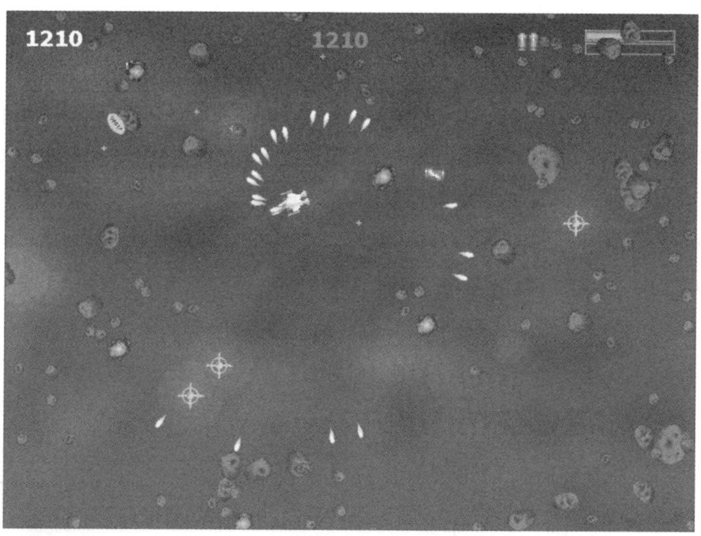

Figura 15.5 Dois tiros definitivamente causam muito mais danos!

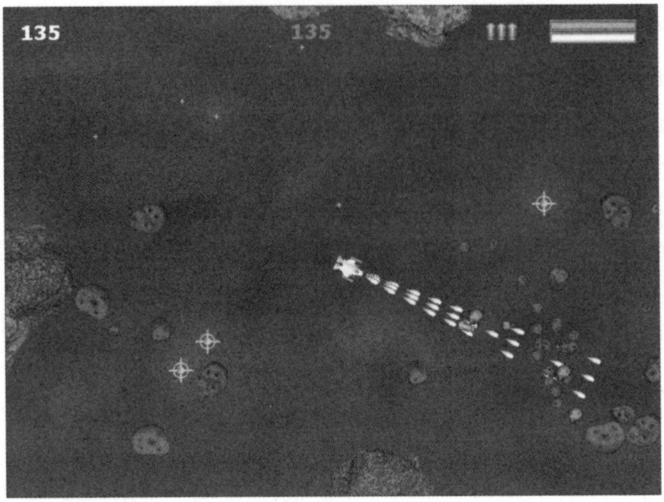

Figura 15.6 A terceira melhoria de armamento deixará você vivo por muito mais tempo.

e produzindo um dano enorme ao bando de asteroides, como mostrado na **Figura 15.7**.

Arma Nível Cinco

Artilharia pesada! A arma de nível cinco é realmente devastadora, proporcionando um enorme poder de fogo à nave. No entanto, cuidado! Se você for atingido, sua nave regredirá um nível, voltando para o quarto estágio. Os ângulos de distribuição no nível cinco são ligeiramente mais abertos do que no nível quatro, e dois tiros adicionais são disparados pelas laterais da nave (veja **Figura 15.8**).

Aperfeiçoando o Galactic War

Vou começar pelo início do arquivo GalacticWar.java e observar as alterações feitas conforme descemos pelo código-fonte. Mostrarei algumas telas durante o caminho para explicar o que está acontecendo com o código. Como você pode ver claramente nas páginas a seguir, o novo engine de game (via classe `Game`) facilita incrivelmente a adição de melhorias.

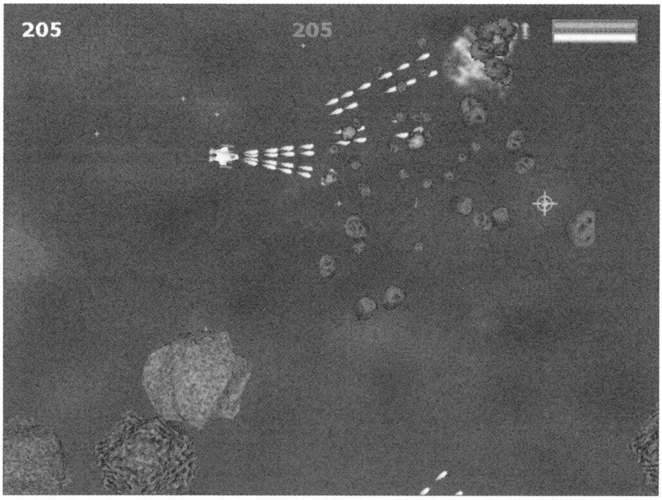

Figura 15.7 Quatro tiros de uma vez é bom para aumentar a autoconfiança.

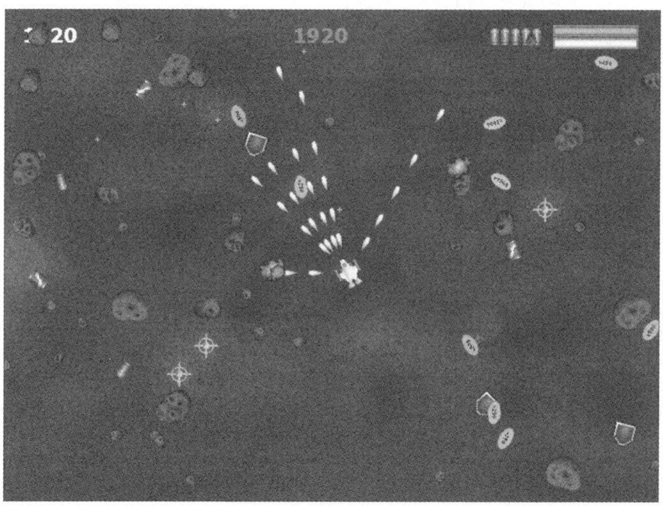

Figura 15.8 A melhoria no armamento de nível cinco fornece seis tiros à sua nave!

Dica

Se você encontrar algum problema na atualização do código-fonte com as novas melhorias, recomendo que você abra o projeto completo de Galactic War, em \sources\chapter11, no site do livro em www.cengage.com.br.

Novos tipos de sprite

A primeira alteração no programa envolve a adição de algumas novas definições de tipos de sprites no GalacticWar.java. Perto do início da listagem do programa, há uma série de tipos de sprite. Adicione os novos itens mostrados em negrito.

```
//sprite types
final int SPRITE_SHIP = 1;
final int SPRITE_ASTEROID_BIG = 10;
final int SPRITE_ASTEROID_MEDIUM = 11;
final int SPRITE_ASTEROID_SMALL = 12;
final int SPRITE_ASTEROID_TINY = 13;
final int SPRITE_BULLET = 100;
final int SPRITE_EXPLOSION = 200;
final int SPRITE_POWERUP_SHIELD = 300;
final int SPRITE_POWERUP_HEALTH = 301;
final int SPRITE_POWERUP_250 = 302;
final int SPRITE_POWERUP_500 = 303;
final int SPRITE_POWERUP_1000 = 304;
final int SPRITE_POWERUP_GUN = 305;
```

Novos estados do game

Para atribuir ao game a capacidade de iniciar, jogar e terminar (com a opção de reiniciar), precisaremos adicionar alguns estados condicionais de jogabilidade e utilizar a propriedade de pausa no engine de sprite (encontrado na classe `Game`). Adicione as seguintes linhas logo abaixo das novas definições de sprite, acima das variáveis de ativação. O novo código está destacado em negrito.

```
//game states
final int GAME_MENU = 0;
final int GAME_RUNNING = 1;
final int GAME_OVER = 2;
```

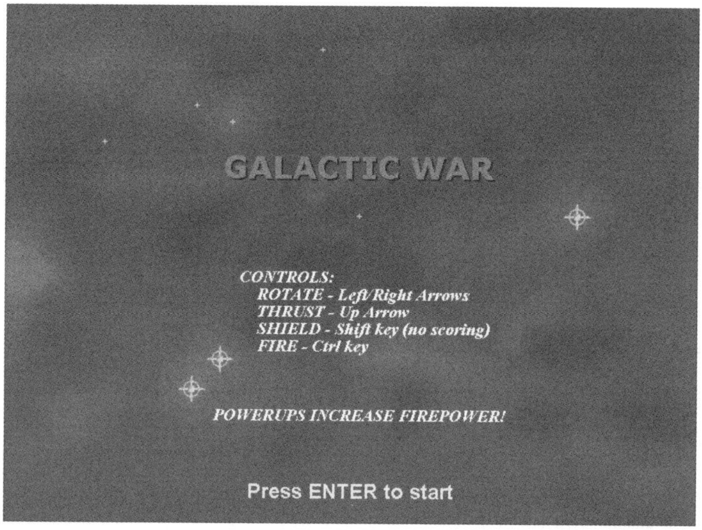

Figura 15.9 A tela inicial do Galactic War exibe os controles de tecla.

```
//various toggles
boolean showBounds = false;
boolean collisionTesting = true;
```

Quando o game for iniciado pela primeira vez, você verá a tela inicial, mostrada na **Figura 15.9**. Essa tela mostra as teclas que você deve pressionar para controlar a nave.

Novas sprites

Agora vamos adicionar alguns novos tipos de sprites, utilizando a classe `ImageEntity`. A nave possui um novo recurso de escudo e temos uma coleção completa de novas imagens para powerups e para a interface de usuário atualizada (como medidores de saúde e de escudo).

Desça um pouco mais pelo bloco de código que mostra as definições para todos os objetos `ImageEntity` utilizados no game. Adicione o novo código destacado em negrito. (Observe também a alteração menor no vetor `shipImage`, que agora possui três elementos.)

```
//define the images used in the game
ImageEntity background;
ImageEntity bulletImage;
ImageEntity[] bigAsteroids = new ImageEntity[5];
ImageEntity[] medAsteroids = new ImageEntity[2];
ImageEntity[] smlAsteroids = new ImageEntity[3];
ImageEntity[] tnyAsteroids = new ImageEntity[4];
ImageEntity[] explosions = new ImageEntity[2];
ImageEntity[] shipImage = new ImageEntity[3];
ImageEntity[] barImage = new ImageEntity[2];
ImageEntity barFrame;
ImageEntity powerupShield;
ImageEntity powerupHealth;
ImageEntity powerup250;
ImageEntity powerup500;
ImageEntity powerup1000;
ImageEntity powerupGun;
```

Medidores de saúde/escudo, placar, poder de fogo e variáveis de estado do game

Agora vamos adicionar algumas variáveis globais para manter o controle sobre alguns aspectos, como a saúde da nave, a força do escudo e o estado de jogo, bem como coisas mais óbvias – pontuação atual, maior pontuação e nível de melhoria do armamento. Adicione o seguinte código após as definições de sprites, antes da linha Random. O novo código está destacado em negrito.

```
//health/shield meters and score
int health = 20;
int shield = 20;
int score = 0;
int highscore = 0;
int firepower = 1;
int gameState = GAME_MENU;
```

```
//create a random number generator
Random rand = new Random();
```

Novas teclas de entrada

Precisamos adicionar suporte à nova habilidade de escudo. Defini a tecla Shift para ativar o escudo da nave, mas você pode alterá-la se preferir por uma tecla diferente. Localize as variáveis de leitura de teclas de entrada, algumas linhas abaixo da última alteração que você acabou de fazer, e observe a nova variável adicionada em negrito.

Ainda estão ativas, no game, a colisão e a caixa de colisão. Embora tenham sido utilizadas para teste, agora elas são conhecidas como *truques secretos* não documentados do game[1]!

```
//some key input tracking variables
boolean keyLeft, keyRight, keyUp, keyFire, keyB, keyC, keyShield;
```

Objetos de som e música

Logo abaixo das definições de variáveis de leitura de teclas, adicione o seguinte código para objetos de música e som (ou certifique-se de que o código se parece com este, caso ele esteja diferente em seu código-fonte). Observe as alterações em negrito.

```
//some key input tracking variables
boolean keyLeft, keyRight, keyUp, keyFire, keyB, keyC, keyShield;

//sound effects and music
MidiSequence music = new MidiSequence();
SoundClip shoot = new SoundClip();
SoundClip explosion = new SoundClip();
```

---

[1] Também chamados de *cheat codes*, pois permitem ao jogador "trapacear", obtendo alguma vantagem durante a partida. (N.R.T.)

Carregando arquivos de mídia

Infelizmente, todos esses novos recursos têm um preço – tempo de carregamento. O game carrega muito rapidamente em seu PC local, mas pode levar de 10 a 20 segundos para carregar a partir de um site, dependendo da sua velocidade de conexão. Todas as imagens e sons utilizados neste game são consideravelmente pequenas, pois estão armazenadas no formato comprimido PNG. O maior arquivo é a imagem de fundo, com cerca de 300 KB. Todos os arquivos de som e imagem restantes possuem bem menos que 100 KB, e a maioria está na faixa de 1 a 10 KB, que de fato é extremamente pequeno. Imagino que sem a imagem de fundo e as imagens das explosões grandes, o game carregaria quase instantaneamente. Depois de compactado em .jar (o que será abordado no próximo capítulo), o game inteiro possuirá 600 KB.

Adicionaremos todos os novos códigos ao `gameStartup()` para carregar todas as novas imagens, sons e música no game. Há também algumas alterações relacionadas à jogabilidade neste método que você deve investigar. Todas as novas instruções e alterações estão destacados em negrito.

```
void gameStartup() {
    //load sounds and music
    music.load("music.mid");
    shoot.load("shoot.au");
    explosion.load("explode.au");

    //load the health/shield bars
    barFrame = new ImageEntity(this);
    barFrame.load("barframe.png");
    barImage[0] = new ImageEntity(this);
    barImage[0].load("bar_health.png");
    barImage[1] = new ImageEntity(this);
    barImage[1].load("bar_shield.png");

    //load powerups
    powerupShield = new ImageEntity(this);
```

```
powerupShield.load("powerup_shield2.png");
powerupHealth = new ImageEntity(this);
powerupHealth.load("powerup_cola.png");
powerup250 = new ImageEntity(this);
powerup250.load("powerup_250.png");
powerup500 = new ImageEntity(this);
powerup500.load("powerup_500.png");
powerup1000 = new ImageEntity(this);
powerup1000.load("powerup_1000.png");
powerupGun = new ImageEntity(this);
powerupGun.load("powerup_gun.png");

//load the background image
background = new ImageEntity(this);
background.load("bluespace.png");

//create the ship sprite-first in the sprite list
shipImage[0] = new ImageEntity(this);
shipImage[0].load("spaceship.png");
shipImage[1] = new ImageEntity(this);
shipImage[1].load("ship_thrust.png");
shipImage[2] = new ImageEntity(this);
shipImage[2].load("ship_shield.png");

AnimatedSprite ship = new AnimatedSprite(this, graphics());
ship.setSpriteType(SPRITE_SHIP);
ship.setImage(shipImage[0].getImage());
ship.setFrameWidth(ship.imageWidth());
ship.setFrameHeight(ship.imageHeight());
ship.setPosition(new Point2D(SCREENWIDTH/2, SCREENHEIGHT/2));
ship.setAlive(true);

//start ship off as invulnerable
ship.setState(STATE_EXPLODING);
```

```
collisionTimer = System.currentTimeMillis();
sprites().add(ship);

//load the bullet sprite image
bulletImage = new ImageEntity(this);
bulletImage.load("plasmashot.png");

//load the explosion sprite image
explosions[0] = new ImageEntity(this);
explosions[0].load("explosion.png");
explosions[1] = new ImageEntity(this);
explosions[1].load("explosion2.png");

//load the big asteroid images (5 total)
for (int n = 0; n<5; n++) {
     bigAsteroids[n] = new ImageEntity(this);
     String fn = "asteroid" + (n+1) + ".png";
     bigAsteroids[n].load(fn);
}
//load the medium asteroid images (2 total)
for (int n = 0; n<2; n++) {
     medAsteroids[n] = new ImageEntity(this);
     String fn = "medium" + (n+1) + ".png";
     medAsteroids[n].load(fn);
}
//load the small asteroid images (3 total)
for (int n = 0; n<3; n++) {
     smlAsteroids[n] = new ImageEntity(this);
     String fn = "small" + (n+1) + ".png";
     smlAsteroids[n].load(fn);
}
//load the tiny asteroid images (4 total)
for (int n = 0; n<4; n++) {
     tnyAsteroids[n] = new ImageEntity(this);
```

```
            String fn = "tiny" + (n+1) + ".png";
            tnyAsteroids[n].load(fn);
        }

        //start off in pause mode
        pauseGame();

    //delete this block of code, which has been moved to another method
    /**** moved to resetGame
        //create the random asteroid sprites
        for (int n = 0; n<ASTEROIDS; n++) {
            createAsteroid();
        }
    */
}
```

A questão do estado do game – reiniciando o game

O game costuma iniciar já com asteroides voando contra sua nave, sem nenhuma chance de você se preparar! Para evitar esse problema, adicionei um sistema global de estado ao game que agora inicia no modo `GAME_MENU`. Durante uma jogada normal, o estado é `GAME_PLAYING`. Quando sua nave explode, o estado é `GAME_OVER`. Para tornar possível reiniciar o jogo depois de morrer (em tal caso, o maior placar é mantido), precisamos de uma forma de redefinir os objetos e variáveis de tecla – mas o game *não* deve recarregar nenhum arquivo! Adicione o método `resetGame()` logo abaixo `gameStartup()`.

```
private void resetGame() {
    //restart the music soundtrack
    music.setLooping(true);
    music.play();

    //save the ship for the restart
    AnimatedSprite ship = (AnimatedSprite) sprites().get(0);
```

```
    //wipe out the sprite list to start over!
    sprites().clear();

    //add the saved ship to the sprite list
    ship.setPosition(new Point2D(SCREENWIDTH/2, SCREENHEIGHT/2));
    ship.setAlive(true);
    ship.setState(STATE_EXPLODING);
    collisionTimer = System.currentTimeMillis();
    ship.setVelocity(new Point2D(0, 0));
    sprites().add(ship);

    //create the random asteroid sprites
    for (int n = 0; n<ASTEROIDS; n++) {
        createAsteroid();
    }

    //reset variables
    health = 20;
    shield = 20;
    score = 0;
    firepower = 2;
}
```

Detecção do estado fim do game

O próximo método na listagem do código-fonte é o `gameTimedUpdate()`, um evento passado pela superclasse `Game`. Precisamos adicionar um pouco de código aqui para controlar o estado `GAME_OVER`, que ocorre quando há apenas um sprite restante no jogo – a nave. A **Figura 15.10** mostra o game neste estado após a barra de saúde ter sido reduzida a zero.

```
void gameTimedUpdate() {
    checkInput();
```

```
    if (!gamePaused() && sprites().size() == 1) {
        resetGame();
        gameState = GAME_OVER;
    }
}
```

Figura 15.10 **Se sua saúde cair a zero, o jogo acabou – você perdeu!**

Mudanças na atualização de telas

Fiz uma série de alterações na tela do jogo, que é atualizada regularmente durante os eventos `update()` e `paint()` do applet. Excluí as exibições de teste/depuração que mostravam a saúde da nave e outras coisas. Quero que a tela do game fique bonita agora, sem nenhuma bagunça. Como há muitas alterações envolvidas, você pode querer simplesmente excluir qualquer código comentado e reescrever este método conforme indicado. Mostrarei o código novo ou alterado em negrito e o código excluído em itálico.

```
void gameRefreshScreen() {
    Graphics2D g2d = graphics();
```

```
//*** REMOVE OR COMMENT OUT THIS BLOCK
        //the ship is always the first sprite in the linked list
    AnimatedSprite ship= (AnimatedSprite)sprites().get(0);
******/

        //draw the background
        g2d.drawImage(background.getImage(),0,0,SCREENWIDTH-1,
            SCREENHEIGHT-1,this);

//*** REMOVE OR COMMENT OUT THIS BLOCK
/*      //print status information on the screen
        g2d.setColor(Color.WHITE);
        g2d.drawString("FPS: "+ frameRate(), 5, 10);
        long x= Math.round(ship.position().X());
        long y= Math.round(ship.position().Y());
        g2d.drawString("Ship: "+ x+ ","+ y , 5, 25);
        g2d.drawString("Move angle: "+ Math.round(ship.moveAngle())+90, 5, 40);
        g2d.drawString("Face angle: "+ Math.round(ship.faceAngle()), 5, 55);
        if (ship.state()= =STATE_NORMAL)
            g2d.drawString("State: NORMAL", 5, 70);
        else if (ship.state()= =STATE_COLLIDED
            g2d.drawString("State: COLLIDED", 5, 70);
        else if (ship.state()= =STATE_EXPLODING)
            g2d.drawString("State: EXPLODING", 5, 70);
        g2d.drawString("Sprites: "+ sprites().size(), 5, 120);

    if (showBounds) {
        g2d.setColor(Color.GREEN);
        g2d.drawString("BOUNDING BOXES", SCREENWIDTH-150, 10);
    }
    if (collisionTesting) {
        g2d.setColor(Color.GREEN);
        g2d.drawString("COLLISION TESTING", SCREENWIDTH-150, 25);
    }
******/
```

```
//what is the game state?
if (gameState == GAME_MENU) {
    g2d.setFont(new Font("Verdana", Font.BOLD, 36));
    g2d.setColor(Color.BLACK);
    g2d.drawString("GALACTIC WAR", 252, 202);
    g2d.setColor(new Color(200,30,30));
    g2d.drawString("GALACTIC WAR", 250, 200);
    int x = 270, y = 15;
    g2d.setFont(new Font("Times New Roman", Font.ITALIC | Font.BOLD, 20));
    g2d.setColor(Color.YELLOW);
    g2d.drawString("CONTROLS:", x, ++y*20);
    g2d.drawString("ROTATE - Left/Right Arrows", x+20, ++y*20);
    g2d.drawString("THRUST - Up Arrow", x+20, ++y*20);
    g2d.drawString("SHIELD - Shift key (no scoring)", x+20, ++y*20);
    g2d.drawString("FIRE - Ctrl key", x+20, ++y*20);

    g2d.setColor(Color.WHITE);
    g2d.drawString("POWERUPS INCREASE FIREPOWER!", 240, 480);

    g2d.setFont(new Font("Ariel", Font.BOLD, 24));
    g2d.setColor(Color.ORANGE);
g2d.drawString("Press ENTER to start", 280, 570);
}
else if (gameState == GAME_RUNNING) {
    //draw health/shield bars and meters
    g2d.drawImage(barFrame.getImage(), SCREENWIDTH - 132, 18, this);
    for (int n = 0; n < health; n++) {
        int dx = SCREENWIDTH - 130 + n * 5;
        g2d.drawImage(barImage[0].getImage(), dx, 20, this);
    }
    g2d.drawImage(barFrame.getImage(), SCREENWIDTH - 132, 33, this);
    for (int n = 0; n < shield; n++) {
        int dx = SCREENWIDTH - 130 + n * 5;
```

```
            g2d.drawImage(barImage[1].getImage(), dx, 35, this);
        }

        //draw the bullet upgrades
        for (int n = 0; n < firepower; n++) {
            int dx = SCREENWIDTH - 220 + n * 13;
            g2d.drawImage(powerupGun.getImage(), dx, 17, this);
        }

        //display the score
        g2d.setFont(new Font("Verdana", Font.BOLD, 24));
        g2d.setColor(Color.WHITE);
        g2d.drawString("" + score, 20, 40);
        g2d.setColor(Color.RED);
        g2d.drawString("" + highscore, 350, 40);
    }
    else if (gameState == GAME_OVER) {
        g2d.setFont(new Font("Verdana", Font.BOLD, 36));
        g2d.setColor(new Color(200, 30, 30));
        g2d.drawString("GAME OVER", 270, 200);
        g2d.setFont(new Font("Arial", Font.CENTER_BASELINE, 24));
        g2d.setColor(Color.ORANGE);
        g2d.drawString("Press ENTER to restart", 260, 500);
    }
}
```

Preparação para o fim

O evento `gameShutdown()` vem em seguida. Como você pode lembrar, este método foi deixado vazio no capítulo anterior, mas agora precisamos utilizá-lo adequadamente. Um programa Java bem comportado irá liberar os recursos antes de o programa terminar. No caso do Galactic War, preferimos confiar no *garbage colletor* (coletor de lixo) do Java para liberar os recursos automaticamente. No entanto, é necessário desligar a música e qualquer efeito sonoro que estiver em execução antes de finalizar o applet, pois às vezes uma sequência MIDI pode continuar sendo executada depois de finalizar o game.

```
void gameShutdown() {
    music.stop();
    shoot.stop();
    explosion.stop();
}
```

Atualização de novos sprites

O próximo é o método de evento `spriteUpdate()`. Há uma série de novas adições aqui, mas sem alteração, uma vez que temos todos esses novos powerups que precisam ser manipulados quando aparecerem na tela. A coisa mais importante a se fazer aqui é ativar os powerups assim como todos os outros elementos do game. Além disso, os powerups precisam *se mexer* ou alternar a rotação entre horária e anti-horária para que se destaquem dos outros sprites.

Como exemplo, observe a **Figura 15.11**. Esta ampliação da nave atirando mostra o quanto o engine de sprites controla ao mesmo tempo. Nesta figura, contei 60 sprites apenas nessa pequena porção de tela (que, certamente, é onde a maior parte da ação está sendo executada atualmente). Todos os asteroides são girados por algum valor aleatório. Os tiros são girados e ajustados cada vez que eles se movem em sua trajetória. A nave gira de acordo com a entrada do usuário.

Toda vez que você destrói um sprite minúsculo, uma animação de oito frames é executada. É muita ação! Foi bom termos desenvolvido o engine de sprites no capítulo anterior, ou nada disso seria possível utilizando-se o velho método de controlar sprites com vetores. (Ah, e caso você pense que os tiros não passaram por nenhum dos sprites minúsculos, eles foram gerados pela destruição de um sprite maior e logo serão aniquilados pelo fogo que está chegando.)

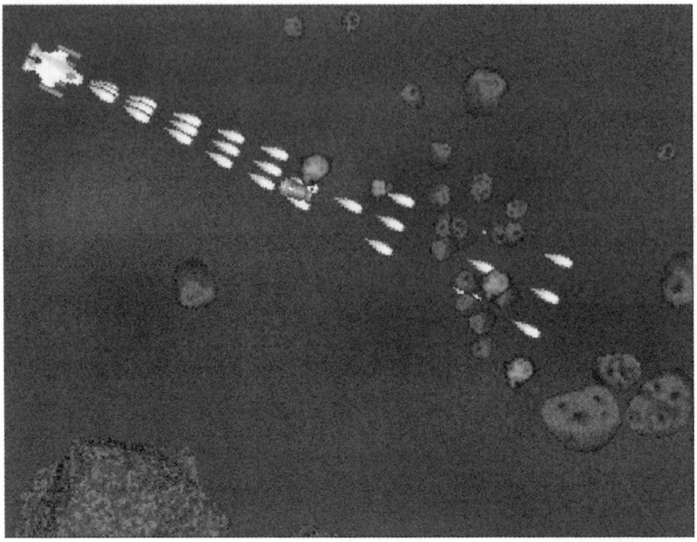

Figura 15.11 Há muitos sprites em qualquer game normal, mas isso é apenas 1/4 da tela.

O novo código no `spriteUpdate()`, marcado em negrito, adiciona novos cases à declaração `switch` para lidar com powerups.

```
public void spriteUpdate(AnimatedSprite sprite) {
    switch(sprite.spriteType()) {
    case SPRITE_SHIP:
        warp(sprite);
        break;
    case SPRITE_BULLET: warp(sprite);
        break;
    case SPRITE_EXPLOSION:
        if (sprite.currentFrame() == sprite.totalFrames()-1) {
            sprite.setAlive(false);
        }
        break;
```

```
        case SPRITE_ASTEROID_BIG:
        case SPRITE_ASTEROID_MEDIUM:
        case SPRITE_ASTEROID_SMALL:
        case SPRITE_ASTEROID_TINY:
            warp(sprite);
            break;
        case SPRITE_POWERUP_SHIELD:
        case SPRITE_POWERUP_HEALTH:
        case SPRITE_POWERUP_250:
        case SPRITE_POWERUP_500:
        case SPRITE_POWERUP_1000:
        case SPRITE_POWERUP_GUN:
            warp(sprite);
            //make powerup animation wobble
            double rot = sprite.rotationRate();
            if (sprite.faceAngle() > 350) {
                sprite.setRotationRate(rot * -1);
                sprite.setFaceAngle(350);
            }
            else if (sprite.faceAngle() < 10) {
                sprite.setRotationRate(rot * -1);
                sprite.setFaceAngle(10);
            }
            break;
        }
}
```

Seleção de powerups

O próximo passo na listagem do código-fonte é o evento `spriteCollision()`. Tudo o que precisamos fazer aqui é manipular todos os novos powerups do game; isso significa que apenas a nave deve colidir com os powerups. Movi o teste para a chave do teste de colisão para o início deste método, fora do código de manipulação de teclado, porque ele pertence a este método. Foram adicionadas algumas novas linhas para aumentar a pontuação sempre que um tiro atingir um asteroide e para cuidar das colisões quando o escudo for ativado. Como de costume, observe as alterações em negrito.

```
public void spriteCollision(AnimatedSprite spr1, AnimatedSprite spr2) {
    //jump out quickly if collisions are off
    if (!collisionTesting) return;

    //figure out what type of sprite has collided
    switch(spr1.spriteType()) {
    case SPRITE_BULLET:
        //did bullet hit an asteroid?
        if (isAsteroid(spr2.spriteType())) {
            bumpScore(5);
            spr1.setAlive(false);
            spr2.setAlive(false);
            breakAsteroid(spr2);
        }
        break;
    case SPRITE_SHIP:
        //did asteroid crash into the ship?
        if (isAsteroid(spr2.spriteType())) {
            if (spr1.state() == STATE_NORMAL) {
                if (keyShield) {
                    shield -= 1;
                }
                else {
                    collisionTimer = System.currentTimeMillis();
                    spr1.setVelocity(new Point2D(0, 0));
                    double x = spr1.position().X() - 10;
                    double y = spr1.position().Y() - 10;
                    startBigExplosion(new Point2D(x, y));
                    spr1.setState(STATE_EXPLODING);
                    //reduce ship health after a hit
                    health = -1;
```

```
                if (health < 0) {
                    gameState = GAME_OVER;
                }
                //lose firepower when you get hit
                firepower-;
                if (firepower < 1) firepower = 1;
            }
            spr2.setAlive(false);
            breakAsteroid(spr2);
        }
            //make ship temporarily invulnerable
            else if (spr1.state() = = STATE_EXPLODING) {
                if (collisionTimer + 3000 <
                    System.currentTimeMillis()) {
                    spr1.setState(STATE_NORMAL);
                }
            }
    }
    break;

case SPRITE_POWERUP_SHIELD:
    if (spr2.spriteType()= =SPRITE_SHIP) {
        shield += 5;
        if (shield > 20) shield = 20;
        spr1.setAlive(false);
    }
    break;

case SPRITE_POWERUP_HEALTH:
    if (spr2.spriteType()= =SPRITE_SHIP) {
        health += 5;
        if (health > 20) health = 20;
        spr1.setAlive(false);
    }
    break;
```

```
        case SPRITE_POWERUP_250:
            if (spr2.spriteType()==SPRITE_SHIP) {
                bumpScore(250);
                spr1.setAlive(false);
            }
            break;

        case SPRITE_POWERUP_500:
            if (spr2.spriteType()==SPRITE_SHIP) {
                bumpScore(500);
                spr1.setAlive(false);
            }
            break;

        case SPRITE_POWERUP_1000:
            if (spr2.spriteType()==SPRITE_SHIP) {
                bumpScore(1000);
                spr1.setAlive(false);
            }
            break;

        case SPRITE_POWERUP_GUN:
            if (spr2.spriteType()==SPRITE_SHIP) {
                firepower++;
                if (firepower > 5) firepower = 5;
                spr1.setAlive(false);
            }
            break;
    }
}
```

Novas teclas de entrada

O game agora utiliza a tecla Shift para ativar o escudo da nave e a tecla Enter para continuar quando o game está no estado `GAME_MENU` ou `GAME_OVER`. Agora também existe uma forma de sair do game: quando estiver em execução, você pode pressionar a tecla Esc para finalizá-lo (veja a **Figura 15.12**).

Figura 15.12 A tecla Esc finalizará o game imediatamente e permitirá que você recomece.

Aqui estão os novos manipuladores de tecla em negrito:

```
public void gameKeyDown(int keyCode) {
    switch(keyCode) {
    case KeyEvent.VK_LEFT:
        keyLeft = true;
        break;
```

```
case KeyEvent.VK_RIGHT:
    keyRight = true;
    break;
case KeyEvent.VK_UP:
    keyUp = true;
    break;
case KeyEvent.VK_CONTROL: keyFire = true;
    break;
case KeyEvent.VK_B:
    //toggle bounding rectangles
    showBounds = !showBounds;
    break;
case KeyEvent.VK_C:
    //toggle collision testing
    collisionTesting = !collisionTesting;
    break;
case KeyEvent.VK_SHIFT:
    if ((!keyUp) && (shield > 0))
        keyShield = true;
    else
        keyShield = false;
    break;
case KeyEvent.VK_ENTER:
    if (gameState == GAME_MENU) {
        resetGame();
        resumeGame();
        gameState = GAME_RUNNING;
    }
    else if (gameState == GAME_OVER) {
        resetGame();
        resumeGame();
        gameState = GAME_RUNNING;
```

```
            }
            break;
        case KeyEvent.VK_ESCAPE:
            if (gameState == GAME_RUNNING) {
                pauseGame();
                gameState = GAME_OVER;
            }
            break;
        }
}
```

Agora, vamos adicionar um novo caso único ao evento `gameKeyUp()` também.

```
public void gameKeyUp(int keyCode) {
    switch(keyCode) {
    case KeyEvent.VK_LEFT:
        keyLeft = false;
        break;
    case KeyEvent.VK_RIGHT:
        keyRight = false;
        break;
    case KeyEvent.VK_UP:
        keyUp = false;
        break;
    case KeyEvent.VK_CONTROL:
        keyFire = false;
        fireBullet();
        break;
    case KeyEvent.VK_SHIFT:
        keyShield = false
        break;
    }
}
```

Reprodução de powerups

No capítulo anterior, adicionamos um novo método ao game chamado `spawnPowerup()`, que foi deixado vazio naquele momento. Devido a essa antecipação, não precisamos fazer nenhuma alteração ao método `breakAsteroid()` que faz essa chamada. Em vez disso, aqui temos o método completamente funcional `spawnPowerup()`. No topo do código, uma porcentagem aleatória determina se o powerup será realmente criado. Ele foi configurado a 12%, o que proporciona uma jogabilidade considerável. Se quiser tornar o jogo mais difícil, reduza esse valor. Para facilitar, aumente-o.

Embora 12% não pareça ser muitos powerups, lembre-se de que cada asteroide grande produz três "médios", que produzem três "pequenos", que produzem três "minúsculos" (veja **Figura 15.13**). Isso implica 27 asteroides minúsculos acertados para cada asteroide grande e, como o game começa com 10 grandes – bem, você consegue fazer o cálculo. Em uma única sessão do jogo, 12% gerará cerca de 30 powerups! Imagino que esse valor deveria ser reduzido para cerca de 20 para tornar o game um pouco mais desafiador, mas cada powerup possui um tempo de vida limitado; então, é possível que, no calor da batalha, o jogador se preocupe em pegar apenas alguns deles.

Figura 15.13 Estes são todos os asteroides que você encontrará no jogo.

O método spawnPowerup() cria um sprite de powerup único com algumas propriedades padrão que todos os powerups compartilham e, em seguida, configura as propriedades específicas utilizando um número aleatório. Uma vez que há seis powerups, este número aleatório determina o tipo de powerup.

```
private void spawnPowerup(AnimatedSprite sprite) {
    //only a few tiny sprites spit out a powerup
     int n = rand.nextInt(100);
    if (n > 12) return;

    //use this powerup sprite
    AnimatedSprite spr = new AnimatedSprite(this, graphics());
    spr.setRotationRate(8);
    spr.setPosition(sprite.position());
    double velx = rand.nextDouble();
    double vely = rand.nextDouble();
    spr.setVelocity(new Point2D(velx, vely));
    spr.setLifespan(1500);
    spr.setAlive(true);

    //customize the sprite based on powerup type
    switch(rand.nextInt(6)) {
    case 0:
        //create a new shield powerup sprite
        spr.setImage(powerupShield.getImage());
        spr.setSpriteType(SPRITE_POWERUP_SHIELD);
        sprites().add(spr);
        break;
    case 1:
        //create a new health powerup sprite
        spr.setImage(powerupHealth.getImage());
        spr.setSpriteType(SPRITE_POWERUP_HEALTH);
        sprites().add(spr);
        break;
```

```
        case 2:
            //create a new 250-point powerup sprite
            spr.setImage(powerup250.getImage());
            spr.setSpriteType(SPRITE_POWERUP_250);
            sprites().add(spr);
            break;
        case 3:
            //create a new 500-point powerup sprite
            spr.setImage(powerup500.getImage());
            spr.setSpriteType(SPRITE_POWERUP_500);
            sprites().add(spr);
            break;
        case 4:
            //create a new 1000-point powerup sprite
            spr.setImage(powerup1000.getImage());
            spr.setSpriteType(SPRITE_POWERUP_1000);
            sprites().add(spr);
            break;
        case 5:
            //create a new gun powerup sprite
            spr.setImage(powerupGun.getImage());
            spr.setSpriteType(SPRITE_POWERUP_GUN);
            sprites().add(spr);
            break;
        }
}
```

Funcionamento do escudo

Embora os eventos de tecla ativem ou desativem o escudo da nave, o trabalho efetivo é feito no método `checkInput()` mostrado aqui. Observe atentamente o escudo em ação. A **Figura 15.14** mostra a nave bombardeada por asteroides, mas o escudo está suportando todo o impacto e protege a nave (pelo menos até o escudo sumir!).

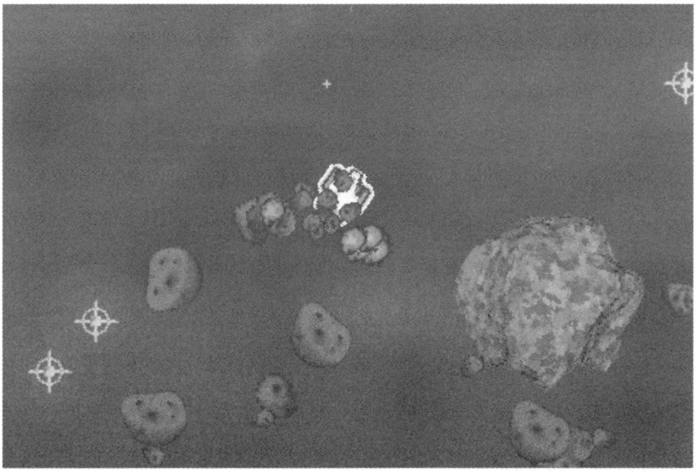

Figura 15.14 Esta visão detalhada mostra vários asteroides chocando-se contra o escudo da nave (e dividindo-se em asteroides pequenos ou simplesmente sumindo).

Também precisamos fazer uma alteração no novo estado global do game para que ele ignore os eventos de entrada a menos que já esteja sendo executado – em outras palavras, ele deve ignorar as alterações de entrada de jogabilidade quando estiver no estado `GAME_MENU` ou `GAME_OVER`. O novo código está destacado em negrito.

```
public void checkInput() {
    if (gameState != GAME_RUNNING) return;

    //the ship is always the first sprite in the linked list
    AnimatedSprite ship = (AnimatedSprite)sprites().get(0);
    if (keyLeft) {
        //left arrow rotates ship left 5 degrees
        ship.setFaceAngle(ship.faceAngle() - SHIPROTATION);
        if (ship.faceAngle() < 0)
            ship.setFaceAngle(360 - SHIPROTATION);
```

```
    } else if (keyRight) {
        //right arrow rotates ship right 5 degrees
        ship.setFaceAngle(ship.faceAngle() + SHIPROTATION);
        if (ship.faceAngle() > 360)
            ship.setFaceAngle(SHIPROTATION);
    }
    if (keyUp) {
        //up arrow applies thrust to ship
        ship.setImage(shipImage[1].getImage());
        applyThrust();
    }
    else if (keyShield) {
        ship.setImage(shipImage[2].getImage());
    }
    else
        //set ship image to normal non-thrust image
        ship.setImage(shipImage[0].getImage());
}
```

Uso de powerups de melhorias de armamentos

As novas melhorias de armamentos são brilhantes, como você viu neste capítulo – você não acha? Este é, sem dúvida, o mais novo e mais interessante recurso de jogabilidade. Toda vez que você consegue uma melhoria de armamento, ele adiciona outra arma à sua nave. No entanto, se sua nave for atingida, você perde uma melhoria, o que torna muito difícil mantê-las. A boa notícia é que, quando você consegue uma arma de nível quatro ou nível cinco, sua nave fica tão poderosa que é consideravelmente fácil eliminar os asteroides em questão de segundos.

Para suportar as melhorias de armamento, o código no `fireBullet()` foi completamente reescrito e são necessários dois novos métodos de suporte: `adjustDirection()` e `stockBullet()`. Os novos "tiros" saem do centro da nave e espalham-se em várias direções, de acordo com o nível de melhoria (que está em uma variável chamada firepower). Primeiro mostrarei o novo código do fireBullet().

```
public void fireBullet() {
    //create the new bullet sprite
    AnimatedSprite[] bullets = new AnimatedSprite[6];

    switch(firepower) {
    case 1: //single shot
        bullets[0] = stockBullet();
        sprites().add(bullets[0]);
        break;
    case 2: //double shot
        bullets[0] = stockBullet();
        adjustDirection(bullets[0], -4);
        sprites().add(bullets[0]);
        bullets[1] = stockBullet();
        adjustDirection(bullets[1], 4);
        sprites().add(bullets[1]);
        break;
    case 3: //triple shot
        bullets[0] = stockBullet();
        adjustDirection(bullets[0], -4);
        sprites().add(bullets[0]);
        bullets[1] = stockBullet();
        sprites().add(bullets[1]);
        bullets[2] = stockBullet();
        adjustDirection(bullets[2], 4);
        sprites().add(bullets[2]);
        break;
    case 4: //4-shot
        bullets[0] = stockBullet();
        adjustDirection(bullets[0], -5);
```

```
            sprites().add(bullets[0]);
            bullets[1] = stockBullet();
            adjustDirection(bullets[1], 5);
            sprites().add(bullets[1]);
            bullets[2] = stockBullet();
            adjustDirection(bullets[2], -10);
            sprites().add(bullets[2]);
            bullets[3] = stockBullet();
            adjustDirection(bullets[3], 10);
            sprites().add(bullets[3]);
            break;
        case 5: //5-shot
            bullets[0] = stockBullet();
            adjustDirection(bullets[0], -6);
            sprites().add(bullets[0]);
            bullets[1] = stockBullet();
            adjustDirection(bullets[1], 6);
            sprites().add(bullets[1]);
            bullets[2] = stockBullet();
            adjustDirection(bullets[2], -15);
            sprites().add(bullets[2]);
            bullets[3] = stockBullet();
            adjustDirection(bullets[3], 15);
            sprites().add(bullets[3]);
            bullets[4] = stockBullet();
            adjustDirection(bullets[4], -60);
            sprites().add(bullets[4]);
            bullets[5] = stockBullet();
            adjustDirection(bullets[5], 60);
            sprites().add(bullets[5]);
            break;
        }
        shoot.play();
    }
```

Aqui está o novo método de suporte `adjustDirection()`, que basicamente reduz a quantidade de códigos no `fireBullet()`, porque ele é repetido a cada tiro disparado. Este método é novo, então você deve adicioná-lo abaixo do método `fireBullet()` em sua listagem de código do GalacticWar.java.

```
private void adjustDirection(AnimatedSprite sprite, double angle) {
    angle = sprite.faceAngle() + angle;
    if (angle < 0) angle += 360;
    else if (angle > 360) angle -= 360;
    sprite.setFaceAngle(angle);
    sprite.setMoveAngle(sprite.faceAngle()-90);
    angle = sprite.moveAngle();
    double svx = calcAngleMoveX(angle) * BULLET_SPEED;
    double svy = calcAngleMoveY(angle) * BULLET_SPEED;
    sprite.setVelocity(new Point2D(svx, svy));
}
```

O próximo método de suporte que auxilia o `fireBullet()` é chamado `stockBullet()`. Este método cria um sprite de tiro de reserva com todos os valores-padrão necessários para disparar um único tiro a partir do centro da nave. Os tiros melhorados são modificados a partir desse tiro de reserva para criar os padrões de poder de fogo variados que você vê no game. Este método retorna um novo objeto `AnimatedSprite`.

```
private AnimatedSprite stockBullet() {
    //the ship is always the first sprite in the linked list
    AnimatedSprite ship = (AnimatedSprite)sprites().get(0);
    AnimatedSprite bul = new AnimatedSprite(this, graphics());
    bul.setAlive(true);
    bul.setImage(bulletImage.getImage());
    bul.setFrameWidth(bulletImage.width());
    bul.setFrameHeight(bulletImage.height());
    bul.setSpriteType(SPRITE_BULLET);
    bul.setLifespan(90);
```

```
    bul.setFaceAngle(ship.faceAngle());
    bul.setMoveAngle(ship.faceAngle() - 90);

    //set the bullet's velocity
    double angle = bul.moveAngle();
    double svx = calcAngleMoveX(angle) * BULLET_SPEED;
    double svy = calcAngleMoveY(angle) * BULLET_SPEED;
    bul.setVelocity(new Point2D(svx, svy));

    //set the bullet's starting position
    double x = ship.center().X() - bul.imageWidth()/2;
    double y = ship.center().Y() - bul.imageHeight()/2;
    bul.setPosition(new Point2D(x,y));

    return bul;
}
```

Registro de ponto

A alteração final no código-fonte do Galactic War é a adição de um novo método chamado `bumpScore()`. Ele é chamado na rotina de colisão para aumentar a pontuação do jogador para cada asteroide atingido por uma arma. (Colisões com a nave não contam.)

```
public void bumpScore(int howmuch) {
    score += howmuch;
    if (score > highscore)
        highscore = score;
}
```

O que você aprendeu

Este certamente foi um capítulo revelador! É incrível o que é possível fazer agora que temos um engine de sprites com tais habilidades dinâmicas de manipulação de sprites. Como você viu, agora podemos adicionar novos powerups e elementos de jogabilidade inteiramente novos ao adicionar apenas novos case nas instruções `switch` nos métodos de eventos de tecla, bem como adicionar algumas linhas de código para carregar novas imagens. O resultado final é um game totalmente melhorado, de alta qualidade, pronto para disputar com qualquer game no mercado de games casuais para web.

Aqui está o que você aprendeu:

- Como adicionar powerups ao game
- Como aprimorar a jogabilidade com novos recursos
- Como disparar um feixe de tiros em vários ângulos
- Como adicionar uma variável de estado para dar um início e um fim ao game

Questões de revisão

As questões a seguir o ajudarão a determinar o quanto você aprendeu dos tópicos abordados neste capítulo. As respostas são fornecidas no Apêndice A, "Respostas às questões dos capítulos".

1. Qual método no GalacticWar.java possibilita adicionar powerups ao game quando um asteroide minúsculo é destruído?
2. Que construção o engine de sprites (no Game.java) utiliza para gerenciar os sprites?
3. Quantas melhorias de armamento estão disponíveis agora no Galactic War?
4. Quantos powerups de níveis diferentes existem no game?
5. Que método do GalacticWar.java retorna um objeto de sprite reserva de tiros, que depois é ajustado para produzir os feixes de tiro melhorados?
6. Quantas imagens de asteroide diferentes há no Galactic War?
7. Se quiser adicionar outra melhoria de armamento ao game, que método você precisará modificar?
8. Quantos sprites o engine de sprites é capaz de manipular ao mesmo tempo?

9. Quantos tiros são disparados ao mesmo tempo com a arma de nível cinco?
10. Qual é o nome do `int` estático que representa o estado do game quando ele é executado normalmente?

Agora é por sua conta

Há muitas possibilidades com este game que eu nem sei por onde começar. Como considerei o game finalizado, no sentido de que está suficientemente equipado com recursos e elementos de jogabilidade para atingir o objetivo que traçamos para este livro, farei apenas algumas sugestões.

Gostaria de adicionar um buraco negro que cruzasse a tela aleatoriamente de tempos em tempos, sugando tudo que passa por ele. Não seria legal?

Outro recurso legal seria ter uma espaçonave alienígena vinda do outro lado da tela de tempos em tempos, atirando no jogador. Para evitar que a nave alienígena fosse atingida pelos asteroides, a nave ativaria um escudo sempre que colidisse com um asteroide; caso contrário, ela teria que navegar através do campo de asteroides, e esse é um código que definitivamente não aconselhamos ser escrito!

Ainda tem outra ideia para melhorar a jogabilidade, já que o game é *realmente* difícil. O game poderia começar com um único asteroide grande no Nível 1 e, em seguida, adicionar outro asteroide grande a cada nível que o jogador completasse. Embora o game possa manipular um número ilimitado de sprites, terminaríamos o game no nível 10 para mantê-lo razoável. Como o game atualmente lança dez asteroides no jogador logo de início, mudar para um sistema de níveis melhoraria consideravelmente o fator diversão!

Para a última versão do Galactic War, indico a você um applet derivado, disponível em www.starflightgame.com, em que a equipe postou uma "demonstração de combate espacial" da jogabilidade no *Starflight: The Lost Colony*, utilizando o código-fonte de Galactic War como base. Você descobrirá que vários aspectos deste game são familiares após trabalhar com o projeto Galactic War.

Capítulo 16

Galactic War: distribuição na web

Este capítulo finaliza o livro explicando um tema de suma importância: como *distribuir* na web seus games baseados em applets Java. Presumo que você já tenha algum conhecimento sobre como utilizar FTP para copiar seu game para um servidor da web. Mostrarei como preparar o applet para que ele seja executado a partir de sua própria página web! (Mesmo que você utilize um serviço de hospedagem gratuito, se conseguir *carregar* os arquivos para seu site, muito provavelmente o game será executado a partir dele.) Você também aprenderá como utilizar a ferramenta Java Archive para *pack* seu game completo (com arquivos de classe e todos os arquivos de mídia juntos) em um arquivo Java Archive.

Os tópicos-chave deste capítulo são:

- Empacotamento de um applet em um Java Archive (JAR)
- Utilizar um programa de linha de comando JAR
- Compactar o Galactic War em um arquivo JAR
- Criar um arquivo HTML de hospedagem para o applet

Empacotamento de um applet em um Java Archive (JAR)

O Java Development Kit (JDK) vem com uma ferramenta de linha de comando chamada jar.exe, que é utilizada para criar arquivos Java Archive. Os JARs, como são conhecidos, utilizam o método de compressão ZIP quando armazenam arquivos. Eles podem reduzir consideravelmente o tamanho de um applet Java – crucial para a distribuição na web.

Para utilizar a ferramenta JAR, você precisará abrir uma janela de prompt de comando (também conhecida como *shell* em alguns sistemas operacionais) e, em seguida, configurar o caminho para o JDK, caso ainda não o tenha feito. Por padrão, em um sistema Windows, o JDK é instalado em C:\Program Files\Java, e nesta pasta haverá uma outra contendo o Java Development Kit (JDK) e o Java Runtime Environment (JRE). Você precisa definir o caminho para incluir a pasta \bin localizada no JDK. O caminho será diferente dependendo da versão do JDK que você instalou. Atualmente em meu sistema, a ferramenta jar.exe está localizada em:

```
C:\Program Files\Java\jdk1.5.0_06\bin
```

Você pode abrir o prompt de comando acessando Iniciar, Arquivos de Programas, Acessórios. Você também pode executar o cmd.exe manualmente se utilizar Iniciar, Executar. Nos sistemas Linux e Mac, o JDK, em geral, já é adicionado ao caminho quando ele é instalado.

Uso do programa jar.exe

A ferramenta JAR é um pouco *chata*. Se você não utilizar os parâmetros exatamente como determinado e na ordem certa, o JAR irá reclamar e também alhar ao criar o arquivo JAR que você estava querendo. A ordem dos parâmetros não devia ser significativa, mas neste caso, ela é. A sintaxe geral do comando JAR pode ser visualizada digitando-se JAR na linha de comando. A saída se parece um pouco com a da **Figura 16.1**.

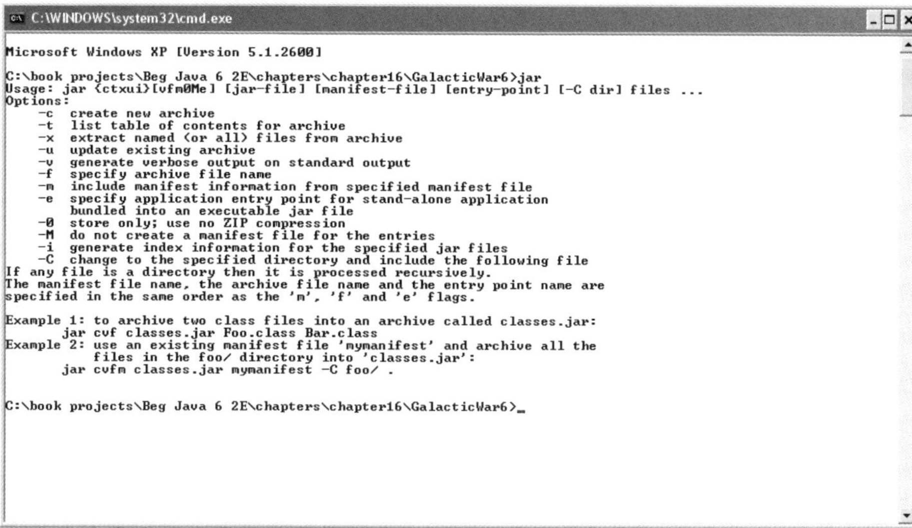

Figura 16.1 Verificando se o programa JAR está disponível no prompt de comando.

Criando um novo arquivo JAR

Os parâmetros desta listagem de *Ajuda* são *enganosos*. Você não somente *não* deve utilizar o traço (–), como também deve respeitar a ordem especificada dos parâmetros. Por exemplo, utilizamos o parâmetro `c` para pedir ao JAR que crie um novo arquivo JAR. Mas esse parâmetro *deve* ser utilizado com o `f` para especificar o nome do arquivo. Não dá para imaginar a utilização da ferramenta JAR sem a criação de um arquivo JAR. Após os parâmetros `cf`, você especifica o nome do arquivo JAR e depois os arquivos que deseja adicionar. Aqui está um exemplo:

```
jar cf test.jar *.class
```

Este comando criará um novo arquivo JAR chamado test.jar e adicionará todos os arquivos .class encontrados na pasta atual para o arquivo JAR. Após fazer isso, caso a ferramenta JAR tenha criado um novo arquivo JAR com sucesso, ela simplesmente sairá do ar e não dará informação alguma. (Então lembre-se: nenhuma informação significa "sem problemas".)

Listando o conteúdo de um arquivo JAR

Para exibir o conteúdo do arquivo JAR, utilize o parâmetro `tf`:

```
jar tf test.jar
```

Você também pode incluir a opção `v` para exibir o conteúdo do arquivo JAR em detalhes. Essa opção também funciona ao criar um novo arquivo JAR, mas você deve tomar cuidado ao incluir a opção `v` depois do parâmetro `c` ou `t`. Aqui está um exemplo de ambos os casos:

```
jar cvf test.jar *.class
jar tvf test.jar
```

Extraindo arquivos de um arquivo JAR

Você pode extrair um ou todos os arquivos de um arquivo JAR utilizando a opção `x`:

```
jar xvf test.jar *.*
```

Atualizando um arquivo JAR

Você pode atualizar um arquivo JAR utilizando o parâmetro `u`. Qualquer arquivo que você especificar substituirá os arquivos existentes no JAR, e serão adicionados quaisquer novos arquivos.

```
jar uvf test.jar HelloWorld.class
```

Arquivos manifest

Os arquivos Java podem incluir um arquivo *manifest* que indica ao JRE o nome do arquivo .class que ele deve executar (automaticamente) quando o arquivo JAR for aberto. Como esta é uma situação consideravelmente comum e os arquivos manifest são uma *boa saída*, faz sentido incluir um arquivo no JAR que será executado na web. O formato geral do arquivo manifest é semelhante a este:

```
Main-Class: NomeDoArquivo
```

Você não deve incluir a extensão .class. Há mais opções para arquivos manifest, mas esta é a única com a qual você precisa se preocupar quando o objetivo é executar um applet armazenado em um arquivo JAR na web. Lembre-se de adicionar uma linha em branco após esta linha única no arquivo manifest, ou a ferramenta JAR não vai entender.

Para utilizar um arquivo manifest ao criar um novo JAR, você pode utilizar a opção com o parâmetro `m`. Certifique-se de que esta seja a *última* letra que você incluirá nas opções.

```
jar cvfm test.jar manifest.txt *.class *.png
```

Empacotamento do Galactic War em um arquivo Java

O programa JAR é consideravelmente fácil de usar uma vez que você esteja acostumado com seus requisitos específicos. Agora, vamos utilizar esta ferramenta para empacotar o Galactic War em um arquivo Java. Isso economizará um pouco de espaço e manterá o game reunido em um único arquivo para que você não deixe nenhum arquivo de mídia para trás ao copiar o game ou carregá-lo em um site.

Advertência

Você deve carregar os arquivos em seu código de forma que o JRE saiba como lê-los a partir de um arquivo JAR quando você tiver distribuído o applet em um site. Mostrei diversas maneiras de carregar imagens e outros arquivos de mídia neste livro.

O método que você deve utilizar quando um game é distribuído em um JAR utiliza a classe `java.net.URL` e o método `getResource()` para criar uma URL que você possa passar para o carregador de som ou imagem apropriado. O método `getResource()` está disponível a partir de `this.getClass()`. Este método extrairá corretamente um arquivo de mídia do sistema de arquivos local ou de um arquivo JAR quando os recursos estiverem armazenados em um JAR. Aqui está um exemplo:

```
URL url = this.getClass().getResource(filename);
```

A primeira coisa importante é copiar sua pasta de projeto para um novo local para que você não misture acidentalmente o original. Essencialmente, esta nova pasta conterá os arquivos de execução do jogo – os arquivos .class e todos os *materiais.*

Revisando os arquivos do projeto

Agora, vamos criar um JAR que contenha os arquivos necessários para este game. O arquivo manifest.txt e o arquivo index.html (que será abordado em seguida) estão localizados na pasta GalacticWar. Copiei todos os arquivos de classe e mídia do Galactic War para uma pasta chamada GalacticWar\project. Estão inclusos 30 arquivos de imagem (PNG), dois de áudio e um MIDI. Além disso, temos estes nove arquivos de classe Java:

- AnimatedSprite.class
- BaseGameEntity.class
- Game.class
- ImageEntity.class
- Point2D.class
- Sprite.class
- GalacticWar.class
- MidiSequence.class
- SoundClip.class

Esses arquivos foram compilados com o Java SE 6. Mas são muitos arquivos para um único game! A última coisa que queremos fazer é publicar este game em um servidor web copiando todos os 42 arquivos junto com o index.html, embora essa opção funcione. Na verdade, se editar o arquivo HTML (o que você aprenderá a fazer aqui em breve), você pode simplesmente copiar esses arquivos para um site e executar o game pela web. Mas um JAR funciona muito melhor e também economiza espaço.

Construindo o JAR

Utilizando o comando CD no prompt de comando, alterei a pasta atual para \Beginning Java\chapter12\GalacticWar. (Ela pode ser ligeiramente diferente em seu sistema.)

Você pode realizar esse procedimento de qualquer pasta em que seus arquivos de projeto estejam localizados. Copiei todos os arquivos de mídia e classe para uma subpasta chamada project para manter as coisas *organizadas*. Então, tudo o que tenho nesta pasta principal GalacticWar são os arquivos index.html e manifest.txt, além da subpasta do projeto (veja **Figura 16.2**).

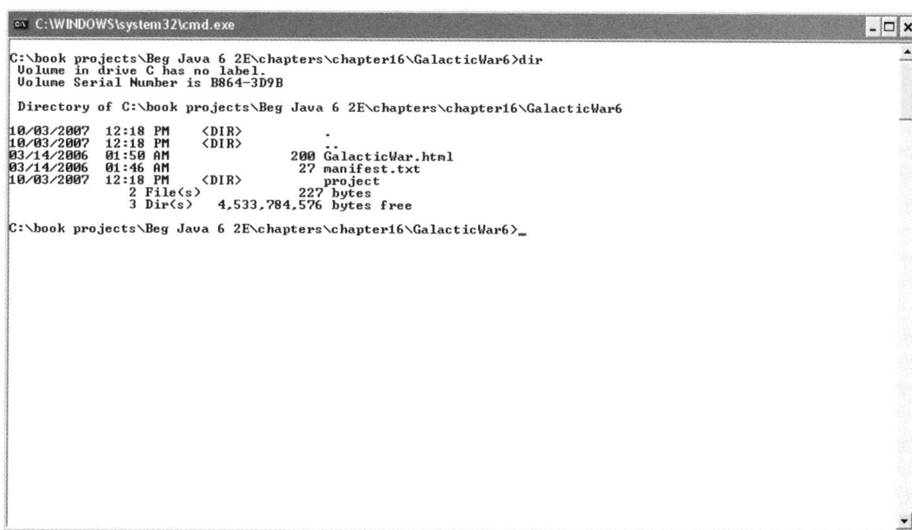

Figura 16.2 Listando o conteúdo da pasta GalacticWar.

O arquivo manifest.txt do Galactic War contém esta linha:

```
Main-Class: GalacticWar
```

Ele diz ao JRE qual dos arquivos .class será aberto e executado após abrir o arquivo JAR. (Certifique-se de incluir uma linha em branco após a linha de propriedade.)

Você precisará utilizar um parâmetro opcional do programa JAR que permite que seja especificada uma subpasta onde os arquivos estão localizados. Não peça para ele incluir .\project*.* porque ele adicionará .\project à estrutura interna do arquivo JAR. Em vez disso, prefira colocar todos os arquivos dentro de .\project, mas não inclua o nome da pasta. A opção é `C` (a letra maiúscula é importante). Aqui está o comando para criar o arquivo GalacticWar.jar:

```
jar cvfm GalacticWar.jar manifest.txt -C project *.*
```

Esta linha orienta o JAR a criar um novo JAR chamado GalacticWar.jar, incluir as informações de manifesto armazenadas em manifest.txt, utilizar a subpasta do projeto e adicionar todos os arquivos daquela subpasta no arquivo JAR. A **Figura 16.3** mostra a saída de comando.

Se esses procedimentos adicionais forem muito cansativos, então junte tudo em uma única pasta e execute o programa JAR na mesma pasta como todos os seus arquivos do projeto Java, sem utilizar a opção `C`:

```
jar cvfm GalacticWar.jar manifest.txt *.*
```

Criação de um arquivo HTML para hospedar o seu applet

HTML é a abreviação *de Hypertext Markup Language* e aparece constantemente na World Wide Web. Para executar um applet Java na web, você precisa *inserir* o applet em uma página web. Isso envolve a criação de um arquivo HTML com uma tag `<applet>` que especifique os detalhes sobre como executar o applet e onde ele está contido.

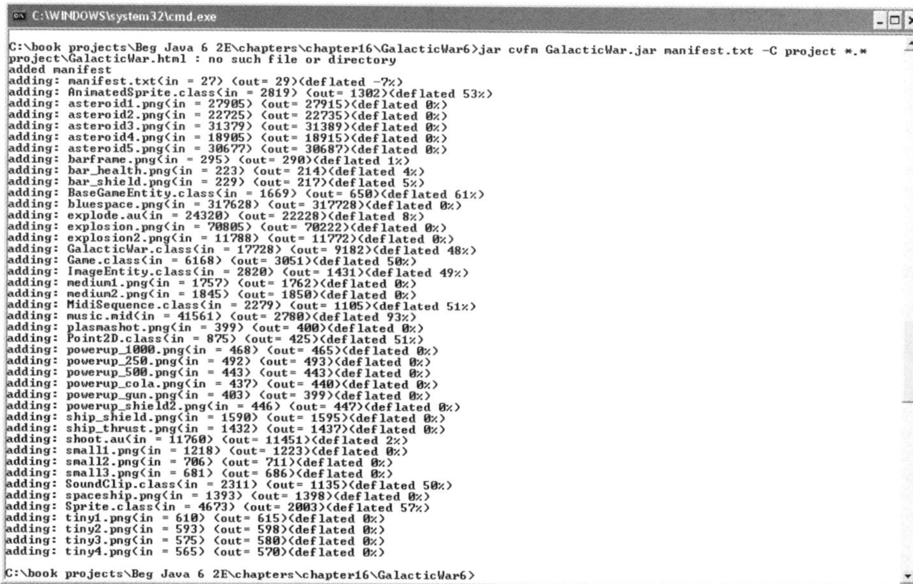

Figura 16.3 Criando o arquivo JAR distribuível.

Um arquivo HTML simples

O formato mais básico de um arquivo HTML que hospedará um applet é parecido com o código a seguir. Este código garante que um arquivo chamado game.class esteja disponível na mesma pasta de rede que o arquivo HTML.

```
<html><head>
<title>This is my game</title>
</head>
<body>
<applet code = game.class width=800 height=600>
</applet> </body></html>
```

A chave para executar um applet em um JAR é adicionar outra opção dentro da tag `<applet>`, chamada `archive`.

```
<applet code=game.class
archive=game.jar
width=800 height=600>
</applet>
```

O arquivo da página web normalmente é chamado de index.html, pois este é o nome de um arquivo que os servidores web enviarão automaticamente ao navegador web caso você não especifique o arquivo HTML diretamente. Por exemplo, quando você acessa www.jharbour.com, o servidor web entrega automaticamente o index.html. Você pode criar este arquivo HTML simples utilizando um editor de texto como o Bloco de Notas (conforme mostrado na **Figura 16.4**). Caso queira que seu applet seja armazenado com seus outros arquivos web, inclusive seu arquivo index já existente, então só use um nome diferente, como GalacticWar.html.

Teste da distribuição do game em applet

Quando o arquivo HTML e o arquivo JAR estiverem prontos, é hora de carregá--los em seu servidor web. Usarei uma pasta do meu servidor web chamada /BeginningJava para distribuir os arquivos do Galactic War. Os arquivos index.html

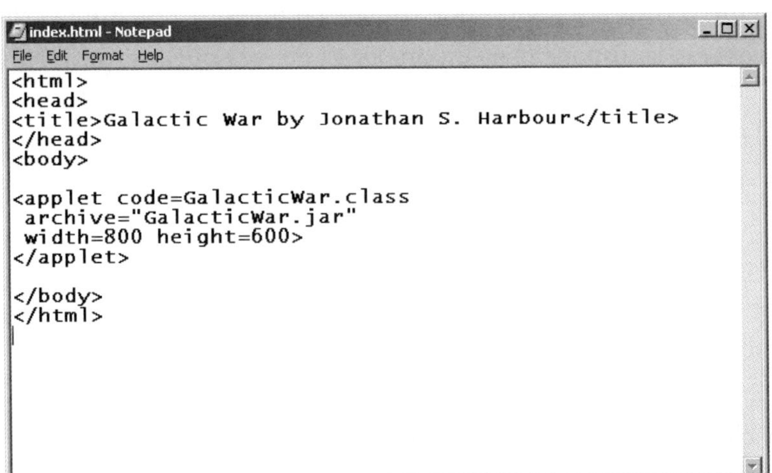


```
<html>
<head>
<title>Galactic War by Jonathan S. Harbour</title>
</head>
<body>

<applet code=GalacticWar.class
 archive="GalacticWar.jar"
 width=800 height=600>
</applet>

</body>
</html>
```

Figura 16.4 Criando um arquivo de página web chamado GalacticWar.html.

e GalacticWar.jar estão carregados no site www.jharbour.com/BeginningJava e prontos para ser executados a partir deste local. Quando você abrir esta URL, o navegador web ativará o JRE, que exibirá um logotipo e uma barra de progresso enquanto ele faz o download do arquivo JAR (veja **Figura 16.5**). (Observe que esse logotipo pode ser ligeiramente diferente em seu sistema.)

Dica

A grande vantagem de um applet é que seu navegador web o armazenará no cache web local. Por isso o applet parece abrir imediatamente quando você acessa a mesma URL novamente. Não é necessário fazer download do applet novamente quando ele está armazenado no cache web local.

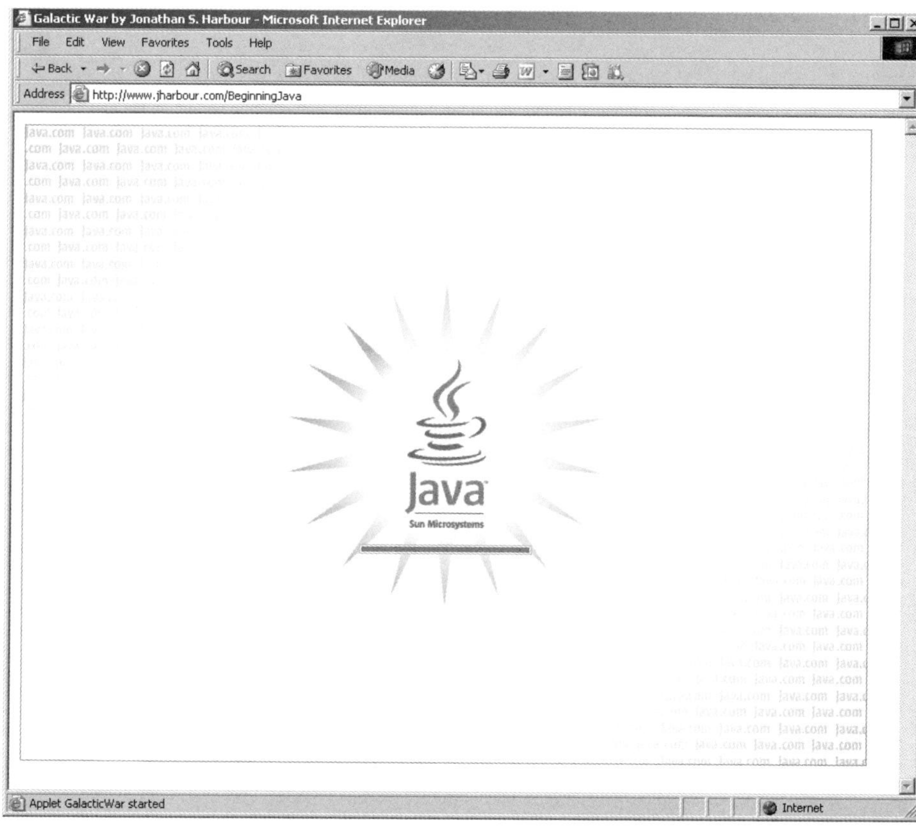

Figura 16.5 O Java runtime exibe esta barra de progresso enquanto faz o download do arquivo JAR.

Quando o download do applet estiver completo em seu sistema local, ele acessará os arquivos no JAR *localmente*, em vez de *buscar* o servidor web para cada arquivo. Você se lembra da lista de 42 arquivos de mídia no Galactic War? Se o game fosse enviado para o servidor web com todos os arquivos separados, o applet teria que fazer o download de cada arquivo separadamente na internet. São muitos arquivos para transferir! Mas quando seu applet é armazenado em um JAR, é feito o download desse arquivo JAR único em seu PC e o applet é executado a partir dali. Todos os arquivos de mídia são acessados diretamente a partir do arquivo JAR, em vez de partir do servidor web. Se tudo correr bem durante o download do arquivo JAR, o game deverá aparecer conforme a **Figura 16.6**.

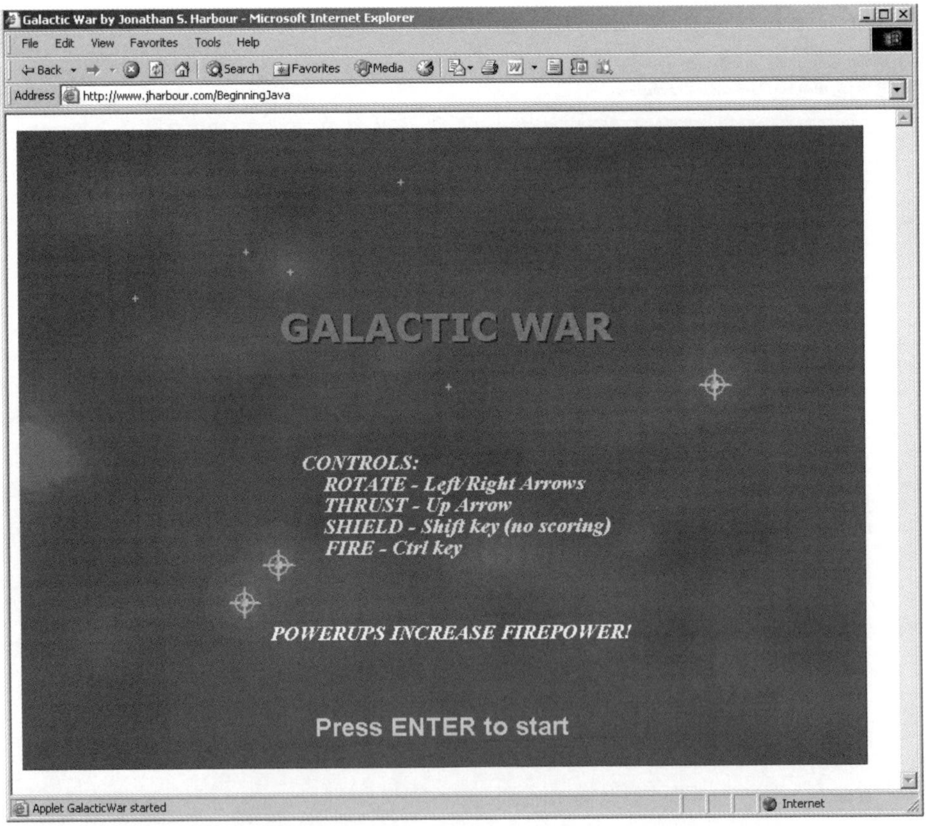

Figura 16.6 O Galactic War agora é executado em um servidor web a partir de um arquivo JAR eficaz.

O que você aprendeu

Applets Java podem crescer muito quando você está escrevendo um game, pois a maioria dos games utiliza muitos arquivos de mídia. Empacotando um game Java baseado em applet em um arquivo Java Archive (JAR), você melhora drasticamente o tempo de download e executa o game a partir de um servidor web. Você também reduz o número de transferências que devem ser feitas quando os arquivos separados são armazenados diretamente no servidor em vez de dentro de um arquivo *JAR*.

Seguem os tópicos-chave que você aprendeu:

- Compactando um applet dentro de um arquivo Java
- Criando um arquivo de hospedagem HTML para seu applet
- Executando o applet a partir de um site

Questões de revisão

As questões a seguir o ajudarão a determinar o quanto você aprendeu dos tópicos abordados neste capítulo.

1. A que se refere a sigla JAR?
2. Qual é o nome do programa utilizado para trabalhar com arquivos JAR?
3. Que tipos de arquivos podem ser armazenados dentro de um arquivo JAR?
4. Que método de compressão o formato JAR utiliza?
5. Que método você deve utilizar em conjunto com a classe `java.net.URL` para carregar arquivos de mídia quando um applet foi distribuído em um arquivo JAR?
6. Qual comando você deve inserir para criar um novo arquivo JAR, chamado test.jar, que contenha todos os arquivos da pasta atual?
7. Qual comando você deve inserir para criar o mesmo arquivo e também incluir um arquivo manifest chamado manifest.txt?

8. Qual comando você deve inserir para listar o conteúdo de um arquivo chamado MyGame.jar com a listagem detalhada habilitada?
9. Qual opção de parâmetro JAR faz os arquivos serem adicionados a partir de uma pasta diferente sem adicionar o nome da pasta aos arquivos armazenados no JAR?
10. De que tipo de servidor web você precisa para hospedar um game Java baseado em applet?

Epílogo

Isto conclui o último capítulo do livro! Espero que você tenha gostado de lê-lo tanto quanto eu gostei de trabalhar nele. Realmente foi um grande desafio! Por um instante, pensei que o game Galactic War nunca veria a luz do dia. Há tópicos muito avançados que não tivemos tempo de abordar neste livro, cujos *conteúdos* um programador de Java *mais exigente* gostaria de ter visto. No entanto, acredito que um game completamente funcional, criado a partir do zero e finalizado dentro das páginas de um livro, seja bem mais educativo do que qualquer material dito "avançado" que poderíamos ter visto em vez disso.

O engine de *game* desenvolvido no capítulo anterior, que foi baseado em todo o material deste livro, é um engine de game viável que pode ser utilizado para vários outros tipos de jogos. Para ver um exemplo de um game criado utilizando-se esse engine, confira o minigame Space Combat no site www.starflightgame.com. Este applet é uma demonstração do combate *nave-versus-nave* que acontece em *Starflight: The Lost Colony*.

Espero que você tenha aprendido com este livro o suficiente para criar seus próprios games Java baseados em applet e que crie o próximo game para o mercado de games casuais on-line. Boa sorte!

Apêndice A

Respostas às questões dos capítulos

Aqui estão as respostas para as questões do final de cada capítulo.

Capítulo 1

1. O que significa a sigla JDK?
   Resposta: Java Development Kit.
2. A qual versão do JDK damos enfoque neste livro?
   Resposta: 6, Java 6 ou Java SE 6.
3. Qual o nome da empresa que criou o Java?
   Resposta: Sun Microsystems.
4. Em que lugar da web você encontrará o editor de textos chamado TextPad?
   Resposta: http://www.textpad.com.
5. Em que ano o Java foi lançado?
   Resposta: 1995.
6. Em que lugar da web está o principal site para fazer download do Java?
   Resposta: http://java.sun.com.

7. Que tipo de programa Java você executa com a ferramenta java.exe?
   Resposta: Aplicativo.
8. Que tipo de programa Java é executado em um navegador?
   Resposta: Applet.
9. Qual o nome da ferramenta de linha de comando usada para executar um programa Java feito para web?
   Resposta: Appletviewer.exe.
10. Qual o nome do parâmetro passado para o método do evento `paint()` em um applet?
    Resposta: `Graphics g`.

Capítulo 2

1. Qual é o nome da ferramenta JDK utilizada para compilar programas Java?
   Resposta: Javac.exe.
2. Que ferramenta de linha de comando JDK é usada para executar um aplicativo Java?
   Resposta: Java.exe.
3. Que ferramenta de linha de comando JDK é usada para executar um applet Java?
   Resposta: Appletviewer.exe.
4. Quais são os três IDEs Java gratuitos recomendados neste capítulo?
   Resposta: Eclipse, NetBeans e TextPad.
5. Encapsulamento, polimorfismo e herança são pontos principais em qual metodologia de programação?
   Resposta: Programação Orientada a Objetos.
6. Qual é a principal diferença entre um aplicativo e um applet Java?
   Resposta: Applets são executados em um navegador web.
7. Que método da classe `Graphics` você pode usar para escrever uma mensagem de texto na tela?
   Resposta: `drawString()`.

8. Quantos bits compõem um inteiro Java (o tipo de dado `int`)?
   Resposta: 32.
9. Quantos bits existem em um inteiro longo Java (o tipo de dado `long`)?
   Resposta: 64.
10. Em que linguagem de programação o Java se baseia?
    Resposta: C++.

Capítulo 3

1. Qual é o nome do método que calcula a velocidade de X?
   Resposta: `calcAngleMoveX()`.
2. Qual é a classe-base da qual são herdados `Ship`, `Asteroid` e `Bullet`?
   Resposta: `BaseVectorShape`.
3. Que game clássico do Atari inspirou o game desenvolvido neste capítulo?
   Resposta: *Asteroids*.
4. Que tipo de teste de colisão este game usa?
   Resposta: Retângulos delimitadores.
5. Que método da classe `Shape` este game usa para teste de colisão?
   Resposta: `contains()`.
6. Que classe de forma geométrica as classes `Ship` e `Asteroid` usam?
   Resposta: `Polygon`.
7. Que classe de forma geométrica a classe `Bullet` usa?
   Resposta: `Rectangle` (`Pixel` também é aceitável).
8. Que evento do applet realmente desenha a tela?
   Resposta: `paint()`.
9. Qual é o nome da classe de interface usada para adicionar suporte a thread no game?
   Resposta: `Runnable`.
10. Que funções matemáticas `calcAngleMoveX` usa para calcular a velocidade X?
    Resposta: `Math.cos()`.

Capítulo 4

1. Qual foi a principal classe que usamos para manipular desenhos vetoriais neste capítulo?
   Resposta: `Graphics2D`.
2. Qual é o nome do evento de Applet que atualiza a tela?
   Resposta: `paint()` ou `update()`.
3. Qual é o nome do método `Graphics2D` que desenha um retângulo preenchido?
   Resposta: `fillRect()`.
4. Defina as palavras que compõem o acrônimo AWT.
   Resposta: Abstract Window Toolkit.
5. Que classe possibilita fazer o deslocamento, giro e redimensionamento de formas? (Dica: é necessário atualizar no arquivo do capítulo 4 também!)
   Resposta: `AffineTransform`.
6. Que método `Graphics2D` desenha um polígono?
   Resposta: `draw()`.
7. Que método de transformação move uma forma para um novo local?
   Resposta: `translate()`.
8. Que método inicializa a interface de escuta (*listener*) de teclado?
   Resposta: `addKeyListener()`.
9. Que método da classe `Random` retorna um valor de ponto flutuante de dupla precisão?
   Resposta: `nextDouble()`.
10. Que evento `KeyListener` detecta teclas pressionadas?
    Resposta: `keyPressed()`.

Capítulo 5

1. Qual é a principal classe que usamos para manipular desenhos em bitmap neste capítulo?
   Resposta: `Graphics2D`.
2. Que método inicializa a interface de escuta (*listener*) de teclado?
   Resposta: `addKeyListener()`.

3. Que método de `Graphics2D` é usado para desenhar uma imagem? (Dica: é necessário atualizar no arquivo do capítulo 5!)
   Resposta: `drawImage()`.
4. Que classe Java contém o método `getImage()`?
   Resposta: `Applet`.
5. Que classe possibilita fazer o deslocamento, giro e redimensionamento de imagens? (Dica: é necessário atualizar no arquivo do capítulo 5!)
   Resposta: `AffineTransform`.
6. Que método `Graphics2D` desenha uma imagem?
   Resposta: `drawImage()`.
7. Que método move uma imagem para um novo local?
   Resposta: `translate()`.
8. Qual é o nome do canal de "transparência" em uma imagem PNG de 32 bits?
   Resposta: Canal alfa ou alpha.
9. Que método da classe Applet é utilizado para carregar um recurso de um JAR?
   Resposta: `getResource()`.
10. Que evento `KeyListener` detecta teclas pressionadas?
    Resposta: `keyPressed()`.

Capítulo 6

1. Qual é o nome da classe de suporte criada neste capítulo para auxiliar a classe `Sprite` a gerenciar posição e velocidade?
   Resposta: `Point2D`.
2. Durante qual evento de teclado você deve desabilitar a variável de pressionamento de tecla, quando forem detectados múltiplos pressionamentos de tecla com variáveis globais?
   Resposta: `keyReleased()`.
3. Quais três tipos de parâmetros você pode passar para o método `collidesWith()`?
   Resposta: `Rectangle`, `Sprite` e `Point2D`.

4. Que classe Java fornece um método alternativo para carregamento de imagens que não está ligado ao applet?
   Resposta: `Toolkit`.
5. Qual pacote Java você precisa importar para utilizar a classe `Graphics2D`?
   Resposta: Java.awt.Graphics2D.
6. Qual tipo de dado numérico a classe `Point2D` (criada neste capítulo) utiliza para armazenamento interno dos valores de X e Y?
   Resposta: `double`.
7. Com quais tipos de dados a classe `Point2D` pode trabalhar no constructor?
   Resposta: `int`, `float` e `double`.
8. Que propriedade de sprite determina o ângulo para o qual o sprite se moverá?
   Resposta: `moveAngle`.
9. Que propriedade de sprite determina o ângulo para o qual uma imagem está apontada, independentemente da direção do movimento?
   Resposta: `faceAngle`.
10. Que métodos de `AffineTransform` permitem deslocar, girar e dimensionar um sprite?
    Resposta: `translate()`, `rotate()` e `scale()`.

Capítulo 7

1. Qual é o nome da classe de animação criada neste capítulo?
   Resposta: `AnimatedSprite`.
2. De que classe herda a nova classe de animação?
   Resposta: `Sprite`.
3. Quantos frames de animação havia no sprite da bola animada?
   Resposta: 64.
4. Como você pode chamar uma animação que é armazenada em vários arquivos?
   Resposta: Sequência.

5. Como você pode chamar uma animação que é armazenada em um único arquivo?
   Resposta: Alinhada.
6. Que tipo de parâmetro o método `AnimatedSprite.setVelocity` aceita?
   Resposta: `Point2D`.
7. Que operação matemática é usada para calcular a posição Y do frame de animação?
   Resposta: Divisão.
8. Que operação matemática é usada para calcular a posição X do frame de animação?
   Resposta: Resto (operador módulo).
9. Qual é uma boa classe para se utilizar quando você precisa criar um bitmap em memória?
   Resposta: `BufferedImage`.
10. Qual método `AnimatedSprite` desenha o frame atual de animação?
    Resposta: `draw()`.

Capítulo 8

1. Qual é o nome do método utilizado para habilitar eventos de teclado em seu programa?
   Resposta: `addKeyListener()`.
2. Qual é o nome da interface de eventos de teclado?
   Resposta: `KeyListener`.
3. Qual é o código de tecla virtual para a tecla Enter?
   Resposta: `VK_ENTER`.
4. Que evento de teclado indicará o código de uma tecla pressionada?
   Resposta: Tecnicamente, qualquer uma dessas três: `keyPressed()`, `keyReleased()` ou `keyTyped()`.
5. Que evento de teclado indicará quando uma tecla foi liberada?
   Resposta: `keyPressed()` ou `keyTyped()`.
6. Que evento de teclado indicará o caractere de uma tecla pressionada?
   Resposta: Tecnicamente, qualquer uma dessas três: `keyPressed()`, `keyReleased()` ou `keyTyped()`.

7. Que método `KeyEvent` retorna um valor de código de tecla?
   Resposta: `getKeyCode()`.
8. Qual é o nome do método utilizado para habilitar eventos de movimentação de mouse?
   Resposta: `addMouseMotionListener()`.
9. Qual é o nome da classe utilizada como parâmetro para todos os métodos de evento de mouse?
   Resposta: `MouseEvent`.
10. Que evento de mouse informa o movimento do mouse?
   Resposta: `mouseDragged()` ou `mouseMoved()`.

Capítulo 9

1. Qual o nome da classe do sistema digital de sons do Java?
   Resposta: `AudioSystem`.
2. Qual o nome da classe do sistema de músicas MIDI do Java?
   Resposta: `MidiSystem` (`Sequencer` também é aceitável).
3. Que classe Java manipula o carregamento de um arquivo de amostra?
   Resposta: `AudioInputStream` (`AudioSystem` também é aceitável).
4. Que classe Java manipula o carregamento de um arquivo MIDI?
   Resposta: `Sequence` (`MidiSystem` também é aceitável).
5. Que tipo de erro de exceção o Java irá gerar quando não puder carregar um arquivo de som?
   Resposta: `UnsupportedAudioFileException` (`LineUnavailableException` e `IOException` também são tecnicamente aceitáveis).
6. Que método do sistema MIDI retorna um objeto sequenciador?
   Resposta: `MidiSystem.getSequencer()`.
7. Qual a principal hierarquia de classe Java para a classe do sistema de áudio?
   Resposta: `javax.sound.sampled`.
8. Qual a principal hierarquia de classe Java para a classe do sistema MIDI?
   Resposta: `javax.sound.midi`.

9. Quais os três formatos de arquivos de sons digitais suportados pelo Java?
   Resposta: AIFF, AU e WAV.
10. Que tipo raro de exceção irá ocorrer quando nenhum sequenciador MIDI estiver disponível?
    Resposta: `MidiUnavailableException`.

Capítulo 10

1. Qual é o nome da classe de interface que oferece suporte a thread?
   Resposta: `Runnable`.
2. Qual é o nome do método de execução de thread que você pode usar para executar instruções dentro do thread separado?
   Resposta: `run()`.
3. Qual é o nome da classe que manipula gráficos vetoriais?
   Resposta: `Shape`.
4. Que método `Thread` faz que o thread pause a execução em um tempo especificado?
   Resposta: `sleep()`.
5. Que método `System` retorna o tempo atual em milissegundos?
   Resposta: `currentTimeMillis()`.
6. Qual é o nome do método que retorna o diretório que contém o arquivo de applet (ou contêiner de HTML)?
   Resposta: `getCodeBase()`.
7. Qual é o nome do método que retorna toda a string de URL, incluindo o arquivo do applet (ou contêiner de HTML)?
   Resposta: `getDocumentBase()`.
8. Que classe é usada para armazenar uma imagem em bitmap?
   Resposta: `Image` ou `BufferedImage`.
9. Que método `Graphics2D` é usado para desenhar um bitmap?
   Resposta: `drawImage()`.
10. Que classe ajuda a melhorar a execução do game, fornecendo números aleatórios?
    Resposta: `Random`.

Capítulo 11

1. Qual é o nome da classe que manipula bitmaps?
   Resposta: `Image` ou `BufferedImage`.
2. Que classe no Galactic War detecta quando os tiros acertam os asteroides?
   Resposta: `Rectangle` ou `Bullet`.
3. Qual é o número máximo de sprites que pode ser suportado pelo game?
   Resposta: Virtualmente ilimitado (depende da memória disponível)
4. Que método na classe `Graphics2D` desenha a imagem de um sprite?
   Resposta: `drawImage()`.
5. Qual é o nome do método `Applet` que redesenha a janela?
   Resposta: `paint()`.
6. Quantos pressionamentos de tecla o game pode detectar de uma só vez?
   Resposta: Virtualmente ilimitado (é limitado apenas pelo sistema operacional).
7. Qual método você utiliza para rastrear o movimento do mouse?
   Resposta: `mouseMoved()` ou `mouseDragged()`.
8. Que tipo de entidade gráfica o game utiliza para os asteroides?
   Resposta: `Shape`.
9. Dependendo da rotação da nave, por quantos ângulos a nave pode ser girada?
   Resposta: 360.
10. Qual método fornece um game com suporte para detecção de colisão?
    Resposta: `Rectangle.contains()`.

Capítulo 12

1. Qual classe de suporte ajuda a gerenciar a posição e a velocidade dos sprites?
   Resposta: `Point2D`.

2. Durante qual evento de teclado você deve desabilitar a variável de pressionamento de tecla, quando forem detectados múltiplos pressionamentos de tecla com variáveis globais?
   Resposta: `keyReleased()`.
3. Qual é o nome da rotina de detecção de colisão de sprites utilizada no Galactic War?
   Resposta: `Rectangle.contains()`.
4. Qual método da classe `Applet` oferece uma forma de carregar imagens a partir de um arquivo JAR?
   Resposta: `getResource()`.
5. Qual pacote Java você precisa importar para utilizar a classe `Graphics2D`?
   Resposta: Java.awt.Graphics2D.
6. Que tipo de dado numérico a classe `Point2D` (criada neste capítulo) utiliza para armazenamento interno dos valores de X e Y?
   Resposta: `double`.
7. Como o uso de uma classe como a `Point2D` aprimora o código-fonte de um game, em comparação às variáveis simples?
   Resposta: Um único parâmetro manipula duas variáveis (x e y).
8. Qual propriedade da classe `Sprite` determina o ângulo para o qual o sprite se moverá?
   Resposta: `moveAngle`.
9. Qual propriedade da classe `Sprite` determina o ângulo para o qual o sprite será apontado?
   Resposta: `faceAngle`.
10. Quantos milissegundos o game deve usar como atraso a fim de alcançar uma taxa de quadros de 60 frames por segundos?
    Resposta: 1.000 / 60 = 16,67 ms.

Capítulo 13

1. Qual o nome do método que torna possível a detecção de colisões?
   Resposta: `Rectangle.contains()`.

2. Quantas colisões o game consegue detectar em uma única atualização do loop de game?
   Resposta: O quadrado do número de sprites.
3. O que aconteceria se a nave estivesse para atirar um projétil que desse a volta na tela, saindo de um lado e aparecendo do outro lado da tela e depois atingisse a nave? Ocorreria uma colisão? Sim ou não? Por quê?
   Resposta: Não são manipuladas colisões entre a nave e os tiros.
4. O que deveria acontecer com a nave do jogador depois de ter sido destruída por uma colisão com um asteroide? Descreva uma forma de se "recriar" a nave, melhor do que a que está sendo atualmente feita.
   Resposta: Ela deveria ser destruída e recriada. Uma maneira melhor seria dar ao jogador algum tempo de "invulnerabilidade" após a recriação para melhorar a jogabilidade.
5. Que tipo de transformação você deveria aplicar à explosão do sprite para alterar seu tamanho?
   Resposta: Redimensionamento.
6. Como a velocidade da nave afeta o resultado de uma colisão quando a nave é destruída? A nave deveria continuar ganhando impulso mesmo durante a explosão?
   Resposta: Atualmente, a nave para quando explode. Uma explosão mais realista continuaria se movendo um pouco ao longo da trajetória da nave.
7. Como a rotina de colisão pode ser melhorada para que as colisões sejam mais precisas?
   Resposta: Podem ser usadas caixas de colisão menores ou fazer uma comparação entre cada pixel dos dois sprites (o que é, geralmente, um excesso).
8. Qual o nome da constante aplicada à nave após ocorrer uma colisão?
   Resposta: `STATE_EXPLODING`.
9. Qual o nome do método que atualiza uma sequência de animação de sprite?
   Resposta: `updateAnimation()`.

10. Qual o nome do método que manipula o loop de game do Galactic War?
    Resposta: `gameUpdate()`.

Capítulo 14

1. Qual é o nome da nova classe de engine de game desenvolvida neste capítulo?
   Resposta: `Game`.
2. Quantos sprites o novo engine pode controlar na tela simultaneamente?
   Resposta: Ilimitado (depende da memória disponível).
3. Qual das quatro classes principais do engine de game controla o carregamento de imagem?
   Resposta: `ImageEntity`.
4. Quantos tamanhos diferentes de asteroides o game utiliza?
   Resposta: Quatro.
5. Verdadeiro ou Falso: as colisões podem ser controladas dentro do engine de game?
   Resposta: Falso (colisões são apenas detectadas, e não manipuladas).
6. Que tipo de objeto é o `animImage`, uma variável privada na classe `AnimatedSprite`?
   Resposta: `ImageEntity`.
7. Qual classe é responsável por renderizar um frame único de uma animação na classe `AnimatedSprite`?
   Resposta: `Sprite` (que, por sua vez, usa `ImageEntity`).
8. Qual é o valor máximo de velocidade para a espaçonave do jogador?
   Resposta: 10.
9. Que classe o engine de game/sprite passa em algum de seus eventos?
   Resposta: `AnimatedSprite`.
10. Qual é o nome do método de suporte na `AnimatedSprite` que transforma uma URL propriamente formada em um arquivo a ser carregado?
    Resposta: `getURL`.

Capítulo 15

1. Qual método no GalacticWar.java possibilita adicionar powerups ao game quando um minúsculo asteroide é destruído?
   Resposta: `spawnPowerup()`.
2. Que construção o engine de sprite (no Game.java) utiliza para gerenciar os sprites?
   Resposta: `LinkedList`.
3. Quantas melhorias de armamento estão disponíveis agora no Galactic War?
   Resposta: Cinco.
4. Quantos powerups de *níveis* diferentes existem no game?
   Resposta: Três.
5. Que método do GalacticWar.java retorna um objeto de sprite de estoque de tiros, que depois é ajustado para produzir os feixes de tiro evoluídos?
   Resposta: `stockBullet()`.
6. Quantas imagens de asteroide diferentes há no Galactic War?
   Resposta: 14.
7. Se quiser adicionar outra melhoria de armamento ao game, que método você precisará modificar?
   Resposta: `fireBullet()`.
8. Quantos sprites o engine de sprite é capaz de manipular ao mesmo tempo?
   Resposta: Ilimitado (depende da memória disponível).
9. Quantos tiros são disparados ao mesmo tempo com a arma de nível cinco?
   Resposta: Seis.
10. Qual é o nome do static `int` que representa o estado do game quando ele está sendo executado normalmente?
    Resposta: `GAME_RUNNING`.

Capítulo 16

1. A que se refere a sigla JAR?
   Resposta: Java Archive.
2. Qual é o nome do programa utilizado para trabalhar com arquivos JAR?
   Resposta: Jar.exe.
3. Que tipos de arquivos podem ser armazenados dentro de um arquivo JAR?
   Resposta: Qualquer tipo de arquivo.
4. Que método de compressão o formato JAR utiliza?
   Resposta: Compressão ZIP.
5. Que método você deve utilizar em conjunto com a classe `java.net.URL` para carregar arquivos de mídia quando um applet foi distribuído em um arquivo JAR?
   Resposta: `getResource()`.
6. Qual comando você deve inserir para criar um novo arquivo JAR, chamado test.jar, que contenha todos os arquivos da pasta atual?
   Resposta: `jar cf test.jar *.*`
7. Qual comando você deve inserir para criar o mesmo arquivo e também incluir um arquivo manifest chamado manifest.txt?
   Resposta: `jar cfm test.jar manifest.txt *.*`
8. Qual comando você deve inserir para listar o conteúdo de um arquivo chamado MyGame.jar com a listagem verbose habilitada?
   Resposta: `jar tvf MyGame.jar`.
9. Qual opção de parâmetro JAR faz os arquivos serem adicionados a partir de uma pasta diferente sem adicionar o nome da pasta aos arquivos armazenados no JAR?
   Resposta: `C`.
10. De que tipo de servidor web você precisa para hospedar um game Java baseado em applet?
    Resposta: Qualquer um serve; applets são programas que funcionam do lado do cliente.

ÍNDICE REMISSIVO

C